Köln von seiner schönsten Seite

Kat.-Nr. 6

KÖLN

von seiner schönsten Seite

Das Kölner Stadtpanorama in Drucken vom 15. bis zum Ende des 18. Jahrhunderts in den Graphischen Sammlungen des Kölnischen Stadtmuseums und der Kreissparkasse Köln herausgegeben von Werner Schäfke

bearbeitet
von

Anke D. Sievers

Köln 1997

Inhalt

Mit freundlicher Unterstützung der Kreissparkasse Köln

Für großzügig gewährte Hilfe bei der Bearbeitung des Bandes danken Herausgeber und Autorin:
Karl-Ferdinand Beßelmann, Reiner Dieckhoff, Gisela Fischer, Waltraud Jindra, Wolfgang F. Meier, Bernd Meyer, Petra Pfeiffer, Ina Pinske, Bernadette Schöller, Alexandra Stey, Eberhard Weber, Werner Willer

Fotos: Rheinisches Bildarchiv, Wolfgang F. Meier
Layout: Ina Pinske
Umschlag: Michael Fischer (Kat.-Nr. 2)
Satz und Lithos: Atelier Frings GmbH, Bonn
Druck: DCM, Meckenheim
ISBN 3-416-02731-0

Das Kölner Stadtpanorama

Mit dem vorliegenden Band wird ein weiterer Bestandskatalog der Graphischen Sammlung des Kölnischen Stadtmuseums präsentiert, der sich – nach dem 1992 erschienenen Katalog „Köln in Vogelschauansichten" – ebenfalls mit druckgraphischen Gesamtansichten von Köln beschäftigt, diesmal jedoch aus einer etwas anderen Perspektive: Hier wird Köln nicht „von oben" betrachtet, wie bei den Vogelschauansichten, sondern es zeigt sich „von seiner besten und schönsten Seite", der Rheinseite. Die Darstellung des von Deutz aus gesehenen Rheinpanoramas wird nicht zufällig als „historisch" bezeichnet – tatsächlich zeigt die überwiegende Mehrzahl aller druckgraphischen Köln-Ansichten bis zum Ende des 18. Jahrhunderts diesen Blick auf die Stadt. Gezeigt wird die charakteristische Rheinfront, Kölns repräsentative Schauseite mit der Stadtmauer im Vordergrund und dem unvollendeten Dom als Mittelpunkt. Dabei wird das Rheinpanorama entweder frontal oder von einem leicht erhöhten Standpunkt – einer gedachten, wenig östlich von Deutz gelegenen Anhöhe – gesehen. Bis zum Ende des 18. Jahrhunderts heißt das, daß die gesamte ca. 3 km breite Rheinfront vom Bayenturm im Süden bis zur Kunibertstorburg im Norden abgebildet wird – eine Strecke, die sich mit einem Blick gar nicht erfassen läßt, so daß die Darstellung meist notgedrungen und im wörtlichen Sinne „verkürzt" ist und sich auf das Wesentliche beschränkt: Vor allem der unvollendete Dom mit Kran, Groß St. Martin und Stadtmauer dienen dem frühen Köln-Panorama als „Erkennungszeichen" der Stadt und erhalten durch überproportionale Wiedergabe ein besonderes Gewicht. So entstehen komprimierte Idealbilder einer Stadt, die wirklichkeitsgetreu nur insofern sind, als sie deren unverwechselbare Merkmale abbilden.
Schon früh zeigen die Köln-Ansichten von Osten nicht nur das eigentliche, d.h. linksrheinische Köln, sondern auch einen mehr oder weniger großen Teil von Deutz im Vordergrund. Besonders in der Zeit von 1632 bis 1641, als Deutz zur Festung ausgebaut wird, gewinnt der östliche Nachbar an Bedeutung, und bei der Darstellung des Überfalls der schwedischen Truppen auf Deutz wird Köln schon mal zur Kulisse (vgl. Kat.-Nrn. 31 und 33). Von der Deutzer Befestigungsanlage ging eine solche Faszination aus, daß noch Jahre, nachdem sie geschliffen worden war, Ansichten mit ihr veröffentlicht wurden (vgl. vor allem die berühmte Radierung von Wenzel Hollar, Kat.-Nr. 38).

Im vorliegenden Katalog sind Stadtpläne und, wie bereits erwähnt, Ansichten aus der Vogelschau nicht enthalten – wobei die Grenzen zwischen Panorama- und Vogelschauansichten oft fließend sind. Besonders deutlich wird das bei den Darstellungen, die Deutz im Vordergrund aus der Vogelschau zeigen, das linksrheinische Köln jedoch frontal oder nur leicht von oben. Außer „reinen" Ansichten des Kölner Stadtpanoramas wurden in den Katalog auch Titel- und Emblemblätter, Gesellenbriefe, Heiligenbilder und Dreikönigszettel aufgenommen, die die Rheinfront zeigen, wenn auch zum Teil in untergeordneter Funktion bzw. als Hintergrundkulisse. Das auf S. 11 abgebildete Emblemblatt von Crispijn de Passe mit der Bestrafung Ixions und lediglich einem – wenn auch wesentlichen – Teil des Kölner Stadtpanoramas im Hintergrund fand dagegen keinen Eingang in den Katalog.

Die Fülle des Bestandes machte eine zeitliche Eingrenzung des Themas „Kölner Stadtpanorama" notwendig, wobei sich das Ende des 18. Jahrhunderts in verschiedener Hinsicht als sinnvoll erwies. Bis zum Ende des 18. Jahrhunderts zeigen – wie bereits beschrieben – nahezu alle Köln-Panoramen die Stadt von Deutz aus, also von Osten. Etwas Neues beginnt 1798 mit den Umriß-Radierungen von Lorenz Janscha und Joseph Ziegler: der Blick von Süden und damit von der linken Rheinseite auf die Stadt, vom Bayenturm aus gesehen oder mit dem Bayenturm im Vordergrund. Diese neue Sicht auf Köln findet so großen Anklang (und in der Folge zahlreiche Nachahmer), daß mehrere Jahrzehnte lang – etwa bis 1830 – das von Deutz aus aufgenommene Köln-Panorama gar nicht mehr auftaucht und nach 1830 dann nicht mehr als idealisierte Darstellung des Gesamtpanoramas, sondern als realistischer Ausschnitt vorzugsweise von der Schiffsbrücke bis St. Mariä Himmelfahrt – bis heute ein beliebtes Motiv. Damit beginnt wiederum etwas Neues, ein „photographischer" Blick auf die Stadt, und zugleich endet die Darstellung von „Gesamt"-Ansichten Kölns – statt dessen entstehen Teil-Ansichten und Darstellungen einzelner bedeutender Gebäude.[1]

[1]vgl. dazu Keyser 1965, S. 418

Die veränderte Sichtweise zeigt sich u.a. auch daran, daß seit Ende des 18. Jahrhunderts auf den Stadtansichten die ausführlichen Bildlegenden nicht mehr vorkommen, in denen bis zur Mitte des 17. Jahrhunderts und dann noch einmal ab ca. 1720 minutiös die bedeutenden Bauwerke Kölns (bis zu 52) einzeln aufgeführt werden und auf einigen Blättern zusätzlich ein kurzer Abriß der Stadtgeschichte gegeben wird. Ebenso geht die in das Stadtpanorama integrierte Darstellung von Stadt- und Reichswappen seit Anfang des 18. Jahrhunderts immer mehr zurück, taucht Mitte des Jahrhunderts auf Gesellenbriefen noch einmal auf und kommt dann nach 1788 nicht mehr vor. Dasselbe Schicksal ereilt die Figuren der Stadtheiligen sowie Jungfrau und Bauer, die seit den Anfängen bis ins späte 18. Jahrhundert in vielen Blättern neben, über oder vor dem Kölner Stadtpanorama dieses ergänzen und erläutern.

Mit der Veränderung der Sichtweise gehen umfassende technische Neuerungen einher. So führt die Erfindung neuer Drucktechniken wie Lithographie und Stahlstich, die wesentlich höhere Auflagen erlauben, seit Anfang des 19. Jahrhunderts dazu, daß die Produktion von (nicht nur Kölner) Stadtansichten sprunghaft zunimmt, zumal in dieser Zeit ein großer Bedarf an Reiseliteratur mit werbewirksamen Illustrationen entsteht. „Ende des 18. Jahrhunderts löst eine formal wie inhaltlich neue Interpretation des Sujets ‚Stadt' die barocke Kompilationstradition in der Druckgraphik endgültig ab. Weit zurückreichende Ereignisse spielen bei der Motivwahl kaum noch eine Rolle. Gefragt wird nun nach Anmutsqualitäten, nach Gestalt und Umgebung der Stadt, die man in einer Vielzahl neuer Blickpunkte dem Zeitgeschmack gemäß interpretiert."[2]

[2]Schmitt 1991, S. XI

Die ersten gedruckten Stadtansichten von Köln sind Holzschnitte, die als Illustrationen in Büchern – meist historisch-geographische Abhandlungen, wie z.B. die Schedelsche Weltchronik (1493) und Sebastian Münsters Kosmographie (ab 1544) – erscheinen.
Das früheste Kölner Stadtpanorama in seiner bereits typischen Form zeigt ein Holzschnitt, der in der ersten illustrierten Ausgabe des von Werner Rolevinck verfaßten und von Arnold ter Hoernen 1474 in Köln herausgegebenen „Fasciculus temporum" enthalten ist. Rolevincks Universalgeschichte stellt eine Verbindung von Geschichte, Bibelstoff und Geographie dar: Sie beginnt mit der biblischen Schöpfungsgeschichte, geht fließend in die Erzählung historischen Geschehens und dann zu den Ereignissen der damaligen Gegenwart über. Es ist „das beliebteste und verbreitetste Buch des 15. Jahrhunderts, das bald in fast allen europäischen Pressen aufgelegt wird"[3] und mehr als 30 Ausgaben in Deutschland, den Niederlanden, Frankreich, Italien und Spanien erlebt. Bemerkenswert ist dieses Geschichtswerk für unser Thema nicht nur, weil es die erste Köln-Ansicht enthält, sondern weil es das erste in Köln gedruckte illustrierte Buch und zugleich überhaupt das erste Buch mit Stadtansichten ist. Das bedeutet, daß dieses Köln-Panorama das erste gedruckte „Stadtporträt" im Sinne einer naturgetreuen Abbildung, d.h. mit Wiedererkennungswert, ist, denn außer für den Druckort Köln enthält das Werk nur kleine, mehrfach für verschiedene Städte verwendete Holzschnitte.[4]

[3]Corsten 1941, S. 96

[4]vgl. dazu vor allem Baer 1903, S. 161 und Kretschmer et al. 1986, S. 769

Dieses Köln-Panorama aus der ter Hoernen'schen Rolevinck-Ausgabe ist im Kölnischen Stadtmuseum im Original nicht vorhanden, sondern lediglich in einer sehr ähnlichen Kopie von 1476 aus der von Konrad Winters von Homborch besorgten Ausgabe des „Fasciculus temporum" (Kat.-Nr. 1). Einen Originaldruck des gesamten Werkes in der ter Hoernen-Ausgabe verwahrt die Universitätsbibliothek Köln, aus dem wir zu Katalog-Nr. 1 eine Vergleichsabbildung zeigen. Das früheste Kölner Stadtpanorama begegnet uns noch einmal in der 1499 erschienenen Chronik der Stadt Köln des Drucker-Verlegers Johann Koelhoff d.J., der offenbar ter Hoernens Druckstock wiederverwendet hat (Kat.-Nr. 2). Bei dem von zahlreichen Autoren irrtümlich als früheste Kölner Stadtansicht bezeichneten Holzschnitt (Kat.-Nr. 3) handelt es sich um eine Darstellung, die in der bei Heinrich Quentel 1479-1481 erschienenen Ausgabe des Rolevinck-Werkes verwendet wurde.[5]

[5] zu den unterschiedlichen Illustrationen der diversen Fasciculus temporum-Ausgaben vgl. vor allem Schramm 1924 mit sämtlichen Abbildungen

Das erste Einzelblatt, das zugleich an Größe wie an Genauigkeit und Sicherheit der Ausführung alle vorhergehenden (und nachfolgenden) Köln-Ansichten weit übertrifft, ist der von 9 Stöcken gedruckte Holzschnitt des Anton Woensam von 1531, der als Original nur in wenigen Exemplaren erhalten ist und im Kölnischen Stadtmuseum lediglich in drei verschiedenen Faksimile-Ausgaben aus den Jahren 1890 bis 1930 vorliegt (Kat.-Nr. 7).
Der „Sprung" zwischen den Stadtdarstellungen bei Koelhoff (1499) und Woensam (1531) könnte kaum größer und krasser sein und veranschaulicht ein verändertes Weltverständnis: von einer symbolischen Darstellung bei Koelhoff zu einer quasi-realistischen (freilich mit Überhöhung der Kirchenbauten und unter Einnahme verschiedener Standpunkte), minutiösen Abbildung einzelner Gebäude bei Woensam. „Die Stadtformel und damit die strenge Zweidimensionalität ist aufgegeben. Die individuelle Stadtgestalt hat man als bildwürdig erkannt und schildert sie raumillusionistisch."[6] Der Verleger und Auftraggeber Peter Quentel nimmt ein historisches Ereignis – die Wahl Ferdinands zum „Römischen König" und zukünftigen Nachfolger seines Bruders Kaiser Karl V. – zum Anlaß, die Größe und das Selbstbewußtsein der Stadt bildlich darzustellen. Zugleich gibt er dem Zeichner Gelegenheit, sich mit seinen Initialen auf dem Blatt zu verewigen, und so ist Anton Woensam der erste Illustrator, der auf einem Kölner Stadtpanorama namentlich genannt wird.

[6] Schmitt 1984, S. 330

Während Woensam die Kölner Rheinfront ganz gerade wiedergibt, beginnt mit dem Holzschnitt von 1548 in Sebastian Münsters Kosmographie die halbmondförmig gebogene Darstellung Kölns – unter Einbeziehung des Rheinbogens (Kat.-Nrn. 8 und 9-13). Beide Darstellungsformen finden zahlreiche Nachahmer, wobei für großformatige Blätter die gerade, lineare Wiedergabe des Kölner Stadtpanoramas bevorzugt wird (vgl. Kat.-Nrn. 18, 29, 52), während bei den kleineren Formaten – d.h. bei der Mehrzahl der Blätter – die bogenförmige Darstellung vorherrscht.

Der erste Kupferstich, der ein Köln-Panorama zeigt, erscheint 1599 und galt bisher als Arbeit des bedeutenden Kölner Zeichners Augustin Braun, Horst Vey lehnt diese Zuschreibung in seinem Werkverzeichnis des Künstlers[7] jedoch ab (Kat.-Nr. 16). Wenig später – ab 1620 – begegnet uns die einfacher zu handhabende Technik der Radierung, für die die Blätter von Matthäus Merian (Kat.-Nrn. 20 und 31) und Wenzel Hollar (Kat.-Nrn. 34 und 38) sprechende Beispiele liefern. Kupferstich und Radierung, die häufig auch gemeinsam auf einer Druckplatte angewandt wurden, erlauben nicht nur eine genauere und feinlinigere Darstellung, sondern vor allem auch eine weitaus höhere Auflage, so daß sie den Holzschnitt um 1650 völlig verdrängt hatten.

[7] Vey 1995

Die Zeit um die Mitte des 17. Jahrhunderts ist auch in anderer Hinsicht bedeutsam für unser Thema. So stellt das bereits erwähnte, 1656 erschienene große Köln-Panorama von Wenzel Hollar (Kat.-Nr. 38) nicht nur einen gewissen Höhe-, sondern auch einen Wendepunkt in der Entwicklung des Kölner Stadtpanoramas dar. 1660 machen noch einmal Schut/Vischer (Kat.-Nr. 56) etwas „Eigenes", sowohl was das Köln-Panorama als auch was die „Erfindung" einer ländlich-idyllisch anmutenden Figurenstaffage im Vordergrund angeht. Danach kommen „eigenständige" Ansichten im Sinne eines Porträts der Stadt oder einer künstlerischen Neugestaltung ein Jahrhundert lang nicht vor. Nach 1660 begegnet uns das Kölner Stadtpanorama ausschließlich in Kopien und/oder als Hintergrund auf Titelblättern, Heiligenbildern oder Darstellungen historischer Ereignisse. Erst 1767 schafft de Leth (Kat.-Nr. 113) mit seinem malerischen Blick von Südosten auf die Stadt etwas Neues und damit eine Darstellungsform, die einen Übergang bildet zu der Sichtweise vom linksrheinischen Süden auf Köln, die Ende des 18. Jahrhunderts beginnt.

Stadtabbildungen begegnen uns außer auf Münzen und Siegeln zuerst in der Malerei. So zeigt eine Wandmalerei in Pompeji (um 65 n.Chr.) eine von hohen Mauern umgebene Stadt. Ursprünglich sind Stadtdarstellungen meist mit historischen oder religiös-symbolischen Darstellungen zu einer Bildeinheit verbunden, in der die Stadt – oft als Sinnbild des himmlischen Jerusalem – stark vereinfacht wiedergegeben ist, z.B. in der Mosaikkunst und der Buchmalerei. „Die Buchillustration der Spätantike und des Vormittelalters wandelte das illusionistische Städtebild des Hellenismus mehr und mehr zum Bildzeichen um. (...) Die (...) Miniaturen geben den Städten meist die Gestalt einer mehrfach abgewinkelten, mit Türmen besetzten Mauer, die einige Gebäude umschließt."[8] „Es ging (...) keineswegs um eine Abbildung im Sinne einer möglichst genauen Wiedergabe, sondern um das Sichtbarmachen einer damit verbundenen Bedeutung. (...) Deshalb kann es nicht verwundern, daß die Stadt bildlich zu einer Formel erstarrt, daß sie reduziert wird auf eine Summe wesentlicher Bestandteile wie Mauer, Tor, Turm und Kirchenbau im Zentrum. Aber die zinnenbekrönte Stadtmauer mit Tor und Turm war eben ein Symbol für Hoheit und Macht."[9] Wirklichkeitsgetreue Stadtabbildungen, d.h. solche, die einer bestimmten Stadt zuzuordnen sind, finden sich zuerst in der deutschen Malerei des frühen 15. Jahrhunderts. Ingeborg Ramsegger nennt das Gemälde des Meisters der kleinen Passion mit dem Martyrium der Hl. Ursula vor der Stadt Köln (1411/14)[10] als frühesten Versuch, „ein authentisches Stadtbild zu zeichnen".[11] Um 1450 kommen Darstellungen von bestimmten Städten in der deutschen Malerei – beeinflußt von der niederländischen Landschaftsmalerei – häufiger vor, wie zuvor bei den Miniaturen meist als Hintergrund- und Nebenmotiv auf Gemälden religiösen oder mythologischen Inhalts.

[8] Heiß 1955, S. 10

[9] Jacob 1982, S. 14/15

[10] Das Gemälde befindet sich im Wallraf-Richartz-Museum Köln, WRM 51. Vgl. dazu auch Schäfke 1992, S. 5-7 und Borger/Zehnder 1982, S. 66-68

[11] Ramsegger 1943, S. 185

Die entscheidende Rolle bei der Verselbständigung des Bildmotivs Stadt zum alleinigen Bildinhalt kommt Ende des 15. Jahrhunderts der Druckgraphik zu, die nicht wie die Malerei durch Traditionen belastet und von Anfang an weltlicher war. Hier wird die Stadtansicht als bildwürdig anerkannt, das Städtebild, ungebunden an ein anderes Bildthema, wird selbständig. Die ersten druckgraphischen Stadtansichten waren Buchholzschnitte, d.h. Illustrationen meist historischer Werke, sogenannter Chroniken, wie z.B. die Schedelsche Weltchronik. Außer den Stadtansichten in Büchern gibt es großformatige Prunkstücke als Einzelblätter, die der Repräsentation dienten und oft anläßlich eines besonderen historischen Ereignisses in Auftrag gegeben wurden. Neben dem berühmten Köln-Panorama von Anton Woensam von Worms (1531) sind das in der Frühzeit fast ausschließlich Plan- oder Vogelschauansichten, so z.B. von Florenz (1477/78), Venedig (um 1500), Augsburg (1521), Amsterdam (1544) und Zürich (1576).

Auf einige der „Chroniken" genannten topographisch-historischen Werke, denen als Lieferanten der meisten frühen Stadtansichten für deren Entwicklung eine besondere Bedeutung zukommt, soll im folgenden kurz eingegangen werden.

Das 1493 von Hartmann Schedel in Nürnberg veröffentlichte „Liber chronicarum", auf deutsch „Buch der Chronisten und Geschichten" oder kurz „Weltchronik" genannt, ist das erste umfassende Städte-Ansichtenwerk. Der Herausgeber und Autor, bedeutender Arzt, Sammler und Geschichtsforscher seiner Zeit, besaß eine der größten Privatbibliotheken Deutschlands, auf die er sich beim Verfassen der Texte – die die Tradition des Mittelalters mit dem neuen Geist des Humanismus zu vereinen suchen – stützen konnte. Sein Anliegen war es, einer breiten Öffentlichkeit Bildungsgut im humanistischen Sinne über die damals bekannte Welt zu vermitteln, und so umfaßt sein Werk „alles von der Weltenschöpfung bis zum jüngsten Gericht"[12]. Dabei ist die Schedelsche Chronik „stärker als alle gleichzeitigen oder früheren Weltchroniken abgestimmt auf die Wirkung der Illustrationen. Sie sollten das Buch volkstümlich machen und ihm den ungeheuren Absatz verschaffen, mit dem die Hersteller rechneten."[13] Die Weltchronik übertrifft in dieser Hinsicht alles vorher Dagewesene. Sie enthält über 1800 Holzschnitt-Illustrationen, für die allerdings nur etwa 600 verschiedene Druckstöcke verwendet wurden. Die topographische Treue der Städtebilder ist sehr unterschiedlich – mehr als die Hälfte sind Phantasiegebilde, die erst durch die Bezeichnung zum Abbild einer bestimmten Stadt werden, nur etwa 30 sind „authentisch" im Sinne von Ortstreue und topographischer Richtigkeit. Den Stadtansichten wird bei Schedel viel Platz eingeräumt, sie erscheinen hier erstmals in so breitem Rahmen und großem Format als selbständige Abbildung einer bestimmten Stadt, ungebunden an ein anderes Bildmotiv.[14]

[12]Volkelt 1949, S. 149

[13]Ramsegger 1943, S. 37

[14]zur Schedelschen Weltchronik siehe besonders Ramsegger 1943 und Rücker 1973/1988

Nur sechs Jahre nach Schedels berühmter Chronik erscheint die erste gedruckte Kölner Stadtgeschichte, „Chronica von der hilliger Stat van Coellen", gedruckt und verlegt von Johann Koelhoff d.J. in Köln. Die Koelhoffsche Chronik beschränkt sich nicht, wie der Titel vermuten läßt, auf die Geschichte der Stadt Köln. Im Sinne spätmittelalterlicher Auffassung ist sie „eine Weltgeschichte, zugeschnitten auf die eine Stadt, oder – so könnte man auch sagen – es ist eine Stadtchronik auf universalgeschichtlicher Grundlage"[15]. Der Illustrator verknüpft viele Stadtansichten noch mit Darstellungen historischer Szenen wie in der Tafelmalerei und zeigt sich damit hinsichtlich der „bildlichen Wiedergabe von Stadtgestalt wenig fortschrittlich"[16]. Diese „Rückschrittlichkeit" der Städtedarstellungen rührt daher, daß Koelhoff fast alle Illustrationen aus anderen Chroniken übernommen oder danach kopiert hat, zum großen Teil aus der Chronik der Sachsen, Heinrich van Beecks Agrippina und Rolevincks Fasciculus temporum.[17] Das Stadtbild von Köln wird in sechs verschiedenen Darstellungen gezeigt, zweimal als selbständige Stadtansicht (siehe Kat.-Nrn. 2 und 6) und viermal als Schauplatz wichtiger Ereignisse in Zusammenhang mit verschiedenen Stadtheiligen und Schutzpatronen Kölns wie Marsilius, Maternus und der Hl. Ursula.

[15]Volkelt 1949, S. 183

[16]Schmitt 1984, S. 328

[17]vgl. Voulliéme 1903, S. LXIX

Als erstes umfangreiches rein topographisches Werk mit Stadtansichten und Landkarten erscheint zuerst 1544 die von Sebastian Münster – Humanist und Hochschullehrer für Theologie und Mathematik in Basel und Heidelberg – verfaßte und herausgegebene „Cosmographia universalis", in der deutschen Ausgabe „Beschreibung aller Länder, Herrschaften und vornehmsten Stätten des ganzen Erdbodens", die bis 1628 insgesamt 46 Ausgaben in sechs Sprachen erlebt. Die zunächst – bis auf drei – verwendeten Phantasieansichten werden ab der Ausgabe von 1550 durch „echte" Stadtansichten ersetzt und in den Neuauflagen laufend vermehrt. „Ständig um Aktualisierung bemüht, ersetzte man typische Stadtdarstellungen zunehmend durch individuelle und tauschte auch diese wieder gegen bessere aus, während man absatzfördernde Attraktionen, etwa phantasievolle Monstren und drastische Greueltaten, beibehielt."[18]

[18]Schmitt 1991, S. 5; zu Sebastian Münster und seinem Werk siehe Kat. Ingelheim 1988

Neue Maßstäbe setzt dann erst wieder das Städtewerk „Civitates orbis terrarum" von Georg Braun (Autor und Herausgeber) und Franz Hogenberg (Stecher), das in seinen 1572 bis 1617 erschienenen sechs Bänden neben der Seiten- oder Frontalansicht vor allem die Ansicht aus der Vogelschau in einer Art Militärperspektive mit deutlich verbreiterten Straßen zur besseren Einsicht in den Straßengrundriß verwendet. Der Herausgeber betont, die Städte seien „so gemacht, daß der Leser in alle Gassen und Straßen sehen, auch alle Gebäude und freie Plätze anschauen kann. Was könnte man doch Lieberes sagen oder denken, denn daß einer an einem sicheren Ort daheim in seinem Hause die Gestalt der Erde mit ihren wunderbaren Landschaften unterscheiden, dazu die Städte zierlich herausgestrichen, in diesem Werke beschauen und durch Lesen dasselbe erfahren, was andere mit fernen und mühseligen Reisen endlich kaum erreichen konnten?“[19] Das Gesamtwerk enthält auf mehr als 300 Kupfertafeln knapp 500 Stadtansichten aus fast allen europäischen Ländern. Jedem Bild ist eine Beschreibung beigefügt, in der die Lage und die Geschichte der Stadt und ihre damalige Bedeutung behandelt wird.

[19]zit. nach Keyser 1965, S. 413/414

Nach den genannten großen und berühmten Chroniken erscheinen im späten 16. und 17. Jahrhundert einige kleinformatigere „Städtebücher“, die heute kaum noch bekannt, aber zu ihrer Zeit nicht weniger beliebt sind. Seit 1581 bringt der Frankfurter Verleger Nicolaus Basse das „Parvum theatrum urbium“ auf den Markt – in späteren Ausgaben unter dem Titel „Stättebuch“ –, dessen Texte der Marburger Jurist Abraham Saur verfaßt hat, unter dessen Namen es bekannt wird. Das von Anfang an erfolgreiche Buch erlebt bis 1658 sechs Auflagen. Die Erstauflage von 1581 erscheint noch ohne Abbildungen, 1593 werden Holzschnitt-Illustrationen hinzugefügt und schon 1595 kommt eine ergänzte, noch reicher ausgestattete Auflage heraus. Das Werk enthält 67 Holzschnitte – meist verkleinerte Kopien nach den Stadtansichten von Sebastian Münster und Braun/Hogenberg, die ohne Ortsverzeichnis in alphabetischer Reihenfolge aufgeführt sind.

Zu den Länderchroniken, deren Bilder auf die Vorlagen von Münster und Braun/Hogenberg zurückgehen, gehört auch das von Petrus Bertius (eigentlich Peter de Bert) – Theologe, Historiker, Geograph und Universitätsprofessor in Leiden – verfaßte dreibändige Werk „Commentariorum rerum Germanicarum“, das 1616 bei Joannes Janssonius in Amsterdam erscheint, in zweiter Auflage 1632. Bertius gibt in den ersten beiden Bänden eine Beschreibung der Geschichte Germaniens seit der römischen Kaiserzeit, der dritte Band enthält die 26 Karten und 101 Stadtansichten im Kupferstich.

Eine bedeutende Rolle in der Reihe der kleinformatigen topographischen Werke kommt dem Emblembuch mit Stadtansichten, „Politisches Schatzkästlein“, von Daniel Meisner zu, das im Verlag von Eberhard Kieser in Frankfurt/Main 1623 mit dem ersten Heft zu erscheinen beginnt und 1631 mit zwei Bänden von je acht Heften mit insgesamt 830 Städtebildern abgeschlossen ist. Die Stadtansichten bilden jeweils den Hintergrund zu einer emblematischen Szene mit Sinnspruch, wobei der Sinnspruch den eigentlichen Ausgangspunkt für die Komposition darstellt. Meisner ist als Verfasser der Verse und als „Erfinder“ der emblematischen Darstellungen der geistige Schöpfer dieses populären Werkes, und auch die Verbindung von Emblemata und Stadtansichten geht auf seine Idee zurück. „Das Interessante und Reizvolle an dem Werk ist, daß es in seinen Illustrationen zwei an sich grundverschiedene Themen miteinander verbindet, nämlich das Emblem und die Vedute, also das Sinnbild und die Ansicht.“[20] Für Meisner und seinen Verleger sind die Emblemata die Hauptsache, die Stadtansichten lediglich „das malerische Beiwerk, das dem Leser die Aufnahme der durch Emblemata ihm nahegebrachten Tugendvorschriften schmackhafter machen sollte“[21], so daß sich nur selten eine Beziehung zwischen dem dargestellten Emblem und der dargestellten Stadt herstellen läßt. Der große Erfolg des Werkes dauert auch nach dem Tode seiner beiden Schöpfer an und ermöglicht bis 1700 verschiedenen Verlegern drei weitere Auflagen bzw. Neuausgaben – mit geringen Änderungen bzw. Ergänzungen in den Darstellungen und teilweise unter anderem Titel.

[20]Volkelt 1949, S. 217

[21]Herrmann/Kraft 1927, S. XV

„Ixion / Sequitur Sua Poena Nocentem"

Kupferstich im Rund aus: Gabriel Rollenhagen, Nucleus emblematum selectissimorum, Arnheim 1611/13, Nr. 57; hier: englische Ausgabe 1635
Stecher und Herausgeber der Erstausgabe: Crispijn de Passe

Durchm. ohne Umschrift: 8,7 cm Inv. Nr. G 15688
Blatt 17 x 30,7 cm

Der auf das Rad gebundene, als erster Mörder geltende Ixion vor einem Teil des Kölner Stadtpanoramas: von Groß St. Martin bis zur Kunibertstorburg.
Oben rechts außerhalb der Darstellung: „57". Auf der ganzen Buchseite, mit englischen Versen zu Ixions Verbrechen und Strafe ober- und unterhalb der Darstellung. Verso weiterer Kupferstich im Rund mit Unterschrift „Post Tentatio Nem Consolatio", oben rechts „58".

Das zweibändige Emblembuch mit lateinischen Versen von Gabriel Rollenhagen und Kupferstichen von Crispijn de Passe erschien zuerst 1611/13 in Arnheim. 1635 erwarb der englische Schriftsteller George Wither die Kupferplatten und gab im gleichen Jahr die Stiche mit eigenen englischen Versen in London neu heraus.

Geschenk von Herrn Alfred Oberlack.

Literatur:
Henkel/Schöne 1967, Sp. 1659 und S. LXII; Warncke 1983, S. 124/125 und S. 417 f.

Als Höhepunkt in der Entwicklung der Stadtansicht gilt die Tätigkeit Matthäus Merians d.Ä. als Stecher und später auch als Verleger. „Merians Kunst besteht darin – und das kann man in seinem Werk immer wieder nachweisen –, den Vorwurf real und zugleich ideal zu geben. Die Stadtansicht erreicht dabei ihre schönste Ausprägung, ob man sie topographisch, geographisch, architektonisch oder bildlich betrachtet.“[22] Ab 1635 erscheint sein „Theatrum Europaeum“, eine mit über 1.000 Radierungen – Stadtansichten, Karten, Bildnisse, Belagerungs- und ähnliche Szenen – illustrierte zeitgeschichtliche Dokumentation seit dem Jahr 1617 und damit Chronik des Dreißigjährigen Krieges, die laufend aktualisiert wird und bis 1738 in 21 Bänden herauskommt. Ab 1642 folgen dann Merians „Topographien“, die bis 1688 auf 31 Bände mit 92 Karten und 2.142 Ansichten auf 1.586 Tafeln anwachsen. Mit ihnen haben die „Städtebücher“ ihren Höhepunkt erreicht.[23]

[22] Volkelt 1949, S. 234

[23] zu den Chroniken siehe vor allem Volkelt 1949; in geraffterer Form Bachmann 1939, Einleitung und Fauser 1978, Einführung S. XXI ff

Mit Recht wird immer wieder die Frage nach dem topographischen Realitätsgehalt von Stadtansichten und damit ihrem Quellenwert für die Stadtgeschichte gestellt. Stadtansichten bieten „scheinbar reiche Informationen zu einer heute nicht mehr vorhandenen Gestalt des Bildinhaltes, speziell zu verlorener Bausubstanz. Derartige Bilder dienen deshalb oft als Quellen zur Rekonstruktion vergangener Zustände. Leider wird dabei in vielen Fällen nicht mit kritischer Reflexion gearbeitet, sondern Wiedergegebenes vorbehaltlos als sichtbare Wirklichkeit interpretiert. Es wird vergessen, daß der Künstler statt der ‚objektiven‘ Realität ganz unterschiedlichen Gestaltungsprinzipien folgen konnte“, so „daß Gegenstand und Abbild im künstlerischen Werk zunächst nicht immer identisch waren.“[24] Es ist stets zu bedenken, daß die frühen Stadtansichten nicht zeigen, wie die Städte aussahen, sondern wie sie gesehen werden, welchen Eindruck sie hervorrufen sollten. Es ging nicht um die topographisch genaue Wiedergabe aller Gebäude einer Stadt, sondern um die Vorstellung, den Begriff der Stadt mit ihren Wesensmerkmalen. Diese mittelalterliche Darstellungsweise der abstrahierenden Stadtformel wird erst im 18. Jahrhundert aufgegeben. „Stadt-Portraits“ im Sinne photographischer Treue gibt es bis zum Ende des 18. Jahrhunderts nicht, mögen die Stadtansichten auch noch so realitätsgetreu erscheinen und sich zunehmend den realen Gegebenheiten annähern. „So wertvoll historische Stadtdarstellungen für die Erforschung städtischer Topographie auch sind, primär sind sie künstlerische Schöpfungen, unterworfen den sich wandelnden Seh- und Gestaltungsweisen.“[25]

[24] Luckhardt 1983, S. 75

[25] Schmitt/Luckhardt 1982, S. 5

Der Detailrealismus bei der Darstellung einzelner Gebäude – meist Kirchen und öffentliche Profanbauten – sagt nicht zwingend etwas über den tatsächlichen aktuellen Baubefund aus, ist also nicht mit Realitätstreue gleichzusetzen. Um „die gesamte Stadt einheitlich ins Bild zu setzen, werden beispielsweise wenig akzentuierte Stadtbereiche gestrafft und das Gelände zum Horizont oder Stadtmittelpunkt angehoben. Ein Grundprinzip liegt im Bemühen, die Sakralbauten vollständig und möglichst ohne Überschneidungen zu zeigen. Dieser Anspruch (...) führt (...) bei Profilansichten zwangsläufig zur Aufgabe der topographischen Treue und legt von vornherein einen falschen Grundriß fest. Die realen Abstände ändern sich.“[26] Durch die Überbetonung der Sakralbauten und der Stadtbefestigung bei gleichzeitiger Raffung der wenig akzentuierten Stadtbereiche und Staffelung der Gebäude übereinander entsteht so ein verdichtetes, „verkürztes“ und überhöhtes Stadtbild. Die Wahl nicht eines realen, sondern mehrerer gedachter Standpunkte ermöglicht es, „die Stadt in ihren wichtigen architektonischen Bereichen zu erfassen und in einem Realismus zu zeigen, der zwar fern photographischer Treue ist, die Atmosphäre und das ‚Prinzip‘ Stadt aber weit besser verdeutlichen.“[27]

[26] ebd., S. 10

[27] ebd.

Ein weiterer wichtiger Punkt, der bei der Bewertung des topographischen Realitätsgehaltes druckgraphischer Stadtansichten berücksichtigt werden muß, ist die Tatsa-

[28]Schmitt 1984, S. 323

che, daß gegenüber der Malerei „in der Druckgraphik der sachliche aktuelle Informationswert zugunsten massiver kommerzieller Interessen vernachlässigt wird“[28], was an der wiederholten Verwendung von Druckstöcken und -platten ebenso abzulesen ist wie an der im 16./17. Jahrhundert fast zur Regel werdenden Kopiertätigkeit.

Als Fazit läßt sich festhalten, daß der Gehalt an historischer Wahrheit bei Stadtansichten sehr unterschiedlich ist und daß sie selten fehlerfrei sind. Ihr Quellenwert ist nicht zu unterschätzen, doch gibt es Unsicherheitsfaktoren im topographischen Realitätsgehalt, die eine Heranziehung schriftlicher Quellen notwendig machen, um zu eindeutigen Forschungsergebnissen zu kommen.

Der vorliegende Katalog umfaßt 114 Nummern mit insgesamt 200 (einschließlich der 27 Blätter der Kreissparkasse Köln) ausschließlich druckgraphischen Blättern – mehrfach vorkommende Darstellungen sind (im Gegensatz zu Krudewig) unter einer Katalognummer aufgeführt.

Angesichts des Verzeichnisses von Johannes Krudewig (1902), „Totalansichten von Köln", schien eine streng chronologische Vorgehensweise wie bei diesem wenig sinnvoll bzw. zum Teil problematisch, da z.B. einige Blätter nicht eindeutig zu datieren sind und auch architektonische/städtebauliche Einzelheiten nicht unbedingt Aufschluß über das Entstehungsjahr geben, da viele Künstler bereits vorliegende Darstellungen kopierten, also nicht vor Ort arbeiteten. Statt der reinen Chronologie ist deshalb – auch ergänzend zu Krudewig – eine Neuordnung versucht worden, die einen „Sinnzusammenhang" zwischen den verschiedenen Köln-Panoramen herstellt, indem alle Blätter, die z.B. offensichtlich Kopien nach Sebastian Münster sind, in der Reihenfolge diesem direkt folgen. Da es auch bei dieser Ordnung selbstverständlich etliche Problem- und Grenzfälle gibt (Soll z.B. das große Hollar-Panorama als „Woensam-Kopie" eingeordnet werden?), werden bei diesen zumindest Hinweise auf Darstellungen mit Vorbildcharakter gegeben. Ein wichtiger Aspekt bei der Systematisierung der Blätter war also die Frage, wer von wem „abgekupfert" bzw. welche Darstellung als Vorlage benutzt hat.

Bei den Maßangaben der Blätter steht immer Höhe vor Breite, „Darst." meint das eigentliche Bild, ohne den Textrand. Die Texte der einzelnen Titelaufnahmen sind bewußt knapp gehalten. Um eine vertiefende Beschäftigung mit jedem Einzelblatt zu erleichtern, ist am Schluß jeder Titelaufnahme eine ausführliche Bibliographie aufgeführt.

Am Ende des Katalogs findet sich die Literaturliste und das Künstlerverzeichnis. Letzteres nennt alle im Zusammenhang mit den Blättern vorkommenden Namen von Stechern, Zeichnern/Malern, Verlegern und Buchautoren und gibt außer kurzen Lebensdaten weiterführende Literatur zu dem jeweiligen Künstler an.

Die Blätter der Graphischen Sammlung der Kreissparkasse Köln sind unter folgenden Katalog-Nummern zu finden: 4, 6, 7, 8, 21, 24, 29, 30, 31, 38, 62, 72, 73a, 74, 75, 76, 83, 113.

KATALOG

KATALOG

Marc9 agrippa gener octauiani
sup͠ renū ciuitatē agrippinā cͻdidit
q̄ post dcā ē colonia.
Johēs baptista nascit̄ q̄ ne
mo maior int͛ natos mulier͛
surrexit.

Kat.-Nr. 1

1

Kol. Holzschnitt, (1476), aus: Werner Rolevinck, Fasciculus temporum, erschienen bei Konrad Winters von Homborch (oder Homberg), Köln 1476

Darst.: 6,9 x 17 cm	Inv. Nr. AI2/5
Blatt: 8 x 17,6 cm	RBA Nr. 215 188

Von Osten; ohne Deutz und ohne Rhein. Gesamtes Köln-Panorama; gerade.

Rolevincks theologischer Deutungsversuch der Weltgeschichte – und zugleich das erste Druckwerk, das Stadtansichten enthielt – erfreute sich schon zu seinen Lebzeiten allgemeiner Beliebtheit und erlebte zahlreiche Auflagen und Übersetzungen – mit unterschiedlichen Illustrationen (vgl. Nr. 3). Eine Köln-Ansicht – die erste überhaupt existierende; sie liegt im Kölnischen Stadtmuseum leider nicht vor – erschien erstmals in der von Arnold ter Hoernen 1474 besorgten Ausgabe des Fasciculus temporum (Die Abb. rechts oben zeigt das Köln-Panorama dieser Ausgabe in einem Exemplar der UB Köln, Ennen 70) und wurde 25 Jahre später von Koelhoff wiederverwendet (vgl. dazu Baer 1903, S. 189, Anm. 448, Schramm 1924 und Naredi-Rainer 1980, S. 90; zu Koelhoff siehe Nr. 2).

Konrad Winters von Homborch (bzw. Homberg) veröffentlichte 1476 eine Fasciculus temporum-Ausgabe mit Kopien nach den Holzschnitten dieser ter Hoernen-Ausgabe. Der vorliegende Holzschnitt zeigt eine große Ähnlichkeit mit der Vorlage, ist jedoch deutlich gröber gearbeitet.

Typographischer Text links oberhalb der Darstellung:
„Marcus agrippa gener octaviani / supra renum civitatem agrippinam condidit / quam post dicta est colonia.“
Rechts: „Johes baptista nascit quo ne / mo maior int natos mulierum / surrexit.“

Literatur:
Krudewig 1902, Nr. 5; Krudewig 1906, Nr. 6; Schramm 1924, S. 8 und Abb. 350 (Ter Hoernen-Ausgabe: S. 5 und Abb. 92); zum Fasciculus temporum: Baer 1903, S. 58 ff.; Voulliéme 1903, S. 448-452; Corsten 1941; Ramsegger 1943, S. 19 ff.; Volkelt 1949, S. 98-104; Blum 1970, S. 163, Nr. 406

zu Kat.-Nr. 1

Kat.-Nr. 2

2

„Coellen“ (oberhalb der Darstellung)

Holzschnitt, (1499), aus: Chronik der Stadt Köln, erschienen bei Johann Koelhoff d. J., Köln 1499, Seite fol CXLv

Kat.-Nr. 3

Darst.: 6,4 x 16,6 cm	
1) Blatt: 8,2 x 17 cm auf Japan aufgezogen; verso deutscher Text	Inv. Nr. AI2/10 RBA Nr. 168 297
2) Blatt: 9,5 x 17,7 cm fest aufgezogen auf Pappe; koloriert	Inv. Nr. AI2/9 RBA Nr. 168 296

Von Osten; ohne Deutz und Rhein. Gesamtes Köln-Panorama; gerade.
Laut Baer, Schramm und Naredi-Rainer ist dieses Köln-Panorama zuerst in der 1474 bei Arnold ter Hoernen erschienenen Ausgabe von Rolevincks Fasciculus temporum veröffentlicht und 25 Jahre später von Koelhoff für seine Chronik wiederverwendet worden. Damit ist diese Darstellung die erste gedruckte Ansicht von Köln (siehe Nr. 1 mit Vergleichsabb. UB).
Johann Koelhoff d. J. ist der Drucker und Verleger der „Cronica van der hilliger Stat van Coellen", der ersten umfassenden Kölner Stadtgeschichte. Sie ist im Kölnischen Stadtmuseum in einem zeitgenössischen Exemplar (D 42) vorhanden.

Literatur:
Krudewig 1902, Nr. 10 und 9; Baer 1903, S. 189, Anm. 448; Krudewig 1906, Nr. 16 und Abb. S. 25; Schramm 1924, S. 13 und Abb. 795; Kat. Köln 1965, Nr. 164 (zur Chronik) und Nr. 184 a (Abb. S. 19); Kat. Köln 1975, S. 83, Nr. 107; Kat. Köln 1977, Nr. 4 und S. 9; Naredi-Rainer 1980, S. 90; Borger/Zehnder 1982, S. 98; Kat. Köln 1984, S. 200 f.; Westfehling 1992, S. 61 und Abb. S. 56; Zehnder 1994, S. 10 (Abb.) und 11; Köln-Archiv, Bd. I, Bl. 01003; zur Koelhoffschen Chronik: Höhlbaum 1890 (zur Frage des Verfassers der Chronik); Baer 1903, S. 189 ff.; Voulliéme 1903, Nr. 324; Volkelt 1949, S. 183-189; Blum 1970, S. 116, Nr. 417; Kat. Köln 1975, S. 82, Nr. 6; Kat. Köln 1977, S. 20-27; Kat. Köln 1984, S. 200 f. und S. 261

3

Holzschnitt, (1479/81), aus: Werner Rolevinck, Fasciculus temporum, erschienen bei Heinrich Quentel, Köln 1479-81

Einf.: 6,7 x 21,1 cm	Inv. Nr. H.M. 1927/90
Blatt: 7 x 21,8 cm	RBA Nr. 100 805

Von Osten; ohne Deutz. Gesamtes Köln-Panorama; gerade.

Verso lateinischer Text.

Die Rolevinck-Ausgabe von Heinrich Quentel – erschienen in drei Auflagen 1479, 1480 und 1481 – ersetzt die Köln-Ansicht der bei ter Hoernen erschienenen Ausgabe durch einen anderen, etwas „ungelenken" Holzschnitt.

Im Vordergrund ist der Rhein hinzugefügt worden – mit Lastschiff und Rheinmühlen.

Literatur:
Heitz/Zaretzky 1898, Abb. S. 11; Krudewig 1902, Nr. 6; Baer 1903, S. 62 und Abb. S. 63; Krudewig 1906, Nr. 8; Schramm 1924, S. 10 und Abb. 480; Volkelt 1949, S. 103/104; Kat. Köln 1965, Nr. 184 b (Text Quentel S. 23 f.); Kat. Köln 1977, Nr. 1 und S. 8; Naredi-Rainer 1980, S. 90; Borger/Zehnder 1982, S. 78; Westfehling 1992, S. 24; zum Fasciculus temporum siehe Nr. 1

Agrippa colonia q̄ ad sinistrũ rhenũ lat⁹ si/ta est. loc⁹ ⁊ situ ⁊ flumĩe clar⁹ ⁊ pplo. quā alij scribunt Agrippinā dictā q̄ nūc Colonia di/cit. Ea inferioris germanie vbioꝝ vrbs ad cite/rioris rheni ripas sita. Temporib⁹ enee troia/ni a q̄dā troiano colono noīe (vt sicard⁹ cremo/nēsis h3) initiũ sūpsit: ꝗ postmodũ Claudij im/patoris iussu qui agrippine marit⁹ fuit. ⁊ vbio/rũ pplis a sueuis fugat⁹ instaurata extitit. ⁊ ab agrippina vxore ex coꝝ ꝓgenia ducta appella/ta. quā vrbē sic cōditā vbij ppli habitare cepe/runt. Veriores tn̄ historici oēs asserunt ꝙ. M. agrippa colonie illi⁹ auctor fuit. Qui licet multa domi multa foris preclara cōstruxit: illam tn̄ ex oib⁹ dignā cēsuit. cui suũ nomē im poneret. Edi/ficator ac bellator egregi⁹ dignusq3 habit⁹. quē august⁹ sibi generũ ex toto orbe deligeret: nō q̄/liscūq3 filie: sed dilecte: sed vnice: sed auguste. Is vrbē in emulationē Treueris opulentissimē ordinauit: vt seditiones gallie cōprimere posset Hildericus aūt rex frācoꝝ lōge postea ex agrip/pina fautores Egidij romani eiecit: francis im/positis ex francoꝝ incolatu Coloniā appellauit quāq3 nōnulli coloniam romanoꝝ esse dixerūt.

Que ciuitas cū romanorũ socia esset: fatali igne ↄsumpta est: in q̄ capitoliũ ⁊ edificia ⁊ rit⁹ roma/noꝝ instar fuere ⁊ adhuc nōnulla extant: habet enī capitoliũ ad effigiē romani nisi ꝙ ꝓ senatu illic pacis ⁊ belli consilia agitante: hic famosi iu/uenes ac puelle nocturnas laudes deo cōcinunt eterna cōcordia. Ibi rotarũ ⁊ armoꝝ strepit⁹ ac gemit⁹ captiuorũ. hic quies ⁊ gaudiũ ac iocan/tiũ voces. deniq3 illic bellũ illuc pacificus triū/phator ingredit̄. Videt̄ ibi templũ vrbe me/dia pulcherrimū quāuis inexpletū qđ haud im/merito sūmū vocāt. Magoꝝ ibi regū corpa ab ortu vsq3 ad occasum tribus saltibus transuecta Quos ad ethereū quondā regē ad presepia va/gientē cū munerib⁹ veneratos legimus. hec li/bera ac insignis vrbs metropolis est. Cuius ar/chiepi'cop⁹ romanū eligit impatorē. In ea mul/ti scīa ⁊ sctītate claruere viri: quoꝝ de numero se/uerin⁹ ipsius vrbis epus. Et albertus magnus cui⁹ corpus apud predicatores obseruat̄. Ibi 50. ex thebeoꝝ legione cursuz sui agonis cōple/uerūt. Vrsula q3 cū vndecī virginū milib⁹ ⁊ alij nōnulli in ea martiriū ꝓmeruerūt. Mirū aūt est quāta ibi ciuilitas que vrbis spēs: que viroruz

grauitas que mūdicie matronarū. Peruetustuz gētis colonie ritū esse vulgo ꝑsuasuz presertī fe/mineo Franciscus petracha scribit. Qui hoc in/signe spectaculū vidit. In vigilia Johānis ba/ptiste cū sol ad occidētē vergit. Ois ripa precla/ro ⁊ ingenti mulierū agmine tegit̄: ⁊ incredibi/lis sine offensione cōcursus erit: vicissimq3 ala/cres pars herbis odoriferis intinctis reductisq3 post cubitū manicis candidas in gurgite man⁹ ⁊ brachia lauant. Et tradūt oēm totius anni ca/lamitatē eminentē fluuiali illius diei ablutione purgari. ⁊ deinceps letiora succedere. Itaq3 lu/strationē esse annuam in exhausto semꝑ studio cultū colendūq3. O nimiū felices rheni accole: quoꝝ ille miserias purgat germanie superioris nec hister nec albis italicoꝝ nec padus vnq3 va/luit purgare nec tyberis pigriora sūt hec flumi/na. Prope coloniā aquēsis vrbs Aquisgrani dicta karoli magni sedes. ⁊ in tēplo marmoreo verendū barbaris gentib⁹ illi⁹ principis sepul/chrū. is statuit vt successores sui primā inde co/ronā. Et pma inde imperij auspicia capescerēt: ꝙ hodieq3 seruat̄: seruabit̄ q̄diu romani frena imperij theutonica manus aget.

L.pomponius

Leoneus

M.agrippa

L.pōponi⁹ historic⁹ ⁊ orator atellenaꝝ scptor p h tēp⁹ (eusebio teste) clar⁹ fuit. q̄ geogra/phie libellū edidit. in q̄ vrbiū distantias ⁊ loca queq3 mensurat.

Leone⁹ grāmaticus doctissim⁹ Gn. pō/pei libert⁹. Is iussu dn̄i sui pōpei ↄmētaria ī me/dicina q̄ pōpei⁹ deuicto metridate ī suis scrinijs cōpererat: ī nr̄m trāstulit sermonē. metridates eīn medicine curiosus ab oi/bus sbiectis suis singula medicīalia exq̄rēs cōmē/tationū boꝝ ⁊ exēplaria ī archanis suis reliq̄rat.

Agrippa gener octa/uiani edificator e/gregi⁹ rome q̄ multa cō/struxit ī edilitate sua ad/iecta v̄ginea aq̄ ceterisq3 corriuatis atq3 emēdatis lac⁹ septīgētos fecit: idq3 fuit qđ octauianu augustū pplo romāo vinū peteti sbiratū rn̄disse scribit suetoni⁹ tot aq̄s ītroduxit agrippa gener me⁹ ⁊ vinū q̄ritis coloniecq3 nomē ⁊ dignitatē ꝓdedit.

4

„Colonia“ (im Himmel)

Holzschnitt von 2 Stöcken, (1493)
Doppelseite aus Hartmann Schedels Weltchronik, gedruckt bei Anton Koberger, Nürnberg 1493, Seite fol XCI
Zeichner: Michael Wolgemut und Wilhelm Pleydenwurff

Einf.: 19,5 x 52,7 cm	Inv. Nr. AI2/8
Blatt: 22,2 x 53,6 cm	RBA Nr. 165 412

Von Osten; ohne Deutz. Gesamtes Köln-Panorama, jedoch fehlen Groß St. Martin und der Rathausturm, wohl weil die Holzstöcke aus Platzgründen seitlich verkürzt wurden; fast gerade.
Vorn rechts ein großes Schiff. Das von leicht erhöhtem Standpunkt gesehene Köln-Panorama ist nicht sehr genau wiedergegeben und wirkt eher „phantastisch“. Offenbar „mehr nach einer mißverstandenen Beschreibung als nach einer örtlichen Aufnahme gemacht“ (Sotzmann). Laut Ramsegger (S. 100/101) hat Pleydenwurff die Zeichnung für die linke, Wolgemut die für die rechte Bildhälfte geliefert.
Schedels Weltchronik, das erste größere Ansichtenwerk – mit 1809 Illustrationen von 645 Druckstöcken – , stellt Schauplätze der Weltgeschichte in Wort und Bild dar. Die Holzschnitte wurden in der Werkstatt von Michael Wolgemut und Wilhelm Pleydenwurff in Nürnberg angefertigt; zu jener Zeit beendete gerade Albrecht Dürer (1471 – 1528) seine Lehre bei Wolgemut. Hartmann Schedel, Nürnberger Arzt und Geschichtsforscher mit einer umfangreichen Privatbibliothek, ist der Verfasser der Texte.

In der Graphischen Sammlung der Kreissparkasse Köln befinden sich zwei gerahmte Exemplare des Schedelschen Holzschnittes:
a) wie das beschriebene Exemplar des Kölnischen Stadtmuseums (Inv. Nr. 49204-703),
b) koloriert; auf der vollen, unbeschnittenen Buchseite, mit dem lateinischen Text oberhalb des Köln-Panoramas (Abb. S. 20) (Inv. Nr. 49204-697).

Literatur:
Sotzmann 1819, S. 59 f.; Ennen/Leson 1881/1977, S. 15; Gürtler 1898, S. 197; Krudewig 1902, Nr. 8; Krudewig 1906, Nr. 10 und Abb. S. 19; Ramsegger 1943, S. 68 ff. und S. 97 ff.; Rücker 1973, S. 95 f. (Kat.-Nr. 13); Kat. Köln 1975, S. 35, Nr. 41; Kat. Köln 1977, Nr. 3 und S. 8; Borger/Zehnder 1982, S. 92 ff.; Rücker 1988, S. 158 ff.; Westfehling 1992, S. 26 f.; Kreuer 1993, S. 76-81; Köln Archiv, Bd. I, Bl. 01022; zur Weltchronik außerdem: Baer 1903, S. 172 ff.; Bachmann 1939, S. 3; Volkelt 1949, S. 144-170 (speziell zu den Stadtansichten); Fauser 1978, S. LXV f.

Kat.-Nr. 5.1

5

„Cölen“ (oberhalb der Einfassungslinie)

Holzschnitt, Kopie nach dem Holzschnitt in Schedels Weltchronik, (1496/1500), aus einem Raubdruck der Schedelschen Weltchronik, erschienen bei Johann Schönsperger, Augsburg 1496 und 1500

XXX

Agrippina of Coellen.

Kat.-Nr. 6

Einf.: 8,7 x 19,4 cm

1) Blatt: 27,3 x 19,5 cm — Inv. Nr. G 15514
   auf der ganzen Buchseite; mit dem deutschen Text oberhalb der Darstellung — RBA Nr. 165 005
2) Blatt: 8,7 x 19 cm — Inv. Nr. H.M. 1917/346
   auf die Einf. geschnitten; rechts etwas beschnitten. „Cölen“ ausgeschnitten und in den Himmel geklebt; erl. Text ausgeschnitten und unterhalb der Darst. aufgeklebt. Koloriert

Sehr ähnliche, verkleinerte Nachbildung des Holzschnittes bei Schedel; mit zweispaltigem deutschen Text oberhalb der Darstellung, in dem die Rede ist von dem schönen, aber noch nicht fertigen „Tempel“, den Hl. Drei Königen, dem Hl. Severin, Albertus Magnus und der Hl. Ursula. Verso Darstellung und Text „Augspurg“.
Der Raubdruck erschien 1496 und 1500 in deutscher, 1497 in lateinischer Sprache. Schönsperger machte sich den Erfolg der Schedelschen Weltchronik zunutze, indem er sich mit seinem handlicheren Raubdruck an alle wandte, die sich die große, teure Schedel-Ausgabe nicht leisten konnten.

Literatur:
zu dem Raubdruck: Baer 1903, S. 181 f.; Bachmann 1939, S. 4; Volkelt 1949, S. 171-179; Rücker 1973, S. 82 und S. 143; Fauser 1978, S. LXVI

6

„Agrippina of Coellen“ (oberhalb der Einfassungslinie)

Holzschnitt, (1499), aus: Chronik der Stadt Köln, erschienen bei Johann Koelhoff d. J., Köln 1499, Seite fol XXXr

Einf.: 19,5 x 13,5 cm — Inv. Nr. H.M. 1926/547b
Blatt: 33,5 x 23 cm — RBA Nr. 123 077
linker Rand etwas unregelmäßig

Von Osten; Deutz dörflich mit Landarbeiter. Gesamtes Köln-Panorama; gebogen; seitenverkehrt! Auf dem Rhein zwei Mühlen.
Auf der vollen Buchseite; verso deutscher Text (über die Anfänge Kölns). Wurmlöcher. Rechts oben „XXX“.

In der Graphischen Sammlung der Kreissparkasse Köln befindet sich das oben und als Frontispiz S. 2 abgebildete Exemplar, ebenfalls auf der vollen Buchseite, mit Titel und Numerierung „XXX“ oberhalb der Einfassungslinie, jedoch koloriert (Inv. Nr. 49204-1505).

Literatur:
Ennen/Leson 1881/1977, S. 15; Krudewig 1906, Nr. 12; Schramm 1924, S. 12 und Abb. 761; Kat. Köln 1965, Nr. 164 (zur Chronik) und Abb. S. 21; Borger/Zehnder 1982, S. 100 f.; Kat. Köln 1987, Abb. S. 21; Westfehling 1992, S. 62/63; zur Koelhoffschen Chronik siehe Nr. 2

7

„Colonia“ (in den Wolken)
„O Felix Agrippina Nobilis Romanorum Colonia“
(unten innerhalb der Einfassung)

Holzschnitt von 9 Stöcken, (1531)
Druck + Verlag: Peter Quentel, Köln
Zeichner: Anton Woensam von Worms (Monogramm AW)

Darst.: 51,5 x 343,2 cm gesamt

Von Osten; Deutz leicht von oben. Gesamtes Köln-Panorama; gerade. In den Wolken (von links) Marcus Agrippa (mit Wappen), Hl. Drei Könige, Agrippina, Marsilius (mit Wappen).
Das monumentale Köln-Panorama von Anton Woensam von Worms ist eines der berühmtesten Städtebilder des späten Mittelalters, das nahezu alle folgenden Kölner Stadtpanora-

NODV CHRISTVS ERAT NATVS
QVVM CONDERE COEPIT
NOBILIS HAC VRBE SPECIOSA
MARCVS AGRIPPA
BEYEN TORN

SEYEN
BONIFACIVS

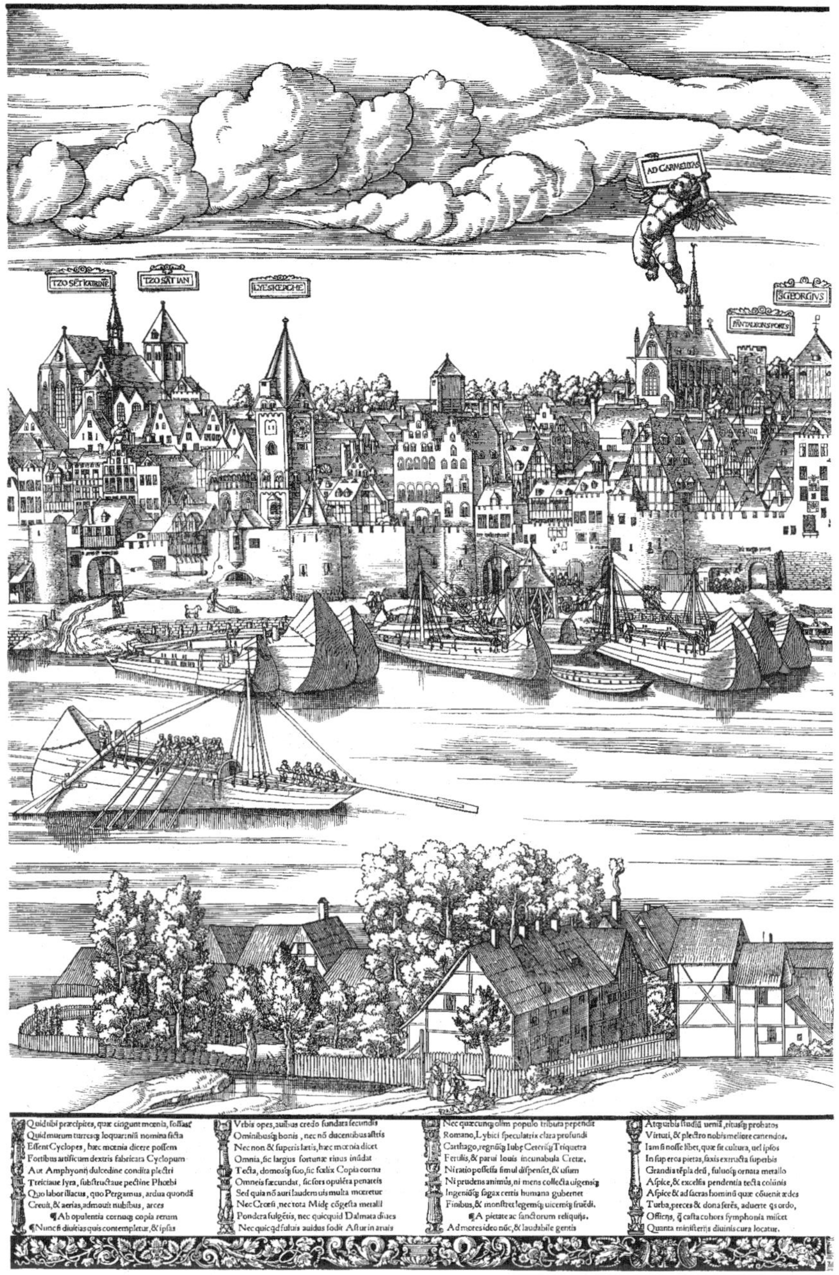
Quid tibi præcipites, quæ cingunt mœnia, fossas
Quid murum turresque loquar; nisi nomina ficta
Essent Cyclopes, hæc mœnia dicere possem
Fortibus artificum dextris fabricata Cyclopum
Aut Amphyonij dulcedine condita plectri
Treiciaue lyra, substructaue pectine Phœbi
Quo labor illiacus, quo Pergamus, ardua quondã
Creuit, & aerias, admouit nubibus, arces
¶Ab opulentia cornuque copia rerum
¶Nunc si diuitias quis contempletur, & ipsas
Vrbis opes, auibus credo fundata secundis
Ominibusque bonis, nec nõ ducentibus astris
Nec non & superis lætis, hæc mœnia dicet
Omnia, sic largus fortunæ riuus inũdat
Tecta, domosque suo, sic fœlix Copia cornu
Omneis fæcundat, sic sors opulẽta penateis
Sed quia nõ auri laudem uis multa mœretur
Nec Crœsi, nec tota Midę cõgesta metalli
Pondera fulgẽtis, nec quicquid Dalmata diues
Nec quicqd fuluis auidus fodit Astur in aruis
Nec quæcunque olim populo tributa pependit
Romano, Lybici speculatrix clara profundi
Carthago, regnũque Iubę Ceterique Triquetra
Ferulis, & parui Iouis incunabula Cretæ.
Ni ratio possessa simul dispenset, & usum
Ni prudens animus, ni mens collecta uigensque
Ingeniũque sagax certis humana gubernet
Finibus, & monstret legemque uicemque fruẽdi.
¶A pietate ac sanctorum reliquijs.
Ad mores ideo nũc, & laudabile gentis
Atque urbis studiũ ueniã, ritusque probatos
Virtuti, & plectro nobis meliore canendos.
Iam si nosse libet, quæ sit cultura, uel ipsos
In superos pietas, saxis extructa superbis
Grandia tẽpla deũ, fuluoque ornata metallo
Aspice, & excelsis pendentia tecta colũnis
Aspice & ad sacras hominũ quæ cõuenit ædes
Turba, preces & dona ferẽs, aduerte quis ordo,
Officijs, q̃ casta cohors symphonia miscet
Quanta ministerijs diuinis cura locatur.

TEMPLU MARTINI
CAPITOLIU
AD AUGUSTINENS
S. PETRU
CAPELLA NICOLAI
Omnia qua peragũt sacra solicitudine Mystæ
Si te reliquiæ delectant, corpora si te
Sancta mouẽt, en iustorũ uenerãda Magorũ
Limina, quos Christi sacra ad cunabula duxit
Conspicuũ sydus Phœbi nascentis ab ortu
En tibi uirgineas acies, fulgore rubẽteis
Martyrij illustreis, seruati & flore pudoris
Vrsula quas tãti dux agminis, alta, potensque
Sanguinis & sceptri, fidei sed honore micãtis
Clarior, aduexit rheni per amena fluenta
Litus ad hoc nostrũ, fidelique animo sic amore
Fundere pro Christo castã per uulnera, uitã
Egregias pietate animi [illegible] [illegible], princeps
Inclytus & fortis Gereon, quibus impia fregit
Idola, & cœlũ meritis accepit, & istos
Purpureo uincens decorauit sanguine muros.
Omnia si libeat sanctorũ corpora iam nunc
Cõmemorare mihi sacrataque pignora, tãtas
Delicias, tot thesauros, fœlicia quos hæc
Mœnia, conclusos gemmis, uenerantur, & auro
Deficiet tẽpus, citiusque ego tecta domosque
Tãtæ urbis, serie, numeroque, & carmine dicã
¶A ciuilibus populi moribus, ac uarijs
rerum armorumque exercitamẽtis.
Sed modo cõuersis numeris, mea carmina, mores
Ciuileisque operas, alacri mihi ludere uersu
Incipiant, iuuat huc plenis decurrere uelis
Sobrius, assiduus, uigil, ingeniosus, acutus
Prouidus, humanus, sollers, patiẽsque laboris
Desidiæque fugax, & inertis strennuus oci
Cõtemptor, nõ uora gulæ, nõ gaudia uetris
Diligit, aut uegetos, hebetãtia pocula, s
Sed frugi est uictu populus, parcusque quietus
Vtiliumque sagax, rebus qui tempora seruat
Opportuna suis, momentaque singula librat
Ne pereant, pigræ, prælanguentique resistit
Segniciæ, turpique uetat rubigine torpor
Inquinet ingenium, iuuenesque effœminet artus
Colligit, & (ratio si monstrat tẽpora) spargit
Diuitiasque facit pulchri instrumẽta fauoris.

COLONIA
AD APLOS.
S. COLVBA
DO SENATOR
O FELIX AGRIPPINA NOBILIS ROMANORVM COLONIA

TEMPLV S. PETRI ET S. TRIVM REGVM
S. CLARA

men beeinflußt hat (vgl. besonders Kärius, Birboum, Boisseau, Hollars große Ansicht). An Größe, Genauigkeit der Darstellung und Sicherheit der Ausführung übertrifft der Einblatt-Holzschnitt alle früheren und die meisten späteren europäischen Stadtporträts.

In Auftrag gegeben und veröffentlicht wurde der Riesen-Holzschnitt von Peter Quentel, dem erfolgreichsten Kölner Verleger seiner Zeit, anläßlich eines politischen Ereignisses: Am 5. Januar 1531 wählten im Dom zu Köln die Kurfürsten des Reiches in Anwesenheit Kaiser Karl V. dessen Bruder Ferdinand zum „Römischen König" und damit zum zukünftigen Nachfolger.

Der nur in wenigen Exemplaren im Original überlieferte Holzschnitt ist im Kölnischen Stadtmuseum nur in verschiedenen Nachdrucken erhalten.

1) Photomechanische Übertragung und Druck der Lithographischen Anstalt von Th. Fuhrmann, Köln a. R., 1890er Jahre
   9 Einzelblätter (Abdruck der 9 Holzstöcke, jeweils auf 1 Blatt)
   Einzeldarst.: 51,5 x 38/38,2 cm
   mit Text und Randbordüre: 59 x 39,7 cm
   Blatt: je 65 x 46,5/47 cm
   Inv. Nr. H.M. 1959/145/1-9
   RBA Nr. 61262-70

2) Photomechanischer Nachdruck von H. Ganter, Köln, 1920er Jahre (wohl nach dem Fuhrmann-Faksimile)
   4 Einzelblätter
   Blatt: je 80,5 x 105,2 cm
   Inv. Nr. G 15515
   Zusätzlicher Titel unterhalb der Darstellung: „Ansicht der Stadt Köln im Jahre 1531 nach dem Holzschnitt des Anton Woensam von Worms".
   Verso in Blei: „Historisches Museum/Verbrauchskontrolle 1d/1946".

Bei den Exemplaren 1 und 2 beginnt der Text unterhalb der Darstellung: „Serenissimus, invictissimisque principibus ac regibus Carolo V ..." (1. Kolumne). Die 2. und 3. Kolumne wird eingenommen von den Halbfiguren Karls und Ferdinands, den beiden Reichswappen und den 7 Wappen der Kurfürsten.

3) Faksimile-Ausgabe, herausgegeben von Max Geisberg, Ortsgeschichtliches von Egid Beitz
   9 Einzelblätter in Originalgröße, einzeln montiert auf Karton; in Original Leinen-Pergament-Mappe. Verlag Hugo Schmidt, München 1929
   Blatt: je 75 x 41,5/49,5 cm
   Inv. Nr. G 15108
   Titel auf der Mappe: „Anton Woensam / Ansicht der Stadt Köln / 1531 / Faksimile-Wiedergabe in 9 Teilen".

Faksimile nach dem (mittlerweile verschollenen) Exemplar in der Kupferstichsammlung der Staatlichen Museen zu Berlin – mit anderem Textrand unterhalb der Darstellung: Links Karl V. und Ferdinand als stehende Figuren in je einer Nische, dazwischen der Widmungstext (= 1. Kolumne), der beginnt: „In Dei Opt. laudem, honore ac gloria ..." (vgl. Merlo 1895, Sp. 1087 unten).

SENT LUPUS
FRANCKE TORN
T' CORPORIS CHRISTI

AGRIPINA·IMPERA-
TRIX·HANC·VRBE
RESTAVRAVIT·
TEMP' MACHABEORV
S IAN CORDE

Beschriftung innerhalb der Darstellung:
Im Himmel links: „Nodu Christus erat natus quum condere coepit nobilis hac urbe speciosa Marcus Agrippa“; Mitte: Engel hält ein Schriftband „Colonia“; rechts: „Agripina Imperatrix hanc urbe restauravit“ und „Per medios quonda Marsilius irruit hostes, ut ligna e sylvis nostra transferret in urbem“.
Über den wichtigsten Gebäuden (Kirchen, Stadttore, Rathaus, Gürzenich) kleine Tafeln mit dem jeweiligen Namen (latinisiert).

Unten Mitte: „O Felix Agrippina Nobilis Romanorum Colonia“; dahinter auf einem Täfelchen „AW“.

Der lateinische Text unterhalb der Darstellung ist in 39 Kolumnen gedruckt: Er beginnt links mit der Widmung des Verlegers Peter Quentel an Kaiser Karl V. und dessen am 5.1.1531 in Köln zum König gewählten Bruder Ferdinand, den Erzbischof von Köln und den Rat der Stadt Köln. Es folgt das Preisgedicht „Flora“ zum Lob der Stadt Köln von Hermann von dem Busche (K. 3-35); danach die zweite Widmung mit der Datierung 1. Februar 1531. Daran schließt die Aufzählung der wichtigsten Kölner Kirchen (11 Stiftskirchen, 19 Pfarrkirchen, 22 Klosterkirchen und über 100 Kapellen) mit ihren Reliquien an (K. 36-39).

Zur genauen Beschreibung der Darstellung mit sämtlichen Beschriftungen, der Transkription des lateinischen Textes sowie dessen Übersetzung siehe Stohlmann 1980 (bezieht sich auf die Exemplare 1 und 2).

Bei Exemplar 3 ist außer der Darstellung von Karl und Ferdinand (stehende Ganz-Figuren) der gesamte Text unterhalb des ersten (linken) Holzstocks abweichend.

Es existiert eine zweite Auflage des Holzschnitts, 1557 von der Witwe des Verlegers, Sophie Quentel, herausgegeben, mit minimalen Veränderungen bzw. Ergänzungen gegenüber der Erstauflage: St. Severin mit höherem Westturm, der neue Treppenturm des von Siegenschen Hauses am Holzmarkt ist eingefügt (vor Kartäuserkirche) ebenso wie zwei steinerne Kräne am Rheinufer (unterhalb St. Maria im Kapitol und Groß St. Martin). (Stohlmann 1980, S. 3, Anm. 2).

Colonia Agrippina ciuitas amplissima, olim Vbiorum caput, ad modernum situm deformata.

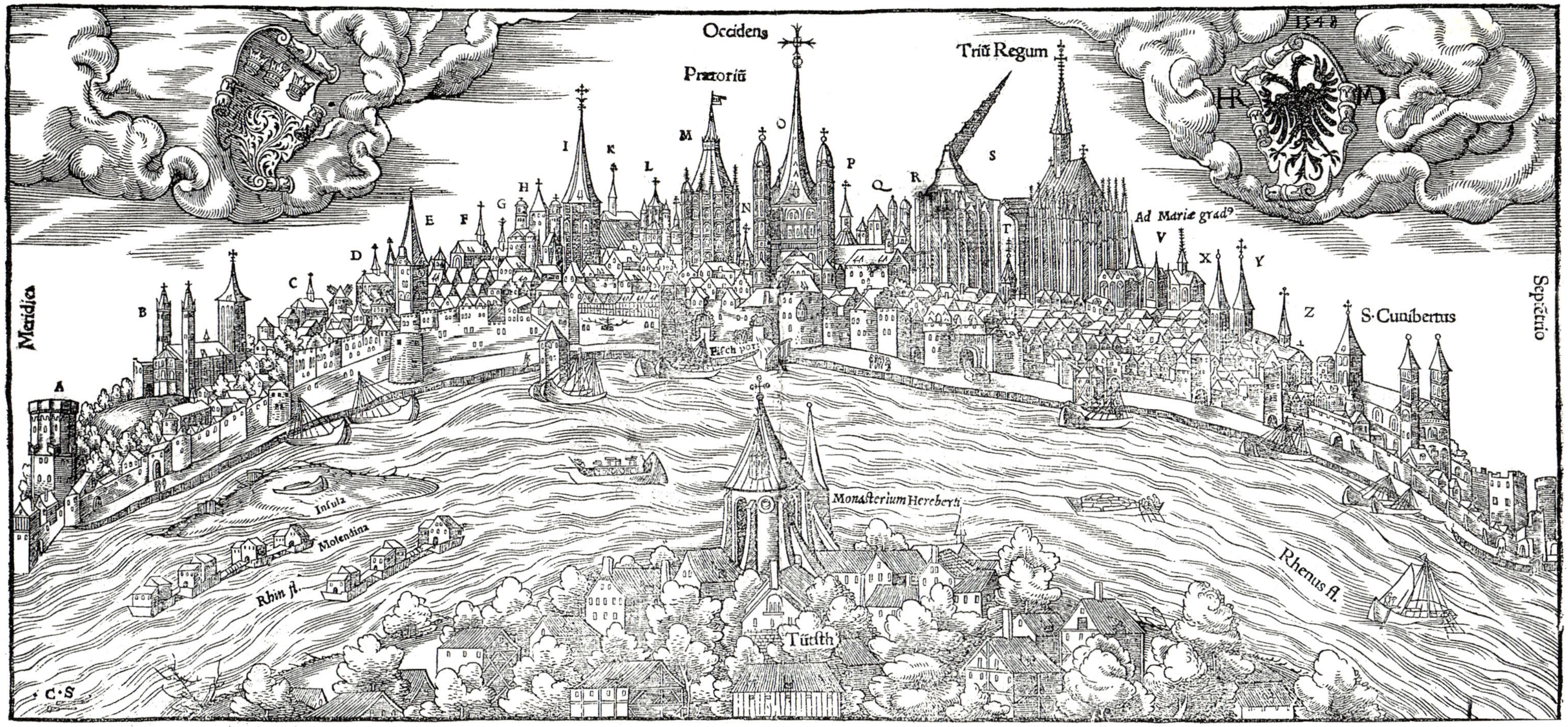

Declaratio quorundam huius urbis insigniorum & præcipuorum ædificiorum, eminentium ultra uulgares domos.

A	**Turris Beien, Beien thurn**	F	Ad Carmelitas	M	Domus Senatoria, Rathauß	S	Templum summum S. Petri
B	Sanctus Seuerinus & porta sancti Seuerini	G	Sanctus Pantaleon	N	Sancta Brigitta	T	S. Andreas
C	Ad Carthusianos	H	S. Maria in Capitolio	O	Templum S. Martini magni	V	Ad Prædicatores
D	Sancta Catarina	I	Templum Martini	P	Ad Minores	X	S. Lupus
E	**S. Ian, & beata uirgo in Lies kirch**	K	Augustinenses	Q	S. Clara	Y	S. Vrsula
		L	Ad Apostolos	R	S. Gereon	Z	Machabeorum

Habet urbs Coloniensis undecim ecclesias collegiatas, duodecim monasteria uirorum & decem cœnobia uirginum. Item habet decem & nouem ecclesias parrochiales, quarum tamen quædam sunt collegiatæ.

Kat.-Nr. 8a.2

Ein Abzug dieser zweiten Auflage ist im Kölnischen Stadtmuseum ebenfalls nicht erhalten. Das KSM bewahrt jedoch ein Faksimile, erschienen 1850 bei Daniel Levy Elkan:

4) Lithographie nach dem Holzschnitt von Anton Woensam, Ausgabe 1557
   Druck und Verlag: Daniel Levy Elkan, Köln 1850
   Lithograph: Alois Weber (nicht im Blatt bezeichnet)
   Darst.: 51,5 x 343 cm gesamt   Inv. Nr. G 15517
   Blatt: 56,5 x 347 cm
   aus 9 Einzelblättern zusammengesetzt

   Unterschied gegenüber dem Original-Holzschnitt:
   Links und rechts der Bezeichnung unten Mitte fehlt das kleine stilisierte Blatt; ohne Text unterhalb der Darstellung.
   Links unterhalb der Einfassungslinie bezeichnet: „Gedruckt und herausgegeben von D. Levy-Elkan in Coeln, 1850".

   Literatur:
   Merlo 1864, Sp. 138; Merlo 1895, Sp. 1087/88; Krudewig 1902, Nr. 22; Krudewig 1906, Nr. 25; Abb. bei Westfehling 1992, S. 80/81

In der Graphischen Sammlung der Kreissparkasse Köln befindet sich ein kolorierter photomechanischer Nachdruck von H. Ganter (Inv. Nr. 49204-923; vgl. KSM-Expl. 2) und ein Exemplar der Levy Elkan-Lithographie (Inv. Nr. 49204-23403; vgl. KSM-Expl. 4). Beide Blätter sind gerahmt.

Literatur:
Sotzmann 1819; Nagler Monogrammisten 1860 ff., Bd. 1, Nr. 1485; Merlo 1864 und 1895, Nr. 548; Ennen/Leson 1881/1977, S. 16; Liessem 1885; Gürtler 1898, S. 197; Krudewig 1902, Nr. 17; Krudewig 1906, Nr. 22; Braunsfeld 1960; Appuhn/Heusinger 1976, S. 45 f.; Kat. Köln 1977, Nr. 5 und S. 9 f.; Naredi-Rainer 1980, S. 93; Stohlmann 1980; Borger/Zehnder 1982, S. 115 ff.; Kat. Köln 1984, S. 201 ff.; Westfehling 1992, S. 67 f. und S. 78 ff.; Zehnder 1994, S. 13-18 (Abb.) und S. 19-20; Köln-Edition, Bd. IV, Bl. 01044

8

Holzschnitt, 1548, aus Sebastian Münsters Kosmographie, Basel 1544
Verleger: Heinrich Petri bis 1578, Sebastian Henric-Petri bis 1628
Holzschneider: Christoph Stimmer (Monogramm CS)
Zeichner: Hans Rudolf Manuel Deutsch (Monogramm HRMD)

Von Osten; Deutz leicht von oben. Gesamtes Köln-Panorama; halbmondförmig. In den Wolken das Stadt- und das Reichswappen.
Die Darstellung Kölns knüpft an Woensams großen Rheinprospekt an, zeigt die Stadt jedoch im „Halbrund", was in den folgenden Jahrhunderten von vielen Künstlern aufgegriffen wird.

Das Köln-Panorama erschien im dritten Band der sechsbändigen, von Sebastian Münster verfaßten „Cosmographia", die bis 1628 in zahlreichen Neuauflagen in sechs verschiedenen Sprachen veröffentlicht wurde. Die großen, doppelseitigen Stadtansichten erschienen zuerst in der deutschen wie der lateinischen Ausgabe von 1550.

Innerhalb der Darstellung: bei dem Reichswappen rechts oben das Monogramm „HR MD" und die Datierung „1548". Kirchen etc. sind bezeichnet A-Z, namentlich bezeichnet sind: „Praetoriu / Triu Regum / Ad Mariae grad / S. Cunibertus". Im Rhein links unten: „C.S."; „Rhin fl. / Molendina / Insula / Monasterium Hereberti / Rhenus fl. (rechts)". Unten Mitte „Tütsch". Am linken Bildrand: „Meridies", am rechten „Septetrio", oben „Occidens".
Unterhalb der Darstellung jeweils die Legende.

In der Graphischen Sammlung der Kreissparkasse Köln befinden sich drei gerahmte Exemplare des Münsterschen Holzschnittes, die alle etwas abweichen von denen im Kölnischen Stadtmuseum:
a) Inv. Nrn. 49204-505 und 49204-681 sind identisch:
   aus einer deutschen Ausgabe der Kosmographie; die Numerierung oben links „dccxxij"; Panorama-Darstellung (ohne „Rhenus fl.") und der Titel oberhalb der Einfassung wie KSM-Expl. 8 c; Legende unterhalb der Einfassung wie KSM-Expl. 8 d: sechsspaltig, „Oertern und Gebewen".

b) Inv. Nr. 49204-1254:
aus einer deutschen Ausgabe der Kosmographie; Numerierung oben links „dccij"; Titel oberhalb der Einfassung endet mit „Reichstatt" (vgl. KSM-Expl. 8 e); ohne „Rhenus fl." in der Darstellung (vgl. KSM-Expl. 8 c); „Meridies"/„Mitnacht" wie in KSM-Expl. 8 b und 8 c; Legende unterhalb der Einfassung wie KSM-Expl. 8 b und 8 c („oertern und gebewen") auch vierspaltig, jedoch andere (modernere?) Schrifttype als in diesen.

Literatur:
Bartsch 1854 ff., Bd. IX, S. 325, Nr. 5 (Deutsch); Illustrated Bartsch, Bd. 19, Part 2, S. 19; Nagler Monogrammisten 1860 ff., Bd. II, Nr. 669/zu 13 (Stimmer); Ennen/Leson 1881/1877, S. 16; Merlo 1895, Sp. 1088; Gürtler 1898, S. 198; Krudewig 1902, Nr. 19 und 20; Krudewig 1906, Nr. 23; Kat. Köln 1977, Nr. 6 und S. 10; Naredi-Rainer 1980, S. 91; Borger/Zehnder 1982, S. 126 ff.; zu der Kosmographie: Bachmann 1939, S. 4 f.; Fauser 1978, S. LXI; Kat. Ingelheim 1988, S. 61 und S. 118 ff.; Reprint der Kosmographie-Ausgabe 1628, Lindau 1984

8 a

„Colonia Agrippina ciuitas aplissima, olim Ubiorum caput, ad modernum situm deformata"

Holzschnitt auf einer Doppelseite, aus der lateinischen Ausgabe der Münsterschen Kosmographie von 1554

Einf.: 16,8 x 36,7 cm	
1) Blatt: 31,5 x 39,9 cm	Inv. Nr. AI2/20a
	RBA Nr. 165 409
2) Blatt: 23,7 x 39,6 cm	Inv. Nr. AI2/20
oben unter Verlust der	RBA Nr. 165 410
Nummern beschnitten	

Mit der Bezeichnung „Rhenus" im Rhein. Verso lateinischer Text.
Die drei lateinischen Ausgaben der Kosmographie erschienen zwischen 1550 und 1573.

Titel oberhalb der Darstellung; daneben links „502", rechts „503".
Unterhalb der Darstellung:
„Declaratio quorundam huius urbis insigniorum & / praecipuorum aedificiorum, eminentium ultra vulgares domos." Darunter: „A Turris Beien, Beienthurn / B Sanctus Severinus & porta sancti Severini / C Ad Carthusianos / D Sancta Catarina / E S. Ian & beata virgo in Lies kirch / F Ad Carmelitas / G Sanctus Pantaleon / H S. Maria in Capitolio / I Templum Martini / K Augustinensis / L Ad Apostolos / M Domus Senatoria, Rathauss / N Sancta Brigitta / O Templum S Martini magni / P Ad Minores / Q S. Clara / R S. Gereon / S Templum summum S. Petri / T S. Andreas / V Ad Praedicatores / X S. Lupus / Y S. Ursula / Z Machabeorum".
Darunter: „Habet urbs Coloniensis undecim ecclesias collegiatas, duodecim monasteria virorum & decem coenobia virginum. Item habet decem & novem ecclesias parrochiale, quarum tamen quaedam sunt collegiatae".

Literatur:
Merlo 1895, Sp. 1088 (Worms); Krudewig 1902, Nr. 20; Krudewig 1906, Nr. 23 und Abb. S. 53

8 b

„Colonia Agrippina / das ist Coeln / bey den alten und zu unsern Zeiten ein mechtige Rheinstatt"

Holzschnitt auf einer Doppelseite, aus der deutschen Ausgabe der Münsterschen Kosmographie, vor 1598

Einf.: 16,9 x 36,3 cm	Inv. Nr. H.M. 1961/98
Blatt: 27,5 x 36,3 cm	RBA Nr. 165 408

Mit der Bezeichnung „Rhenus" im Rhein. Links etwas beschnitten (ca. 3 mm).
Verso deutscher Text.

Titel oberhalb der Darstellung. Links oben „dcxij", rechts „dcxiij".
Innerhalb der Darstellung wie 8 a; einzige Änderung: am rechten Bildrand „Mitnacht" statt „Septetrio". (Die Bezeichnung links „Meridies" ist durch Beschneidung weggefallen.)

Unterhalb der Darstellung: „Erklärung etlicher fürnemen oerter und beüwen diser statt.“ Darunter: „A Beien thurn / B Sant Severin port / C Carthus / D Sant Catharin / E S. Jan / und unser fraw im Lies kirch / F Carmeliten / G Sant Pantaleon / H S. Maria im Capitolio / J S. Martins kirch / K Augustiner / L Zum Aposteln / M Rhathauss / N Sant Brigitta / O Des große S. Martins kirche / P Barfüsser / Q S. Clara / R S. Gereon / S Thumstifft S. Peters / T S. Andres / V Prediger kloster / X S. Lupus / Y S. Ursula / Z Machabeern“.

8 c

„Colonia Agrippina / das ist Coeln / bey den alten und zu unsern Zeiten ein mechtige Reichstat”

Holzschnitt auf einer Doppelseite, aus der deutschen Ausgabe der Münsterschen Kosmographie, vor 1598

Einf.: 16,9 x 37 cm — Inv. Nr. AI2/19
Blatt: 23 x 37,1 cm — RBA Nr. 150 343

Titel oberhalb der Darstellung (andere Schrifttype). Links oben „dccxxij“, rechts „dccxxiij“.
Innerhalb der Darstellung Veränderung gegenüber 8 b: Die Bezeichnungen im Rhein „Molendina“ und „Rhenus fl.“ sind entfernt.
Unterhalb der Darstellung: „Erklärung etlicher fürnemen oerter und beüwen diser Statt.“ Darunter die Legende mit minimalen Abweichungen gegenüber 8 b; z. B. „Sant“ nicht ausgeschrieben, sondern immer abgekürzt „S.“

Literatur:
Krudewig 1902, Nr. 19; Krudewig 1906, Nr. 23

8 d

„Colonia Agrippina: das ist / Coeln / bey den Alten und zu unsern Zeiten ein mechtige Reichsstatt”

Holzschnitt auf einer Doppelseite, aus der deutschen Ausgabe der Münsterschen Kosmographie, (1598)

Einf.: 16,9 x 37 cm — Inv. Nr. G 15516
Blatt: 29,5 x 44,1 cm

Aus der deutschen Ausgabe von 1598 (vgl. Naredi-Rainer).
Titel oberhalb der Darstellung. Links oben „918“, rechts „919“.
Innerhalb der Darstellung: „Molendina“ und „Rhenus fl.“ wieder ergänzt. „Mitnacht“ und „Tütsch“ mit veränderter Schrifttype gedruckt.
Unterhalb der Darstellung: „Erklärung etlicher fuernemmer Oertern und Gebewen dieser Statt.“ Die Legende mit minimalen Abweichungen in der Schreibweise gegenüber 8 c; sechsspaltig. Unterhalb der Legende 10-zeiliger Text zu „Bachrach“, „Oberwesel und Boppart“, „S. Gewere“ (St. Goar) und „Cobolentz“.

Literatur:
Naredi-Rainer 1980, S. 91

8 e

„Colonia Agrippina: das ist / Coeln / bey den Alten und zu unsern Zeiten ein mechtige Reichstatt“

Holzschnitt auf einer Doppelseite, aus der deutschen Ausgabe der Münsterschen Kosmographie von 1628

Einf.: 16,7 x 36,7 cm — Inv. Nr. H.M. 1926/558
Blatt: 33,3 x 41,8 cm — RBA Nr. 96 572

Aus der deutschen Ausgabe von 1628 (vgl. Reprint Lindau 1984, Bd. 2).
Titel oberhalb der Darstellung. Links oben „886”, rechts „887”. Beschriftungen innerhalb der Darstellung wie 8 d.
Unterhalb der Darstellung: „Erklärung etlicher Oertern und Gebaewen dieser Statt.“ Die Legende ebenfalls wie 8 d. Der Untertext handelt „Von der Statt Coeln.“

Warhafftige contrafactur der weytberümpten Reychstatt Cöln am Reyn.

Kat.-Nr. 9

9

„Wahrhafftige contrafactur der weytberuempten Reychstatt Coeln am Reyn" (Schrift in Rot oberhalb der Einfassungslinie)

Holzschnitt, 2. Hälfte 16. Jahrhundert

Einf.: 16,8 x 36 cm	Inv. Nr. H.M. 1917/346
Blatt: 18,4 x 36,6 cm	RBA Nr. 94 483

Sehr ähnliche, etwa gleich große Kopie nach dem Holzschnitt in Sebastian Münsters Kosmographie, jedoch ohne die Bezeichnungen in der Darstellung.

10

„Die Statt Coelln"

Holzschnitt, (1593), aus Abraham Saurs „Stätte-Buch", S. 291, erschienen bei Nikolaus Basse, Frankfurt/Main 1581; als illustrierte Ausgabe zuerst 1593

Einf.: 7 x 9,3 cm	
1) Blatt: 19,3 x 16,8 cm	Inv. Nr. AI2/21
auf der ganzen Buchseite	RBA Nr. 168 312
2) Blatt: 7 x 9,3 cm	Inv. Nr. H.M. 1917/346/79
	RBA Nr. 158 519

Stark verkleinerte Nachbildung des in Sebastian Münsters Kosmographie erschienenen Holzschnitts (Nr. 8); ohne die Wappen, ohne Bezeichnungen und ohne Bildlegende.

Der Titel des von dem Marburger Prokurator Abraham Saur verfaßten sogenannten Städte-Buchs lautet in der Ausgabe von 1593: „Parvum theatrum Urbium, Das ist: Erster Anblick / und Summarischer Auszug / von Erbauung und Ankunft namhafter Stätt / Schlösser und Klöster" (Fauser). Offenbar wurde der Titel später geändert, so geben Klose/Martius an: „Theatrum urbium / Wahrhaftige Contrafeytung und summarische Beschreibung vast aller vornehmen Stätten"; so lautet auch der Titel des Faksimiles der Ausgabe von 1595 (Unterschneidheim 1971).

Das Städte-Buch erschien von 1581 bis 1658 in mindestens sechs Auflagen. 1658 in einer Neubearbeitung, herausgegeben von Hermann Adolf Authes, als „Stättebuch oder Beschreibung der fürnehmsten Stätte, Plätz und Vestungen" (Klose/Martius).

Das vorliegende Exemplar 1 stammt wohl aus dieser Ausgabe, da im erläuternden beiliegenden Text über Köln (Seiten 291-298) die Jahreszahl 1642 erwähnt ist.

Literatur:

Gürtler 1898, S. 199; Krudewig 1902, Nr. 21 (Datierung: um 1555); Krudewig 1906, Nr. 38 (Datierung: um 1593); Kat. Köln 1977, Nr. 16 und S. 10; Borger/Zehnder 1982, S. 128; zum Städte-Buch: Bachmann 1939, S. 13 f.; Volkelt 1949, S. 206-211; Klose/Martius 1962, Bd. 1, S. 78; Fauser 1978, S. LXIV f.; Schmitt 1984, S. 341

Le Rhin Fleuve
DUITZ
DUITZ
Monastere d'Hereb ert
A Paris chez Basset rue St Jacques a Ste Genevieve
COLOGNE
Ou Coln Ville Imperiale et anseatiques St Boniface l'Erigea en Archeveschè en 734 par l'autorité de Carloman et de Pepin le bref le Prelat est prince et Electeur de l'Empire Archichancelier et Legatné en Italie il a le droit par la bulle d'Or de Sacrer l'Empereur. Le Chapitre est Composé de 60 Chanoines qui sont tous princes ou Comtes elle a 10 Collegiales 10 Parroisses 37 Monasteres vne Université rétablie en 388. elle tire son origine des Vbiens qui rechercherent l'Alliance de Iulles Cesar. Clovis le grand la remis a la Couronne de France elle est sous les Rois de la 1re Race sous ceux de la 2de elle devint le partage des princes francois Rois de Germanie ell'a vn Senat qui a droit d'instruire les procès des Criminels et meme de faire arrester, mais il ne peut les condamner s'il les justifier cela est reservé a l'Elect.r Cologne est appellé Ste elle possede les Corps des 11000. Vierges qui furent martirisée par les Huns l'an 238. avec Ste Ursule elle a aussi les tombeaux des 3 Rois qui ont adoré le fils de Dieu.
1. La Tour de Beien.
2. St. Ceverin abbaye.
3. les Chartreux.
4. St Panthalon
5. St Martin
6. l'Eglise aux apostre
7. Maison du Conseil.
8. St Martin le grand.
9. Ste Marie la grande.
10. le grand Temple St Pierre ou sont les Corps des 3 Rois Mages.
11. St Cunibert.
12. le Port et Quay.

Kat.-Nr. 12.1

11

„Cologne“

Kolorierter Kupferstich, um 1680, erschienen bei Jean Crepy, Paris

Einf.: 13,8 x 22 cm — Inv. Nr. H.M. 1910/277
Blatt: 20,7 x 25,3 cm — RBA Nr. 90 408

Darstellung in Anlehnung an den Holzschnitt in Sebastian Münsters Kosmographie (Nr. 8). Ohne die Wappen im Himmel; links und rechts ist hinter der Stadt eine Landschaft angedeutet. Vgl. das sehr ähnliche, jedoch seitenverkehrte Köln-Panorama der folgenden Nummer.

Innerhalb der Darstellung: Kirchen etc. numeriert 1-12. Im Rhein: „Le Rhin Fleuve / Duitz (2x) / Monastere d'Herebert“.
Unterhalb der Darstellung: „Cologne / Ou Coln Ville Imperiale et anseatiques: St. Boniface l'Eriga en Archevesché en 734 par l'autorite de Carloman et de Pepin le bref le Prelat est prince et Electeur de l'Empire Archichancelier et Legat né en Italie il a le droit par la bulle d'or de Sacrer l'Empreur. Le Chapitre est composé de 60 chanoines qui sont tous princes ou Comtes elle a 10 collegiales, 10 Paroisses, 37 Monasteres, une Université retablie en 388 (!). elle tire son origine des Ubiens qui rechercherent l'alliance de Julles César. Clovis legrand la remit a la Couronne de France elle est sous les Rois de la 1re race. sous ceux de la 2de elle devint le par tage des princes francois rois de germanie elle a un senat qui a droit d'instruire les proces des criminels et meme de les faire arrester. mais il ne peut les condaners ni les Justifier. Cela est reservé a l'electeur. Cologne est appellé Ste. elle possede les corps des 11.000 Vierges qui furet martirisées par les Huns l'an 238. avec Ste. Ursule elle a aussy les tombaux des 3 rois qui vinrent adorer le Fils de Dieu quon dit ya voir eté apporte de Constantinople.“
Darunter die Legende: „1. la Tour de Beien. / 2. St. Severin Abbaye. / 3. les Chartreux. / 4. St. Penthalon. / 5. St. Martin. / 6. l'Eglise aux Apostre. / 7. Maison du Conseil. / 8. St. Martin le grand. / 9. Ste. Marie la grande. / 10. le grand Temple St. Pierre ou sont les Corps des 3 Rois Mages. / 11. St. Cunsbert (!). / 12. le Port et Quay.“
Unten rechts: „A Paris chez Crepy rue St. Jacques a St. Pierre“.

Literatur:
Gürtler 1898, S. 209; Kat. Köln 1977, Nr. 23 und S. 10; Borger/Zehnder 1982, S. 12

12

„Cologne“ (1) / **„Vue de la Ville de Cologne“** (2)

Teilkolorierte Radierung, erschienen bei Basset, Paris um 1680, bzw. bei Edouard Hocquart, Paris um 1810

Bayen Thorn
S. Thor
S. Severinus
Carthuser Kl.
S. Catharina
S. Johan
Lyskirchen
Carmelin
S. Pantaleon
S. Maria Capitol
S. Martin
S. Augustin
S. Apostel
Rathhaus.
Gr. S. Martin
S. Gereon
S. Clara
S. Andre
D. Dom od. S. Petri
Marie greden
prediger
S. Lupus
S. Taucorden.
S. Cunibert
Cuniberts Thorn

Kat.-Nr. 13

Einf.: 15,2 x 24,5 cm	
1) Blatt: ca. 23 x 35,5 cm	Inv. Nr. AI2/71a
	RBA Nr. 165 030
2) Blatt: 18 x 25,7 cm	Inv.Nr. AI2/143e
	RBA Nr. 165 029

Weitere Darstellung in Anlehnung an den Münsterschen Holzschnitt, sehr ähnlich dem etwa zur gleichen Zeit bei Crepy in Paris erschienenen Kupferstich (Nr. 11), jedoch seitenverkehrt (in der Art eines Guckkastenblattes) und mit einem etwas größeren Bildausschnitt; ebenfalls ohne die Wappen und mit Landschaftshintergrund.
Exemplar 2 ist ein späterer Abdruck von derselben Platte, um 1810; die Zahlen und Bezeichnungen sind weggeschliffen.

Exemplar 1: Bezeichnung innerhalb der Einfassungslinie von Nr. 11 übernommen, ebenso der Untertext bis „Dieu“ und die Legende. Jedoch ohne die Adresse von Crepy unten rechts, statt dessen direkt unter der Einfassungslinie links: „A Paris chez Basset rue St. Jacques a Se. Genevieve“.
Exemplar 2: Ohne die Beschriftungen von Exemplar 1. Statt dessen nur der Titel „Vue de la Ville de Cologne“ unterhalb der Darstellung sowie in Spiegelschrift oberhalb der Darstellung und links unten die Verlegeradresse: „Paris, chez Hocquart“.

Literatur:
Krudewig 1906, Nr. 113 (Exemplar 1)

13

Kupferstich, um 1740/50

Darst.: 8,3 x 20,5 cm	Inv. Nr. H.M.1917/346/50
Blatt: 8,8 x 20,6 cm	RBA Nr. 134 660

Verkleinerte Nachbildung des in Sebastian Münsters Kosmographie erschienenen Holzschnitts von 1548 (Nr. 8); ohne die beiden Wappen im Himmel. Kirchen etc. in der Darstellung bezeichnet.

14

„Warhafftige Contrafactur der Hochgelobten Statt Cölln am Rein“

Teilkolorierter Holzschnitt, um 1570, erschienen bei Hans Weigel, Nürnberg
Zeichner: Martin Weigel (Monogramm MW)
Holzschneider: Monogramm A

Einf.: 25,5 x 107,5 cm	Inv. Nr. AI2/23
Blatt: 34,8 x 110,8 cm	RBA Nr. 601 441
aus drei Teilen zusammengesetzt	

Von Osten; Deutz leicht von oben. Gesamtes Köln-Panorama, leicht gebogen dargestellt. Unterhalb der Darstellung deutsches Lobgedicht: „Erbar und weise frome Herrn ...“ (zur Geschichte Kölns; aufgeklebt). Im Himmel links Bauer mit Reichswappen und ein Regenbogen, rechts Jungfrau mit Stadtwappen.
Der Künstler hat sich sowohl an Woensam (Nr. 7) wie auch an Sebastian Münster (Nr. 8) orientiert (vgl. Borger/Zehnder 1982, S. 138). Auf einem Faß am Rheinufer das Monogramm MW, das Andresen als Martin Weigel liest, Bruder des Hans, der als Zeichner und Formschneider tätig war; weiter rechts auf einem Mühlstein das Monogramm A mit Messer, das auf den Holzschneider hinweist.
Die bisherige Datierung um 1580/85 läßt sich kaum halten, da Hans Weigel nur bis 1577 in Köln nachweisbar ist, Martin Weigel nicht später als 1570. Das Fehlen der Ark am Bayenturm (die 1585 abgebrochen wurde) ist möglicherweise weniger eine Datierungshilfe als eine Ungenauigkeit des Zeichners (vgl. dazu Borger/Zehnder 1982, S. 138).

Titel oberhalb der Einfassungslinie.
Innerhalb der Darstellung Kirchen etc. bezeichnet. Im Rhein: „Rhein fl.“ (links und rechts); „Tutsch“ (Mitte). Am linken Bildrand „Mittag“, am rechten „Mitnacht“ (vgl. Sebastian Münster, Nr. 8). Rechts unten außerhalb der Einfassungslinie: „Bey Hanns Weigel Formschneider.“

Literatur:
Nagler Monogrammisten 1860 ff., Bd. 1, Nr. 21,2 und Bd. 4, Nr. 2256,26; Andresen

Warhafftige Contrafetung der hochgelobter Statt Cöllñ am Reyn.

Der Bawr zur Junckfrawen/
Hüt dich Dochter deß Römischen Reichs/
Geystlich vnd weltlich bůlen vmb dich.

Jn armen hab ich die schlüssel gefaßt/
Durch die ich kam inn grossen last/
Vor Woringen vff dem weiden plan/
Ließ ich meinen Pflegel vmbher gan/
Das mein feynde fielen zů grundt/
Deß danck ich Gott zů aller stundt.

Die Junckfraw zum Bawren/
Halt fast du Keyserlicher Bawr/
Bleib bei dem Reich/ es fall süß off sawr.

Diß ist eyn warhafftig Figur/
Nach Cölln der Statt contrafectur/
Wie sie erbawen ligt am Reyn/
Vnd ist der vier Bawern eyn/
Im Reich der Teutschen Nation.
Die Römer sie gestifftet han/
Mit Polliceien vnd mit Recht.
Auch von der Edlen Römer gschlecht/
Sie vorzeitten wol besetzt.
... sich noch heut gantz vnuerletzt/
... Heiligen Reich gehalten hatt.
Viel Keyser haben sie begabt
Mit Freiheyt/ deren sie sich helt.
Ihrs gleichen ist kaum iñ der Welt/
Von volck vnd reichthumb vbermaß/
Vnd mehrt sich noch on vnderlaß/
Iñ kauffmanschafft vnd andern dingen/
So gmeynem nutz thůt besserung bringen.
Keyn geschrey noch lermen sie verfert/
Wie wol sie allzeit fried begert/
So ist sie doch gantz vnuerzagt/
Vnd förchtet nit ihrs feyndes macht.
Dañ all jr volck thůt eynig leben/
Ihr Oberkeyt nit widderstreben.
Die Herren so da gahn zů Rath/
Beweisen gwaltig mit der dath/
Daß sie von Gott sein all erwelt/
Dweil sich jr volck so fridsam helt/
Iñ disser bösen gschwinden zeyt/
Gott wöll sie fort vor schand vnd leydt
Bewarn/ wie er bißher gethan/
Von hertzen wündschts Peter Jordan.

G. H. G.

Kat.-Nr. 15

Kat.-Nr. 14

1864 ff., Bd. 4, S. 102, Nr. 12; Ennen/Leson 1881/1977, S. 20; Merlo 1887; Merlo 1895, Sp. 1130; Gürtler 1898, S. 201; Krudewig 1902, Nr. 23; Krudewig 1906, Nr. 34 und Abb. Taf. III; Kat. Köln 1977, Nr. 8 und S. 12; Borger/Zehnder 1982, S. 136 ff.; Westfehling 1992, S. 68-70

15

„Warhafftige Contrafetung der hochgelobter Statt Coelln am Reyn“

Holzschnitt, um 1570/80, gedruckt bei Peter Jordan, Köln

Einf.: 10,4 x 30,4 cm — Inv. Nr. AI2/23b
Blatt: 23,5 x 30,7 cm — RBA Nr. 60 736
links wenig beschnitten

In Anlehnung teils an Weigel (Nr. 14) (Bauer und Jungfrau mit Wappen im Himmel, Lobgedicht unterhalb der Darstellung, Titel), teils an Münster (Nr. 8) (Darstellung der Stadt).

Oberhalb der Darstellung:
Ganz oben der Titel. Darunter drei Textspalten, links: „Der Bawr zur Junckfrawen / Huet dich Dochter desz Roemischen Reichs / Geystlich und weltlich bulen umb dich.“
Mitte: „Am Armen hab ich die schlüssel gefast / Durch die ich kam inn grossen last / Vor Woringen uff dem weiden plan / Ließ ich meinen Pflegel umbher gan / Das mein feynde fielen zue grundt / Deß danck ich Gott zue aller stundt.“ Rechts: „Die Junckfraw zum Bawren / Halt fast du keyserlicher Bawr / Bleib bei dem Reich / es fall suesz off sawr.“
Kirchen etc. in der Darstellung bezeichnet.
Unterhalb der Darstellung deutsches Gedicht (dreispaltig): „Diß ist eyn warhafftig Figur / Nach Coelln der Statt contrafectur / Wie sie erbawen ligt am Reyn / Und ist der vier Bawern eyn / Im Reich der Teutschen Nation. / Die Roemer sie gestifftet han /

Kat.-Nr. 16

Mit Polliceien und mit Recht. / Auch von der Edlen Roemer gschlecht / Wardt sie vorzeitten wol besetzt. / Die sich noch heut gantz unverletzt / Beym Heiligen Reich gehalten hatt. / Viel Keyser haben sie begabt / Mit Freiheyt / deren sie sich helt. / Ihrs gleichen ist kaum in der Welt / Von Volck und reichthumb ubermaß / Und mehrt sich noch on underlaß / In kauffmanschafft und anderen dingen / So gmeynem nutz thut besserung bringen. / Keyn geschrey noch lermen sie verfert / Wie wol sie allzeit fried begert / So ist sie doch gantz unverzagt / Und foerchtet nit ihrs feyndes macht. / Dan all ir volck thut eynig leben / Ihr Oberkeyt nit widderstreben. / Die Herren so da gahn zu Rath / Beweisen gwaltig mit der dath / daß sie von Gott sein all erwelt / Dweil sich ir volck so fridsam helt / In disser boesen gschwinden zeyt / Gott woell sie fort vor schand und leydt / Bewarn / wie er bißher gethan / Von hertzen wündschts Peter Jordan."

16

„O Foelix Agrippina Nobilis Romanorum Colonia"

Kupferstich, (1599)
Verleger wohl Abraham Hogenberg (vgl. Hogenberg/Hellwig 1983)
Stecher: Augustin Braun (?)

Einf.: 20 x 52,8 cm	Inv. Nr. AI2/25
Blatt: 22,2 x 53 cm	RBA Nr. 601 153

Von Osten; Deutz leicht von oben (deutlich anders als die früheren Darstellungen). Gesamtes Köln-Panorama; leicht gebogen.
Das erste als Kupferstich ausgeführte Kölner Stadtpanorama. Vey lehnt die seit Merlo übliche Zuschreibung an Augustin Braun ab. A. Braun gilt als der bedeutendste Kölner Zeichner seiner Zeit; von ihm stammen auch Bildzyklen zur Kölner Geschichte.
Dargestellt ist der festliche Empfang der Braut des Herzogs Johann Wilhelm von Jülich-Berg, Antonia von Lothringen, durch den Rat der Stadt Köln am 5. Mai 1599 auf ihrer Reise nach Düsseldorf.

Titel im Himmel. Kirchtürme etc. in der Darstellung bezeichnet, auch „Des Hern Burgermaisters Siegen behausung in welchem die furstliche Braut iren abstandt genummen" und einige der zahlreichen Schiffe auf dem Rhein. Unten: „Deuts".

Unterhalb der Darstellung: „Eygenttliche Contrafactur unnd abriss, mitt was stattlicher prachtt und eheren ein Hochweiser Rhatt der Statt Colln am Rhein, die Durchleuchttigst und auss dem hochloblichen hauss von Lothringe hocgeporne furstinne Antoniam, Furstliche Spons und Brautt des Durchleuchttigste Hochgeporne Fursten und hern hern Hansen Wilhelm Hertzog zu Cleve, Geulich und Berge entpfangen." Anschließend dasselbe auf französisch: „Contrafaicture et Pourtraict au vif ..." (4 Zeilen rechts).

Unterhalb der deutschen Textzeile deutsches Gedicht auf das Ereignis (6 x 4 Zeilen): „Anthonia ein Hertzogin / Geborn aus dem haus Lotharing / Johan Wilhelm von Cleuf vertrawt, / Als seiner furstlich Gnaden braut / Beleit von manch gut Edelman, / Statlich zu Colln komme an, / Vier fähnlein burger wolgerust, / Schossen so dapffer das ein lust / Gross feurwerck grobe stuck darbey, / Am uffer machen gross geschrey, / Als wen die stadt solt undergehn, / Ist am funfften tag May geschen. / Da sie nu solt fahren herab, / Nach drey Wochen sich auch begab, / Das man der Furstin gabs geleit, / Zwelff grobe stuck stunden bereit / Unter Rhein bey sanct Cunibert, / Veil kamren neben auff der erst, / Zu machen freud und gross gedohn, / Als die braut solt langs fahre schon. / Godt gib ihr gluck und seligkeit / Ein iungen Erb, fursichtigheit, / Friedt zu schaffen in ihrem landt / Das kreig und unraht werdt gewandt".

Literatur:
Merlo 1895, Sp. 110 (Zuschreibung Braun); Gürtler 1898, S. 201; Krudewig 1902, Nr. 25; Krudewig 1906, Nr. 39 und Abb. Taf. III; Hollstein 1954 ff., Bd. IV, S. 144, Nr. 80-82; Kat. Köln 1977, Nr. 9 und S. 12; Borger/Zehnder 1982, S. 144 f.; Hogenberg/Hellwig 1983, S. 16 (Spalte b) und Abb. S. 348; Zehnder 1994, S. 20 (Abb.) und 21; Vey 1995, S. 203, Nr. 143

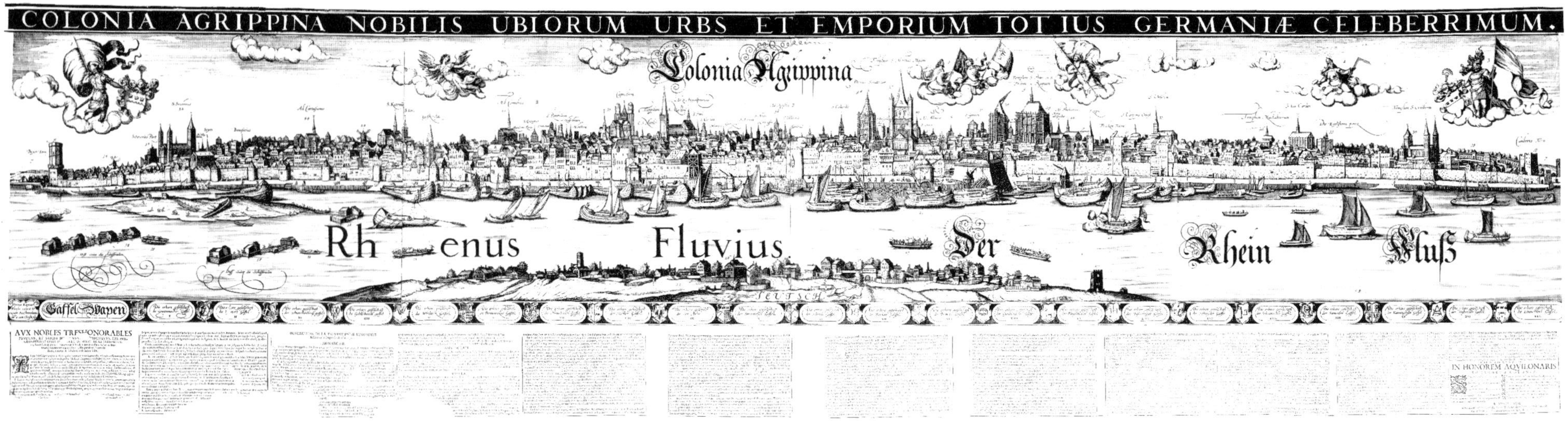
COLONIA AGRIPPINA NOBILIS UBIORUM URBS ET EMPORIUM TOTIUS GERMANIÆ CELEBERRIMUM.
Colonia Agrippina
Rhenus Fluvius
Der Rhein Fluß
Gaffel Wapen
AUX NOBLES TRES HONORABLES
IN HONOREM AQUILONARIS

Kat.-Nr. 18

17

„Sancta Colonia Dei gratia Romanae Ecclesiae fidelis filia"

Kupferstich, 1607, aus: Erhard Winheim, Sacrarium Agrippinae, erschienen bei Bernhard Wolter (Walters), Köln 1607
Stecher: Johannes Leypolt

Darst.: ca. 3 x 7,3 cm	Inv. Nr. AI2/27
(halbmondförmige Vignette)	RBA Nr. 165 008
Blatt: 14,1 x 8,8 cm	

Von Osten; ohne Deutz. Gesamtes Köln-Panorama; gebogen. Kopfstück des nach Art eines Altarmittelstücks gezeichneten Titelblattes zu „Sacrarium Agrippinae" mit zehn weiteren kleinen Darstellungen: Anbetung der Hl. Drei Könige, Martyrium der Machabäer und acht Einzel-Darstellungen von Kölner Heiligen. Das Köln-Panorama wohl nach Nr. 16.
Das Pilgerbüchlein „Sacrarium Agrippinae", verfaßt von dem Würzburger Kartäusermönch Erhard Winheim, enthält neben einer kurzen Stadtgeschichte Kölns vor allem eine Beschreibung der Kölner Reliquienschätze und gilt damit als Vorläufer des 1645 erschienenen Werkes von Ä. Gelenius (vgl. Nr. 48).
Das vollständige Werk ist im Kölnischen Stadtmuseum vorhanden (D 165).
Oberhalb der Darstellung, in der Vignetten-Leiste: „O foelix iuxta cuius moenia barbarorum rabies, enses / tela frameas, cultros in virgineas, cruentavit acies."
Titel unten innerhalb der Darstellung.
Unterhalb der Darstellung, außen umlaufend: „Gaude foelix Agrippina sanctaque Colonia. Sanctitatis tuae bina gerens testimonia. Postquam fidem suscepisti civitas praenobilis. Recidiva non fuisti sed in fide stabilis".
Buchtitel unterhalb des Köln-Panoramas: „Sacrarium Agrippinae / Hoc est / Designatio Ecclesiarum Coloniensium: Praecipuarum Reliquiarum: Quarundam itidem Antiquitatum memorabilium, una cum Peregri natione, quam vocant Romana, coronidis loco adiuncta; binc inde, partim ex pervetustis Monimentis partim relatione Virorum fide digniss: in gratiam tam Ubio germanorum, quam pietatis causa ad Urbem convolantium; Ab olim oculato teste, nunc Wirceburgi Cartusiano F. Erhardo Winheim Albimoenio collecta. / Cum Consensu superiorum et privilegio / Sacra Caesareae Maiestatis / Coloniae / Sumptibus Bernhardi Gualteri / Anno Domini 1607".

Kat.-Nr. 17

Unten rechts: „Johannes leypolt fecit."

Literatur:
Merlo 1895, Sp. 538; Krudewig 1902, Nr. 27; Krudewig 1906, Nr. 40 und Abb. S. 67; Kat. Köln 1985, Bd. 2, S. 184 (E 9) und Abb. S. 183

18

„Colonia Agrippina" (im Himmel)

Kupferstich, 1613/15
Stecher und Verleger: Pieter van der Keere (Petrus Kaerius), Amsterdam

Darst.: 36 x 213 cm	Inv. Nr. AI2/31
Blatt: 56 x 213 cm	RBA Nr. 153 257
aus vier Teilen zusammengesetzt	

Von Osten; Deutz leicht von oben. Gesamtes Köln-Panorama; gerade.
Das Köln-Panorama einschließlich der allegorischen Figuren in den Wolken in Anlehnung an Woensam (Nr. 7) – mit Ausnahme von Deutz –, die Zeichnung jedoch „plump, klobig und unschön" (Ennen). Trotzdem fand diese Darstellung von Köln und Deutz noch fast 100 Jahre später Nachahmer bei den Augsburger Kupferstechern und -verlegern (vgl. Nrn. 73a-75).
Die Kupferplatte wurde 1613 von Pieter van der Keere gestochen und das Blatt 1615 in Amsterdam herausgegeben.

Eine sehr ähnliche, gleich große Kopie (nicht im Kölnischen Stadtmuseum vorhanden) hat etwa 50 Jahre später Frederik de Wit herausgebracht, der bis 1706 in Amsterdam als Verleger tätig war. Eine Veränderung gegenüber dem Kärius-Blatt ist die hinzugefügte Jesuitenkirche, die 1628 fertiggestellt wurde. Die Gaffelwappen-Leiste unterhalb der Darstellung ist von dem Kopisten übernommen worden, nicht jedoch die Schriftzeile oberhalb des Panoramas.

Schriftzeile oberhalb der Darstellung: „Colonia Agrippina Nobilis Ubiorum Urbs et Emporium Totius Germaniae Celeberrimum." (weiß auf schwarz).

Kirchen etc. in der Darstellung bezeichnet, teils namentlich, teils mit Ziffern (auch Rheinmühlen, Schiffe, Gebäude in Deutz). Im Rhein: „Rhenus Fluvius / Rhein Fluß"; links: „Diß seint die Schiffmulen" (zweimal). Unten Mitte: „Teutsch".

Unterhalb der Darstellung Wappenzeile:
Ganz links Kartusche: „Wie gaet ick Keere / Petrus Kaerius Flander caelavit et excudit Amsterodami an (no) à nato Christo 1613." Es folgt Kartusche „Gaffel Wappen", daran anschließend die 22 Gaffelwappen, jeweils rechts davon die Bezeichnung: „Die erbare geselschaft die Gewanmecher Gaffel I / Die erbare geselschaft die (Ejser?) mart Gaffel II / Die erbare geselschaft des Schwarthenhauß gaffel III / Die erbare geselschaft die Goldschmidt gaffel IIII / die erbare geselschaft die Eindteck Gaffel V / Die erbare geselschaft die Bontwercker Gaffel VI / Die erbare geselschaft die Hemelreich Gaffel VII / Die erbare geselschaft der Mahler Gaffel VIII / Die erbare geselsalft (!) die von Aren IX / die erbar geselschaft der Steinmetser Gaffel X / Die erbare geselschaft der Schmidt Gaffel XI / Die erbare geselschaft der Becker Gaffel XII / Die erbare geselschaft der Brewer Gaffel XIII / Der (!) erbare geselschaft der Gurdelmacher Gaffel XIIII / Die erbare geselschaft der Fleischhawer Gaffel XV / Die erbare geselschaft der Fishmenger Gaffel XVI / Die erbare geselschaft der Schneyder Gaffel XVII / Die erbare geselschaft der Schoumecher Gaffel XVIII / Die erbare geselschaft der Sarwetter Gaffel XIX / Die erbare geselschaft der Kannengesser Gaffel XX / Die erbare geselschaft der Vasbender Gaffel XXI / Die erbare geselschaft die Linewebers Gaffel XXII".

Darunter typographisch gedruckter Text, zwölfspaltig (z. T. mit größeren Fehlstellen) in Französisch: „Aux Nobles Tres Honorables prudens ..."
Die ersten zwei Spalten enthalten Allgemeines zu Köln (Vergleich mit Jerusalem und Rom), es folgen – numeriert 1-48 – ausführliche Erläuterungen zu den einzelnen Kirchen etc. Am Schluß lateinische Widmung: „Idem ad Eundem. In Honorem Aquilonaris Romanorum Coloniae ..."

Ganz unten rechts: „A Amsterdam. On les vent chez Piere de Keere Tailleur de Cartes, en la Rue de Calverstrate, a l'enseigne du temps incertain, Anno 1615."

Literatur:
Ennen/Leson 1881/1977, S. 22; Gürtler 1898, S. 202; Krudewig 1902, Nr. 30; Krudewig 1906, Nr. 46; Bachmann 1941, Abb. 194

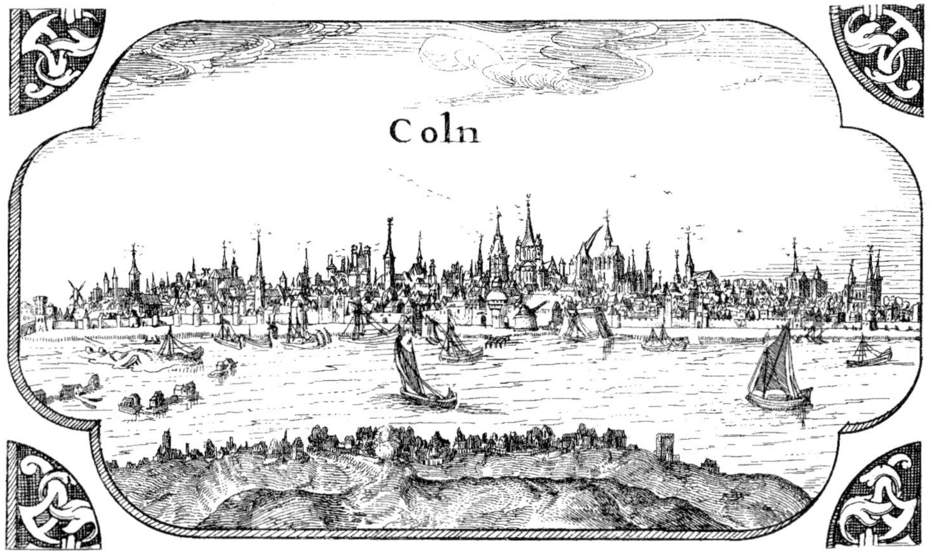

Kat.-Nr. 19

19

„Coln“ (im Himmel)

Radierung, um 1650

Darst.: 10,2 x 18,1 cm	Inv. Nr. H.M. 1915/210
Blatt: 11 x 18,8 cm	RBA Nr. 165 025

Von Osten; Deutz als Dorf (ohne Kirchturm). Gesamtes Köln-Panorama; gerade. Rheinmühlen in zwei Reihen; ein Bollwerk/Bastion auf Kölner Seite.

In Kleeblatt-artiger Kartusche; Darstellung ähnlich Kärius 1613/15 (Nr. 18), wohl danach.
Abdruck auf Papier des 18. Jahrhunderts.

20

„Colonia. Agripina / Die Stadt Collen“

Radierung/Kupferstich, 1620, erschienen bei Gerhard Altzenbach, Köln
Stecher: Matthäus Merian d. Ä.

Darst.: 13,7 x 32,2 cm	Inv. Nr. AI2/35
Blatt: 20,2 x 36,1 cm	RBA Nr. 57 47

Von Osten; mit Deutz, leicht von oben. Gesamtes Köln-Panorama; halbmondförmig. Im Himmel drei Wappen (Reichswappen und die beiden Kölner Stadtwappen); unterhalb der Darstellung die sechs Wappen der amtierenden Bürger- und Rentmeister (Amtszeit: 1620/21).

Neu im Kölner Stadtbild sind die beiden Bollwerke am Rhein und die Kirche St. Mariae Himmelfahrt (erbaut 1618-27). Die Rheinmühlen sind dagegen noch in zwei Reihen dargestellt wie vor 1618 (vgl. Kranz 1991, S. 293).
Die Darstellung des Köln-Panoramas steht in der Traditions Sebastian Münsters (Nr. 8). Vermutlich ist diese Köln-Ansicht Merians 1619 auf seiner Reise von Paris nach Frankfurt am Main entstanden. Zu Merian siehe auch Nr. 31.

Titel im Himmel. Kirchen, Tore, Pforten und die beiden Bollwerke in der Darstellung bezeichnet.

Im Rhein: „Rhenus fluvius“. Unten Mitte: „Teutsch“, links: „G. Altzenbach ex.“, rechts: „M. Merian fecit“.

Unterhalb der Darstellung Wappenleiste: Zwölf Kartuschen mit den sechs Namen der Bürger- und Rentmeister sowie den entsprechenden Wappen: „2 regerende Burgemeister / H. Johan Hardenrahd / H. Wilhelm Hackstein“. „2 Rendtmeister / H. Johan von Boland / H. Meliihor Gaiill (d. i. Melchior Gail)“. „2 abgegangne Burgemeister / H. Johan Ther Lahn gnan Lennep (d. i. J. Therlahn genannt Lennep) / H. Constantinus von Leiszkirchen“. Darunter dreimal „Deser Zeidt“. Ganz rechts eine größere leere Kartusche, darüber „Anno“, darunter „1620“.

COLONIA. AGRIPINA
DIE STADT COLLEN
RHENUS FLUVIUS
TEUTSCH
2. REGERENDE BURGEMEISTER
H. IOHAN HARDENRAHD
WILHELM HACKSTEIN
DES ERZ EIDT
2. RENDT MEISTER
IOHAN VON BOLAND
MELTHOR GAILL
DES ER ZE IDT
2. ABGEGANGNE BURGEMEISTER
IOHAN THER LAHNGNAN
CONSTATINUS VON LEISZKIRCHEN
DE ER 2 EIDT
ANNO

Kat.-Nr. 20

Literatur:
Merlo 1866; Ennen/Leson 1881/1977, S. 22; Eckardt 1887, S. 174; Merlo 1895, Sp. 589; Gürtler 1898, S. 202; Krudewig 1902, Nr. 34; Krudewig 1906, Nr. 52; Wüthrich 1966, Bd. 1, Nr. 619; Kat. Köln 1977, Nr. 12 und S. 12; Borger/Zehnder 1982, S. 148 f.; Kat. Frankfurt/Main 1993, S. 244, Nr. 183

Kat.-Nr. 21

21

„Cölln.“ (im Himmel)

Kupferstich, (1632), aus: Johann Ludwig Gottfried (d. i. Johann Philipp Abelin), Inventarium Sueciae, erschienen bei Friedrich van Hulsius, Frankfurt/Main 1632
Drucker: Wolfgang Hoffmann
Stecher: Friedrich van Hulsius

Einf.: 7,2 x 12,7 cm	Inv. Nr. AI2/37
Blatt: 8,3 x 14,5 cm	RBA Nr. 165 012

Von Osten; Deutz als Dorf. Gesamtes Köln-Panorama; gebogen.
Zwei Rheinmühlen-Reihen (wie vor 1618); auf der Kölner Seite zwei Bollwerke/Bastionen. Im Himmel links und rechts die Kölner Wappen, in der Mitte das Reichswappen. Darstellung im ganzen stark an Merian (Nr. 20) angelehnt.
Verso deutscher typographischer Text.

In der Graphischen Sammlung der Kreissparkasse Köln befindet sich ein gerahmtes Exemplar (Inv. Nr. 49204-1077).

Literatur:
Krudewig 1902, Nr. 36; Krudewig 1906, Nr. 54; zum Buch: Bachmann 1939, S. 22 f.; Fauser 1978, S. XLIV (unter „Gottfried“)

22

„Das Cölsche Gülten A. B. C. ...“

Holzschnitt, (1632)

Pan.-Einf.: 6,3 x 25,8 cm	Inv. Nr. H.M. 1920/71
Blatt: 38,3 x 29,9 cm	RBA Nr. 165 420

aufgezogen
Von Osten; mit wenigen Dächern von Deutz. Köln-Panorama ohne Bayenturm; gebogen.

Links im Himmel das Kölner Stadtwappen und rechts das Reichswappen. Zur Köln-Darstellung vgl. die Merian-Radierung von 1620 (Nr. 20).

Das Cölsche Gülten A. B. C.
Drey Cölsche kronen führn wir hie
Auff die Weiß/ vom Gälden A. B. C.

Ale Weißheit kompt von Gott dem Herrn
Vnd ewig thut sie bey ihm wehren/
Darumb vns Gott auß seinem Thron/
Geschenckt hat seinen einigen Sohn.

Die virdte Kron setz ich darbey/
Zu Lob vnd Preiß der Bürgerey.

Drümb kamen die frembden her auß Schweden.
12. Mächtig bist du O Cöllen fürwahr/
Der Feyand kam vnzahlbar dahr/
Sie kamen fast auff S. Thomas tag/
Die Cölnischen achtens für Kinder sach.

Daß sie werden ewig gepreißt.
23. O Cölln diß ist dein Lobgesanck/
All Menschen Zung dem Herren danck/
Es streyt für vns all Himmlisch Heer/
Ob schon der Feyand noch so viel wer.
24. Was sollen doch die mager Leuß/
Die kale Ratten/ mager Meuß/
Hett ichs im Hoppensack bey ein/

7. Von den Bollwercken wol versehen/
Zu Cölln sah man viel Schüß abgehen/
Durch Häuser vnd durch Mawren/
Die Bürgerschafft gebraucht sich frey/
Man sah kein jung Hertz trawren/
8. Bürger/ Soldaten/ Jung gesellen/
Theten sich bald zusamen stellen
Zu Schiff fiengen an zu gehen/

Kat.-Nr. 22

Einblattdruck: Gedenkblatt auf den Überfall von Deutz durch die Schweden am 21. Dezember 1632. Unterhalb des Köln-Panoramas vierspaltiger erläuternder Text, in dem Gott dafür gepriesen wird, daß er mit der Stadt Köln ist und die schwedischen Feinde (= Teufel) verjagt hat – Lob Kölns und Verhöhnung der Schweden. Oberhalb des Köln-Panoramas Darstellung der Dreifaltigkeit und Kampf gegen den Teufel – mit zwei Schrifttafeln: „Der Teuffel ist hie außgelahn / Wz woellen wir numehr anfahn?" und „Traw Gott und der Dreyfältigkeit / Die Kron bleibt dir doch bereit."

23

Kupferstich, (1627), aus: Petrus Holtzemius, Pharmacopoea sive Dispensatorium Coloniense, erschienen bei Offizin Birckmann, Köln, zuerst 1627

Panorama: 4 x 9 cm	Inv. Nr. H.M. 1959/34
Gesamt-Einf.: 25,1 x 15,1 cm	RBA Nr. 165 017
Blatt: 25,6 x 15,6 cm	

Von Osten; wenig Deutz. Gesamtes Köln-Panorama; gebogen.

Zwei Rheinmühlen-Reihen (wie vor 1618); auf der Kölner Seite zwei Bollwerke.

Das Panorama in einer Kartusche bildet den unteren Teil des Titelblattes zu dem Holtzemius-Werk, es ähnelt sehr der Merian-Radierung von 1620 (Nr. 20). Über dem Panorama – links und rechts der Titel-Kartusche – Darstellungen der Hl. Lukas, Pantaleon, Cosmas und Demian, den Schutzpatronen der Ärzte und Apotheker.

Die Pharmacopoea, das Hauptwerk des berühmten Kölner Arztes Petrus Holtzemius, enthält Vorschriften über die Zusammensetzung von Medikamenten.

Oberhalb des Köln-Panoramas der Buchtitel in einer Kartusche:
„Pharmacopoea sive Dispensatorium Coloniense Iussu, et authoritate S. PQ. Agrippinensis revisum et auctum labore Cl. et Exp. V.D. Petri Holtzemii, Com. Palatini, In ea-

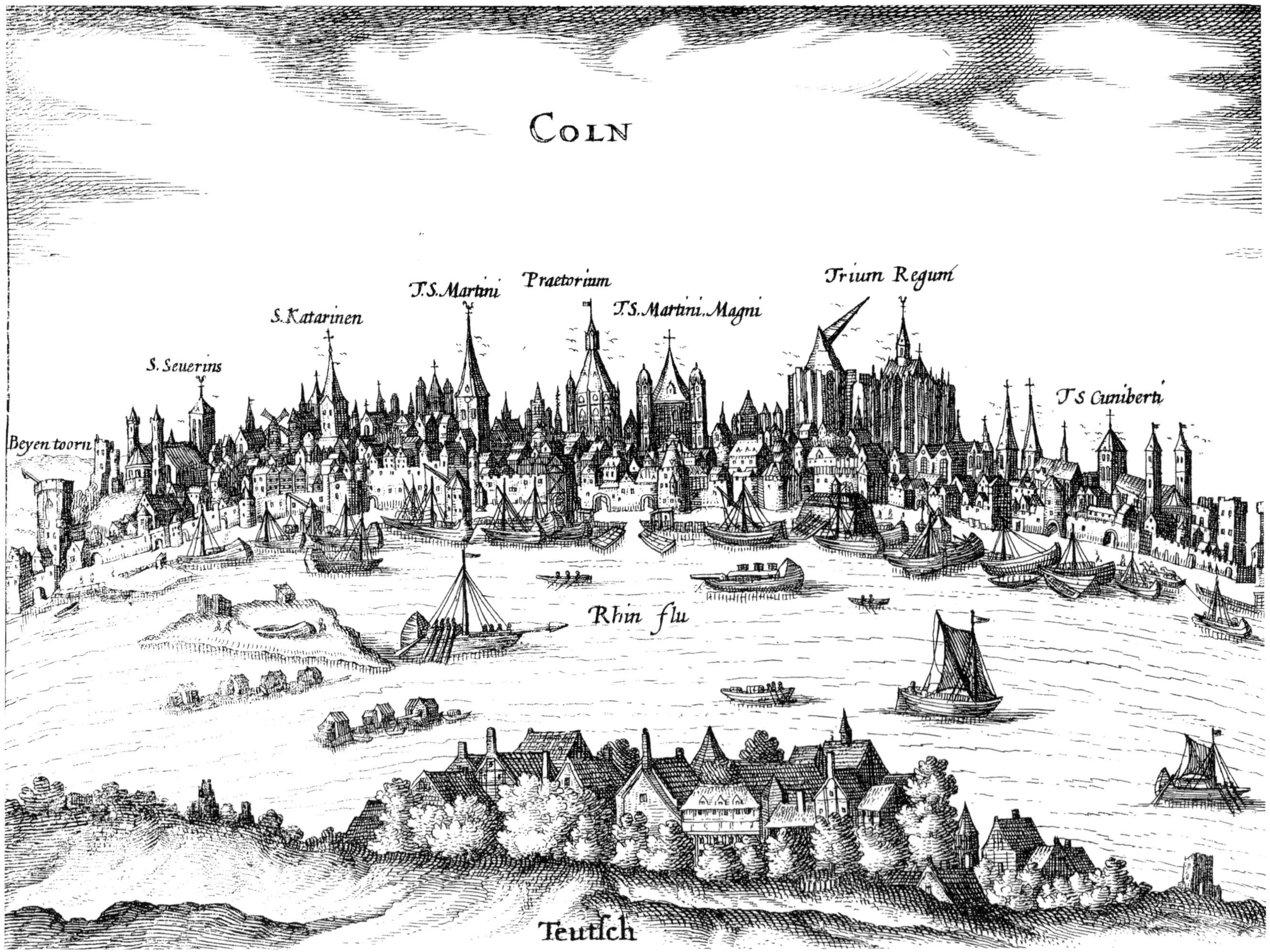
Coln
Beyen toorn
S. Seuerins
S. Katarinen
T.S. Martini
Praetorium
T.S. Martini. Magni
Trium Regum
T S Cuniberti
Rhin flu
Teutsch

Kat.-Nr. 24.1

dem Academia Med. Prof. Ordin. Primarij etc. Cui adiunxit Examen simplicium medicament. carmine rythmico Nomenclaturam item chymicorum et abstrusorum vocabulorum com notis chymicis."
Unterhalb des Köln-Panoramas: „Coloniae / In Officina Birckmannica".

Literatur:
Creutz 1931, Abb. zwischen S. 48 und S. 49; Kat. Köln 1965, Nr. 137 und Abb. 29; zum Buch: Creutz 1931, S. 54-56

24

„Coln"

Kupferstich, (1616), aus: P. Bertii commentariorum rerum Germanicarum Libri Tres, p. 502; erschienen bei J. Janssonius, Amsterdam 1616 (2. Auflage 1632)
Stecher: Pieter van der Keere

Einf.: 14,3 x 19,2 cm	
1) Blatt: 15,6 x 20,4 cm	Inv. Nr. AI2/36
	RBA Nr. 49 919
2) Blatt: 18,2 x 23,8 cm	Inv. Nr. H.M. 1917/346

Von Osten; Deutz ohne Kirche. Gesamtes Köln-Panorama; gebogen.
Verso lateinischer typographischer Text.

Der Stecher hat offenbar mehrere Vorlagen gemischt (Weigel, Nr. 14; Münster, Nr. 8; Merian, Nr. 20); das Köln-Panorama ist noch am ähnlichsten dem bei Peter Jordan erschienenen Holzschnitt (Nr. 15).
Das aus drei Teilen bestehende Buch von Petrus Bertius (Peter de Bert) ist im Kölnischen Stadtmuseum in einem Exemplar der zweiten Auflage vorhanden (KSM R 1). „Das Werk enthält die Geschichte Germaniens, beginnend mit der römischen Kaiserzeit bis zur Erwähnung des Willibald Pirckheimer und der Peutingerschen Tafel" (Klose/Martius 1962, S. 78). Der dritte Teil umfaßt die 26 Karten und 101 Ansichten. Bachmann und Schmitt vermuten als Stecher der Ansichten Petrus Kaerius (Pieter van der Keere).

Titel im Himmel. Kirchen etc. in der Darstellung bezeichnet: „Beyentoorn / S. Severin / S. Katarinen / T. S. Martini / Praetorium / T. S. Martini Magni / Trium Regum / T. S. Cuniberti". Im Rhein: „Rhin flu". Unten Mitte: „Teutsch".
2. Exemplar: Oberhalb des Plattenrandes in Typendruck „Comm. Rer. Germ. Liber III.", links oben die Seitenzahl „502".

In der Graphischen Sammlung der Kreissparkasse Köln befindet sich ein gerahmtes Exemplar (Inv. Nr. 49204-899) wie KSM-Expl. 2.

Literatur:
Gürtler 1898, S. 203; Krudewig 1902, Nr. 35; Krudewig 1906, Nr. 53 und Abb. S. 83; zum Buch: Bachmann 1939, S. 14 f.; Klose/Martius 1962, Bd. 1, S. 78 f.; Fauser 1978, S. XXVIII; Schmitt 1991, S. 19, Kat.-Nr. 14

Kat.-Nr. 25

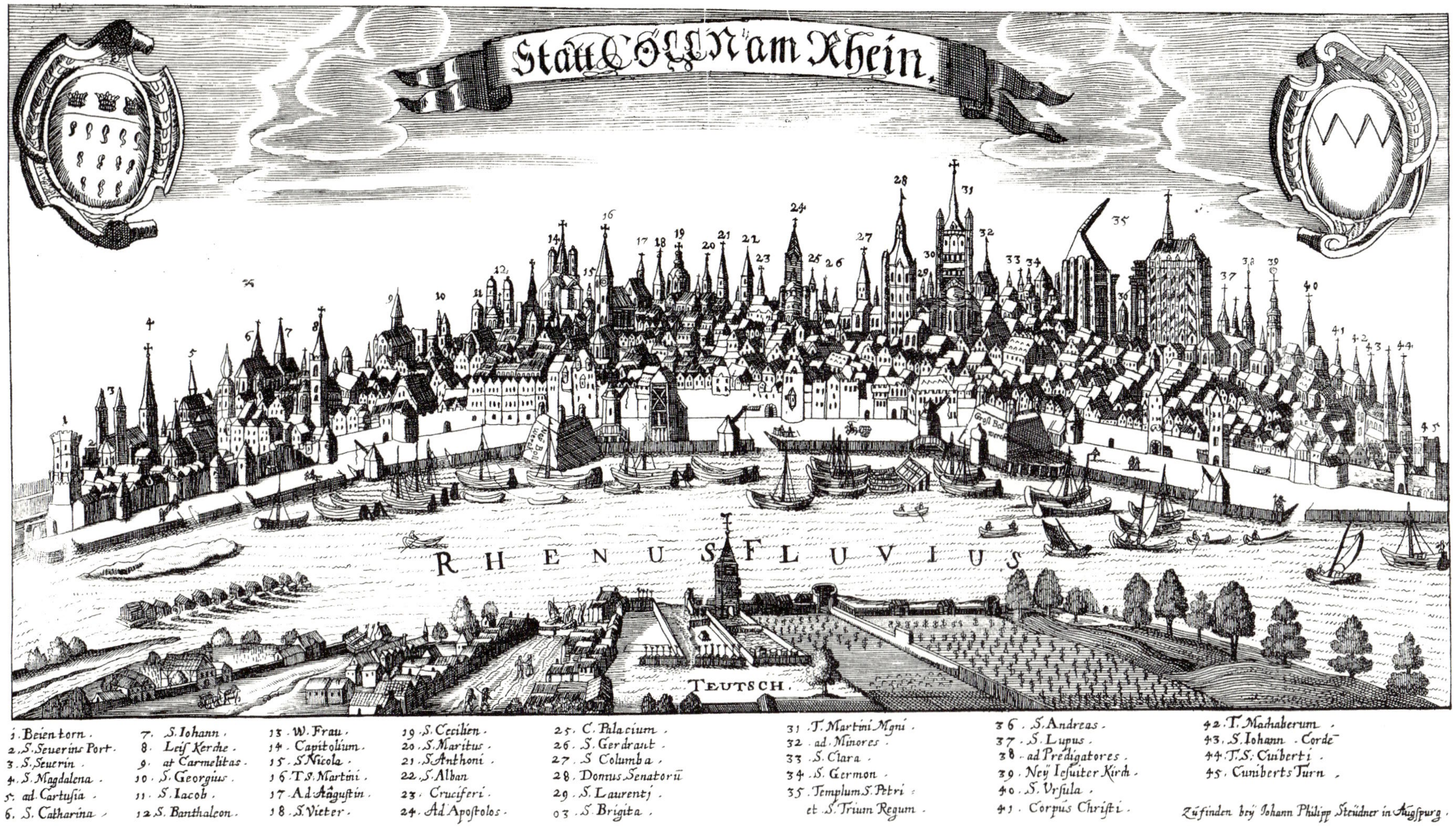
Statt CÖLLN am Rhein.
RHENUS FLUVIUS
TEUTSCH.
1. Beientorn.
2. S. Seuerins Port.
3. S. Seuerin.
4. S. Magdalena.
5. ad. Cartusia.
6. S. Catharina.
7. S. Iohann.
8. Leiß Kerche.
9. at Carmelitas.
10. S. Georgius.
11. S. Iacob.
12. S. Banthaleon.
13. W. Frau.
14. Capitolium.
15. S. Nicola.
16. T. S. Martini.
17. Ad. Aûgustin.
18. S. Vieter.
19. S. Cecilien.
20. S. Maritus.
21. S. Anthoni.
22. S. Alban.
23. Cruciferi.
24. Ad. Apostolos.
25. C. Palacium.
26. S. Gerdraut.
27. S. Columba.
28. Domus Senatorū
29. S. Laurentj.
03. S. Brigita.
31. T. Martini Mgni.
32. ad. Minores.
33. S. Clara.
34. S. Germon.
35. Templum S. Petri et S. Trium Regum.
36. S. Andreas.
37. S. Lupus.
38. ad Predigatores.
39. Neÿ Iesuiter Kirch.
40. S. Vrsula.
41. Corpus Christi.
42. T. Machaberum.
43. S. Iohann. Corde
44. T. S. Cuiberti.
45. Cuniberts Turn.
Zůfinden bey Johann Philipp Steüdner in Augspurg.

Kat.-Nr. 26

25

„Colonia Agrippina"

Kupferstich, um 1650 (Abb. S. 53)

Darst.: 7,6 x 12,6 cm — Inv. Nr. AI2/51
Blatt: 9,2 x 13,1 cm — RBA Nr. 165 023

Von Osten; Deutz als eingezäuntes Dorf, bezeichnet „Deuts". Gesamtes Köln-Panorama; gebogen.
Ein Bollwerk/Bastion; vier Rhein-Kräne; ohne St. Mariae Himmelfahrt.
Ungelenke, stark vereinfachende Darstellung. Als Vorlage diente wohl die Merian-Radierung von 1620 (Nr. 20).

Titel auf einem Schriftband im Himmel, darauf auch das Kölner Wappen. Kirchen etc. innerhalb der Darstellung bezeichnet.
Unterhalb der Darstellung Schriftrand: „Cölln die weit beruhmte statt / Von Marco Agrippo sein anfang hatt".

Literatur:
Krudewig 1902, Nr. 50; Krudewig 1906, Nr. 84

26

„Statt Cölln am Rhein"

Kupferstich, um 1670, erschienen bei Johann Philipp Steudner, Augsburg

Einf.: 17,4 x 36,1 cm — Inv. Nr. AI2/69a
Blatt: 27 x 42 cm — RBA Nr. 136 498

Nachbildung der Köln-Ansicht von M. Merian von 1620 (Nr. 20) (zwei Bollwerke, die beiden Stadtwappen im Himmel); Unterschiede: Rheinmühlen in einer Reihe und Deutz etwas verändert; Kirchen etc. sind in der Darstellung numeriert und unterhalb der Darstellung in einer Bildlegende erklärt.
Vgl. auch die beiden folgenden Nummern.

Titel auf einem Schriftband im Himmel. Kirchen etc. numeriert 1-45. Die beiden Bollwerke am Rheinufer bezeichnet: „Ney Bollwerk" und „Groß Bollwerck". Im Rhein: „Rhenus Fluvius". Unten Mitte: „Teutsch".
Unterhalb der Darstellung die Legende: „1. Beien torn. / 2. S. Severins Port. / 3. S. Severin. / 4. S. Magdalena. / 5. ad Cartusia. / 6. S. Catharina. / 7. S. Iohann. / 8. Leis Kerche. / 9. at Carmelitas. / 10. S. Georgius. / 11. S. Iacob. / 12. S. Banthaleon. / 13. W. Frau. / 14. Capitolium. / 15. S. Nicola. / 16. T.S. Martini. / 17. Ad Augustin. / 18. S. Vieter. / 19. S. Cecilien. / 20. S. Maritus (!). / 21. S. Anthoni. / 22. S. Alban. / 23. Cruciferi. / 24. Ad Apostolos. / 25. C. Palacium. / 26. S. Gerdraut. / 27. S. Columba. / 28. Domus Senatoru / 29. S. Laurenti. / 03. (!) S. Brigita. / 31. T. Martini Mgni. / 32. ad Minores. / 33. S. Clara. / 34. S. Germon (!). / 35. Templum S. Petri et S. Trium Regum. / 36. S. Andreas. / 37. S. Lupus. / 38. ad Predigatores. / 39. Ney Iesuiter Kirch. / 40. S. Ursula. / 41. Corpus Christi. / 42. T. Machaberum. / 43. S. Iohann Corde. / 44. T. S. Cuiberti (!). / 45. Cuniberts Turn."
Unten rechts: „Zu finden bey Johann Philipp Steüdner in Augspurg."

Literatur:
Gürtler 1898, S. 206; Kat. Köln 1977, Nr. 22 und S. 14

27

„Statt Cölln am Rhein"

Kupferstich, (1689) aus: Rhenus fluminum princeps ... oder – Der vortreffliche große Wasser-Strom der Rhein, erschienen bei Jakob Koppmayer, Augsburg 1689 (lt. Krudewig 1906)

Darst.: 21,5 x 32,2 cm — Inv. Nr. AI2/69
Blatt: 28,2 x 35,3 cm — RBA Nr. 94 538

Statt Cölln am Rhein.
RHENUS FLUVIUS
TEUTSCH
1 Beientorn. 2 S. Seuerins Pott. 3 S. Seurin. 4 S. Magdalena. 5 ad Cartusia. 6 S. Catharina.
7 S. Iohann. 8 Leis Kerche. 9 at Carmelitas. 10 S. Georgius. 11 S. Iacob. 12 S. Banthaleon.
13 W. Frau 14 Capilolium 15 S. Nicola 16 T.S. Martini. 17 Ad Augustin. 18 S. Victer.
19 S. Cecilien. 20 S. Maritus. 21 S. Anthoni. 22 S. Alban. 23 Cruciferi. 24 Ad Apostolos.
25 C. Palacium. 26 S. Gerdraut. 27 S. Columba. 28 Domus Senatorum. 29 S. Laurenti. 30 S. Brigita.
31 T. Martini Mgni. 32 ad Minores. 33 S. Clara. 34 S. Germon. 35 Templum S. Petri et S. Trium Regum.
36 S. Andreas. 37 S. Lupus. 38 ad Predigatores. 39 Ney Iesuiter Kirch. 40 S. Vrsula. 41 Corpus Christi.
42 T. Machaberum. 43 S. Iohann Corde. 44 T.S. Cuiberti. 45 Cuniberts Turn.

Kat.-Nr. 27

Sehr ähnliche Kopie des bei Steudner erschienenen Blattes (Nr. 26), in der Art Merians (Nr. 20).
Der Titel, die beiden Bollwerke, die Wappen und die Bildlegende wie bei Steudner; das Kölner Stadtbild ist jedoch im Unterschied zu Steudner seitlich (Bayenturm und Kunibertsturm) etwas verkürzt dargestellt.

Beschriftung ebenfalls wie Nr. 26, jedoch ohne die Verleger-Adresse unten rechts.

Literatur:
Krudewig 1902, Nr. 70; Krudewig 1906, Nr. 109

28

„Colonia Agripina“

Kupferstich, 1667, erschienen bei Paul Fürst, Nürnberg (lt. Krudewig 1902)
Stecher: Lukas Schnitzer (Monogramm LS)

Einf.: 22 x 36,7 cm	
1) Blatt: 27,5 x 37 cm	Inv. Nr. AI2/68
	RBA Nr. 166 307
2) Blatt: 31 x 39,7 cm	Inv. Nr. H.M. 1926/560
ohne die Jahreszahl	RBA Nr. 166 306

(ausgeschliffen), mit dem Verlegernamen David Funck, Nürnberg; späterer Abdruck

Weitere sehr ähnliche Kopie des bei Steudner (Nr. 26) erschienenen Köln-Panoramas. Unterschiedlich sind der Titel, die Bildlegende in einer Kartusche im Himmel und das Lobgedicht auf Köln unterhalb der Darstellung.
Bei Exemplar 1 ist rechts ein Seitenstreifen von 2 cm angesetzt.

Oberhalb der Darstellung: „Abbildung der Schönen und Vortrefflichen Statt Cöln am Rhein. Anno 1667“.
Innerhalb der Darstellung:
Titel im Himmel. Darüber in einer Kartusche die Legende:
„1. Beien torn. / 2. S. Severins Port. / 3. S. Severin. / 4. S. Magdalena. / 5. ad Cartusia. / 6. S. Catharinen. / 7. S. Iohann. / 8. Leis Kerche. / 9. ad Carmelitas. / 10. S. Georgius. / 11. S. Iacob. / 12. S. Banthaleon. / 13. W. Frau. / 14. Capitolium. / 15. S. Nicola. / 16. T. S. Martini. / 17. Ad Augustin. / 18. S. Vieter. / 19. S. Cecilien. / 20. S. Maritius. / 21. S. Anthoni. / 22. S. Alban. / 23. Cruciferi. / 24. Ad Apostolos. / 25. C. Palacium. / 26. S. Gerdraut. / 27. S. Columba. / 28. Domus Senatoru. / 29. S. Laurenti. / 30. S. Brigida. / 31. T. Martini Mgni. / 32. ad Minores. / 33. S. Clara. / 34. S. Germon. / 35. Templum S. Petri et S. Trium Regum. / 36. S. Andreas. / 37. S. Lupus. / 38. ad Predigatores. / 39. New Iesuiter Kirch. / 40. S. Ursula. / 41. Corpus Christi. / 42. T. Machaberum. / 43. S. Iohan Corde. / 44. T. S. Cuiberti./ 45. Cuniberts Turn.“ Kirchtürme etc. bezeichnet 1-45. Im Rhein „Rhenus Fluvius“. Unten Mitte: „Teutsch“.

Kat.-Nr. 28.2

Kat.-Nr. 29.3

Unterhalb der Darstellung sechszeiliges Gedicht (zweispaltig): „Cölln, an des Rheinstroms fluten, ist unserm Teütsche Land, / Eine von den ältesten Stätten, fast in aller Welt bekannt, / Wegen seiner Handelschaften, und was sonsten Gottes Hand / Ihr für Glück hat mitgetheilt, daß Sie wohl gerühmt mag werde, / Daß Sie eine Fürstin sey, in dem Kreise Teütscher Erden, / Gott sey Ihrer kronen Schutz, Ihr Beschirmer für Gefehrde." Unten rechts: „LS (legiert) fecit" (= Lukas Schnitzer).
2. Exemplar: Ohne die Jahreszahl 1667 oben (ausgeschliffen). Unten links zusätzlich die Verleger-Adresse: „David Funck Ex."

Literatur:
Gürtler 1898, S. 206; Krudewig 1902, Nr. 69; Krudewig 1906, Nr. 108; Mainzer 1977, S. 12 f.

29

„Colonia Agrippina"

Kupferstich, (1625), erschienen bei Peter Overadt, Köln
Stecher: Michel L. Birboum

Einf.: 17 x 106,6-108 cm, aus drei Blättern zusammengesetzt

1) Blatt: 24 x 111,7 cm	Inv. Nr. AI2/28
	RBA Nr. 117 109/2
2) Blatt: 24,2 x 112 cm	Inv. Nr. AI2/29
Neudruck	RBA Nr. 117 109/1
3) Blatt: 35 x 126 cm	Inv. Nr. G 15391

Abdruck von Otto Felsing, mit Felsings Druckersignatur unten links; Berlin um 1935

4) Die drei Platten (heute im Besitz des Kölnischen Stadtmuseums) einzeln abgedruckt:

3 Blatt, je 53 x 39,5 cm	Inv. Nr. G 14344 b/1-3

Plattengröße 20,7 x 35,2/35,7/36,3 cm

Von Osten; Deutz leicht von oben. Gesamtes Köln-Panorama; gerade. Unterhalb der Darstellung die 22 Gaffelwappen (vgl. Kärius, Nr. 18).
Aufgrund der Darstellung der Kirche St. Mariae Himmelfahrt (Bauzeit 1618-27) sowie der Rheinmühlen in einer Reihe (seit 1617/18; vgl. Kranz 1991, S. 293) läßt sich die alte Datierung 1610 nicht halten. Zur Datierung des Blattes siehe auch Reiner Dieckhoff in Kat. Köln 1992, S. 44 und Anm. 21.
Die etwas grob gezeichnete Köln-Ansicht ist stark an den Woensam-Holzschnitt (Nr. 7) angelehnt, bis hin zu den Figuren im Himmel und dem extremen Panorama-Format. Die Darstellung von Deutz erinnert eher an Merians Ansicht von 1620 (Nr. 20).
Michel L. Birboum ist 1608-12 in Köln nachweisbar. Sein großer Antwerpen-Prospekt erschien 1612, ebenfalls bei Peter Overadt in Köln.

Der Titel auf einem Schriftband im Himmel. Kirchen etc. sind in der Darstellung bezeichnet. Im Rhein: „Rhenus Fluvius". Unten Mitte Tafel mit „Teutsch", daneben bezeichnet: „M. Birboum fe."

Unterhalb der Darstellung Leiste mit den 22 Gaffelwappen, links neben jedem Wappen eine Kartusche mit der Bezeichnung der Gaffel:
„Die erbare geselschaft die Gewanmecher Gaff I / die erbare geselschaft die Isermart Gaffel II / Die erbare geselschaft des Schwarchengass gaff. III / Die erbare geselschaft die Goldeschmid Gaffel IIII / Die erbare geselschaft die Windteck Gaffel V / Die erbare geselschaft die Bontwoter Gaffel VI / Die erbare geselschaft die Himmelrich Gaffel VII / Die erbar geselschafft der Mahler Gaffel. VIII. / Die erbar geselschft von dem Adler. IX. / Die erbar geselschaft der Steinmetzer Ga: X. / Die erbar gesellschafft der Schmidt Gaffel. XI. / Die erbar geselschaft der Becker Gaffel. XII. / Die erbar geselschaft der Brewer Gaffel. XIII. / Die erbar gesellschafft der Gurdelmächer Ga. XIIII. / Die erbar geselschaft der Fleischhäwer Gaf. XV. / Die erbare geselschaft der Fijssmenger Gaffel. XVI / Die erbare geselschaft der Schnider gaffel. XVII. / Die erbare geselschaft der Schoumecher Gaffel XVIII. / Die erbare geselschaft der Sarwetter Gaffel. XVIIII. / Die erbare geselschaft der Kannengesser Gaff. XX. / Die erbare geselschaft der Vässbender Gaffel. XXI. / Die erbare geselschaft der Lineweber gaffell. XXII."

In der Graphischen Sammlung der Kreissparkasse Köln befindet sich ein kolorierter Neudruck (Inv. Nr. 49204-1253, gerahmt; vgl. KSM-Expl. 2).

MUSARUM CONVENTUS.

Pegasus hîc; Juno hîc; Charis hîc, hîc pulcher Apollo; Hîc Musæ; hîc Helicon; hîc sacra Pallas adest.

Hier ist Pegasus, Juno reich,
Apollo, Charis seuberleich:

Hier seind die Musæ, Helicon ——,
Pallas thut vorm Parnasso ston.

Kat.-Nr. 30.1

Literatur:
Ennen/Leson 1881/1977, S. 30; Merlo 1895, Sp. 91 (Birbaum) und Sp. 640 (Overadt); Gürtler 1898, S. 209; Krudewig 1902, Nr. 28; Krudewig 1906, Nr. 42; Borger/Zehnder 1982, S. 146 f.

30

„Cöllen“ (im Himmel)

Kupferstich, (1623/24), aus: Daniel Meisner, Politisches Schatzkästlein (Thesaurus Philopoliticus), erschienen bei Eberhard Kieser, Frankfurt/Main 1623-31 (Band I, Buch 1, Blatt 8)
Stecher: vermutlich Sebastian Furck (vgl. Bachmann 1939, S. 17/18 und Thieme/Becker, Bd. 12, S. 594)

Einf.: 7 x 14,2 cm

1) Blatt: 9,1 x 14,7 cm	Inv. Nr. AI2/26
Ausgabe 1623/24,	RBA Nr. 165 014
ohne Nummer, ohne Wappen und ohne „Rhenus Fl.“; aufgezogen	
2) Blatt: 12,7/13,0 x 17,2 cm	Inv. Nr. AI2/26a
spätere Ausgabe mit dem Wappen	RBA Nr. 165 013
und der Nr. 8 rechts oben und mit „Rhenus Fl.“	

Von Osten; etwas Deutz im Vordergrund (Kirche wie bei Weigel, Nr. 14). Panorama-Ausschnitt: St. Severin bis St. Kunibert; wenig gebogen.
Im Vordergrund links emblematische Szene: Der Parnaß mit Pegasus, Juno, Apoll, Pallas Athene und den Musen; Köln-Panorama als Hintergrund. Das Panorama grob und ungenau, in Anlehnung an Sebastian Münster (Nr. 8).
Das politische Schatzkästlein, zu dem Daniel Meisner die Sinnsprüche lieferte, erschien 1623-31 in zwei Bänden zu je acht Büchern; jedes Buch enthielt 52 Stadtansichten – jeweils als Hintergrund zu einer emblematischen Szene mit Sinnspruch. Paul Fürst, der nach Kiesers Tod die Druckplatten erwarb, gab 1637/38 eine Neuauflage des populären Werkes heraus unter dem Titel „Sciographia Cosmica“.
Oberhalb der Darstellung: „Musarum Conventus“.
Unterhalb der Darstellung: „Pegasus hic; Juno hic Charis hic, hic pulcher Apollo; Hic Musae; hic Helicon; hic sacra Pallas adest“. „Hier ist Pegasus, Juno reich, / Apollo, Charis seuberleich: / Hier seind die Musae, Helicon, / Pallas thut vorm Parnasso ston“.
Zusätze Exemplar 2: Rechts oberhalb der Darstellung „8“. Innerhalb der Darstellung im Himmel: „Univers:“, im Rhein: „Rhenus Fl.“

In der Graphischen Sammlung der Kreissparkasse Köln befindet sich ein gerahmtes Exemplar wie KSM-Expl. 2, jedoch statt der „8“ oben rechts Numerierung „D47“ – aus der bei Paul Fürst unter dem Titel „Sciographia Cosmica“ 1637/38 in Nürnberg erschienenen Ausgabe des Politischen Schatzkästlein (Inv. Nr. 49204-900).

Literatur:
Krudewig 1902, Nr. 26; Krudewig 1906, Nr. 51 und Abb. S. 75; Herrmann/Kraft 1927, Abb. S.10; zum Schatzkästlein: Bachmann 1939, S. 16 ff.; Volkelt 1949, S. 217-222; Klose/Martius 1962, S. 79 ff.; Fauser 1978, S. LXXIV; Eymann 1979

31

„Abbildung der Statt Cöln: und der gegenüber gelegener new befestigten Freyheit Duytz ...“

Radierung, (1633), aus dem 2. Band des Theatrum Europaeum, erschienen bei Matthäus Merian d.Ä., Frankfurt/Main 1635 ff. (Platte im Besitz des Kölnischen Stadtmuseums)
Radierer/Zeichner: Matthäus Merian d.Ä.

Einf.: 24,3 x 34,9 cm

1) Blatt: 26,2 x 36 cm (Abb. S. 62)	Inv. Nr. AI2/38
	RBA Nr. 76 944
2) Blatt: 32,8 x 38 cm	Inv. Nr. AI2/39
späterer Abdruck	RBA Nr. 165 421

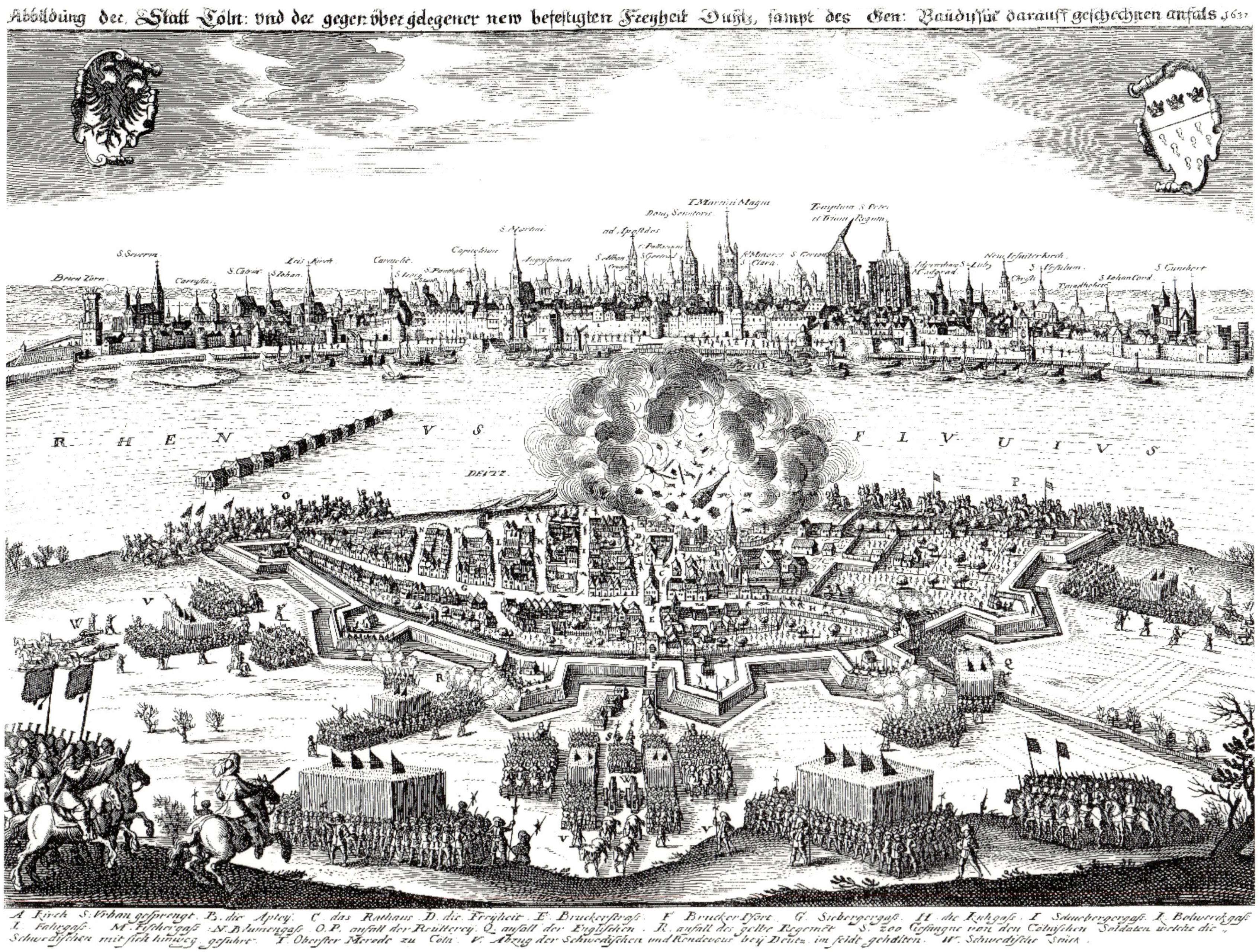
Abbildung der Statt Cöln: und der gegen über gelegener new befestigten Freyheit Duytz, sampt des Gen: Baudissin darauff geschechnen anfals
RHENVS FLVVIVS
A. Kirch S. Vrban gesprengt. B. die Aptey. C. das Rathaus. D. die Freyheit. E. Bruckerstraß. F. Brucker Pfort. G. Siebergergaß. H. die Kuhgaß. I. Schneebergergaß. K. Bolwerckgaß. L. Fahrgaß. M. Fischergaß. N. Blumengaß. O.P. anfall der Reutterey. Q. anfall der Englischen. R. anfall des gelbe Regemet. S. 200 Gefangne von den Cölnischen Soldaten welche die Schwedischen mit sich hinweg gefuhrt. T. Oberster Merode zu Cöln. V. Abzug der Schwedischen und Rendevous bey Deutz im feldt gehalten. W. Schwedische Stück.

Kat.-Nr. 31.1

Von Osten; Deutz mit Befestigung, aus der Vogelschau; dargestellt ist der Angriff der Schweden unter General Baudissin auf Deutz und die Sprengung des Kirchturms von St. Urban (Dezember 1932). Gesamtes Köln-Panorama; Köln ziemlich gerade.
Im Himmel links das Reichs-, rechts das Stadtwappen.

Das Blatt zeigt die erste Darstellung der Festungsanlagen von Deutz, die zu jener Zeit in dieser Form erst projektiert waren (vgl. Westfehling 1992, S. 125). Das Köln-Panorama erinnert an Woesam (Nr. 7), auch in der Detailfreude; allerdings bildet es hier eher den Hintergrund zu dem Deutzer Geschehen. Die Original-Druckplatte befindet sich im Kölnischen Stadtmuseum.
Konzipiert als Chronik des Dreißigjährigen Krieges, wurde das Theatrum Europaeum von Merians Erben mit einer Darstellung der Zeitgeschichte bis 1718 fortgesetzt. Das Werk umfaßte, als 1738 der letzte Band erschien, 21 Bände mit 1432 Illustrationen. Zehn verschiedene Autoren lieferten die Texte. Verfasser der ersten beiden Bände war Johann Philipp Abelin.

Oberhalb der Darstellung: „Abbildung der Statt Cöln: und der gegenüber gelegener new befestigten Freyheit Duytz, sampt des Gen: Baudissin darauf geschechnen anfals. 1632".
Kirchen etc. sind in der Darstellung bezeichnet. Im Rhein: „Rhenus Fluvius" und „Deutz". Die Ereignisse in und um Deutz sind mit A-W bezeichnet.

Unterhalb der Darstellung die Legende dazu: „A. Kirch S. Urban gesprengt. B. die Aptey. C. das Rathaus. D. die Freyheit. E. Bruckerstrass. F. Brucker Pfort. G. Siebergergass. H. die Kuhgass. I. Schnebergergass. K. Bolwerckgass. L. Fahrgass. M. Fischergass. N. Blumengass. O.P. anfall der Reutterey. Q. anfall der Englischen. R. anfall des gelbe Regemet. S. 200 Gefangne von den Cölnischen Soldaten welche die Schwedischen mit sich hinweg gefuhrt.T. Oberster Merode zu Cöln. V. Abzug der Schwedischen und Rendevous bey Deutz im feldt gehalten. W. Schwedische Stück."

In der Graphischen Sammlung der Kreissparkasse Köln befindet sich ein gerahmtes Exemplar (Inv. Nr. 49204-525).

Literatur:
Ennen/Leson 1881/1977, S. 22; Merlo 1895, Sp. 589; Gürtler 1898, S. 202; Krudewig 1902, Nr. 37 und 38; Krudewig 1906, Nr. 55 und 56; Wüthrich 1966, Bd. II, S. 168: II. 66; Kat. Köln 1977, Nr. 14 und S. 13; Mainzer 1977, S. 14; Naredi-Rainer 1980, S. 92; Borger/Zehnder 1982, S. 152 f.; Kat. Köln 1984, S. 358; Westfehling 1992, S. 120 ff.; Kat. Frankfurt/Main 1993, Abb. S. 273; Zehnder 1994, S. 21; Köln-Archiv, Bd. IV, Bl. 02046;
zum Teatrum Europaeum: Bachmann 1939, S. 34; Klose/Martius 1962, Bd. 1, S. 93; Fauser 1978, S. LXXII f.

Kat.-Nr. 32

32

„Cöln" (im Himmel)

Kupferstich, (1636)
Stecher: Jacob van der Heyden

Einf.: 5,3 x 13,4 cm
Blatt: 5,5 x 13,6 cm

Inv. Nr. AI2/80
RBA Nr. 165 042

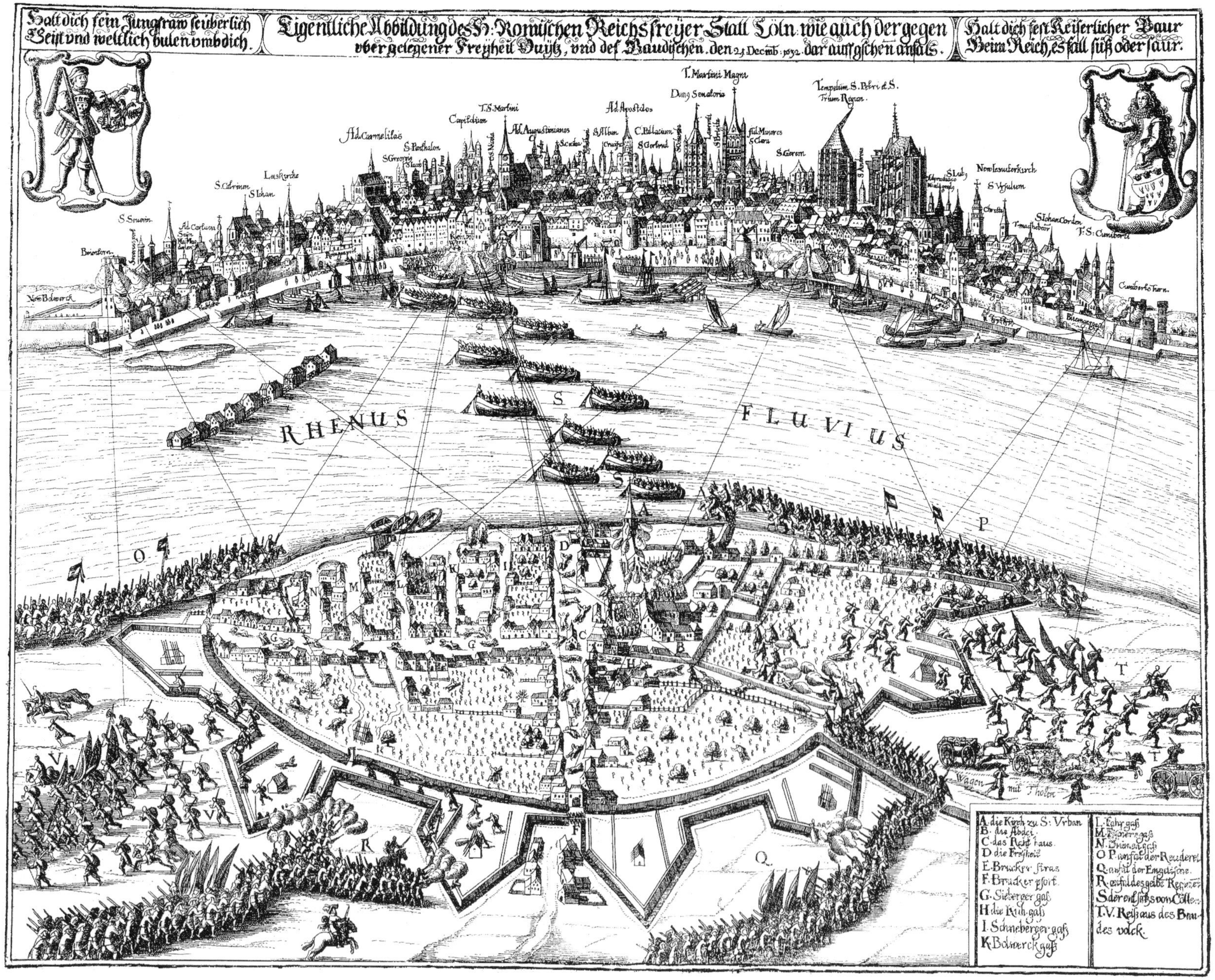
Halt dich fein Jungfraw seüberlich
Seyt vnd weltlich bulen vmb dich.
Eigentliche Abbildung des H: Römischen Reichs freyer Statt Cöln, wie auch der gegen
vber gelegener Freyheit Duytz, vnd deß Baudischen, den 24 Decemb. 1632. dar auffgschehen anfals.
Halt dich fest Keiserlicher Baur
Beim Reich, es fall süß oder saur.
RHENUS
FLUVIUS
A die Kirch zu S: Vrban
C das Rahthaus
D die Freyheit
E Brucker stras
F Brucker pfort
G Sieberger gaß
H die Kuhgaß
I Schneberger gaß
K Bolwerck gaß
T.V. Reißaus des Baudes volck
Wagen mit Holtz

Kat.-Nr. 33

Von Osten; Deutz mit Festung (Vogelschau) und Umgebung. Gesamtes Köln-Panorama; kaum gebogen. Drei (!) Rheinmühlen; zwei Bollwerke/Bastionen auf der Kölner Seite. Oben links im Himmel das Kölner Stadtwappen.
Kleine flüchtige Aufnahme – Vorlage war wohl Merian 1632 (Nr. 31).
Aus einer Rheinlaufkarte mit mehreren kleinen Stadtansichten ausgeschnitten (vgl. KSM Inv. Nr. 1991/119, beschrieben in Kat. Köln/Bonn 1993, Kat.-Nr. 343).

Literatur:
Krudewig 1902, Nr. 81; Krudewig 1906, Nr. 123

33

„Eigentliche Abbildung des H. Romischen Reichs freijer Statt Cöln ...“

Kupferstich, 1632

Einf.: 28 x 35 cm	Inv. Nr. AI2/40
Blatt: 29,3 x 36 cm	RBA Nr. 134 700

Von Osten; Deutz mit Befestigungsanlagen aus der Vogelschau, mit Angriff der Schweden unter General Baudissin auf Deutz (Überfahrt der Schiffe über den Rhein; die Schweden werden von Köln aus beschossen). Gesamtes Köln-Panorama; halbmondförmig, leicht von oben.
Bauer und Jungfrau jeweils mit Wappen im Himmel, die dazugehörigen Sprüche oberhalb der Darstellung neben dem Titel.
Das Köln-Panorama in Anlehnung an Merian 1620 (Nr. 20).
Zur Darstellung von Bauer und Jungfrau vgl. Weigel und Jordan (Nrn. 14 und 15). Die Deutzer Festungsanlagen etwas niedriger und schmaler als bei Merian 1632 (Nr. 31).
Zum Angriff der Schweden auf Deutz vgl. Nr. 31.

Oberhalb der Darstellung: „Eigentliche Abbildung des H: Romischen Reichs freyer Statt Cöln: wie auch der gegen uber gelegener Freyheit Duytz, und des Baudischen, den 25. Decmb.: 1632. dar auff gschen anfals“.

Links davon, über der Darstellung des Bauern: „Halt dich fein Jungfraw seuberlich / Geist und weltlich bulen umb dich“. Rechts, über der Darstellung der Jungfrau: „Halt dich fest Keiserlicher Baur / Beim Reich, es fall süß oder saur.“
Innerhalb der Darstellung: Kirchen etc. sind in der Darstellung bezeichnet. Im Rhein: „Rhenus Fluvius“. Die Ereignisse auf dem Rhein und in Deutz sind mit A-V bezeichnet.
Rechts unten Tafel mit Legende: „A. die Kirch zu S: Urban / B. die Abdei / C. das Rahthaus / D. die Frejheit / E. Brucker stras / F. Brucker pfort / G. Sieberger gaß / H. die Kuh gass / I. Schneberger gass / K. Bolwerck gass / L. Fahrgass / M. Fischersgass / N. Blumengass / O. P. anfal der Reuderei / Q. anfal der Engelische / R. anfal des gelbe Regimet / S. der entsatzs von Cöllen / T.V. Reißaus des Baudes volck.“

Literatur:
Gürtler 1898, S. 203; Krudewig 1902, Nr. 39; Krudewig 1906, Nr. 57; Borger/Zehnder 1982, S. 154 f.

34

„Eigentliche Abbildung des H. Römischen Reichs freijer Statt Cöllen ...“

Radierung, (1633), erschienen bei Gerhard Altzenbach, Köln, vermutlich zuerst 1635
Radierer und Zeichner: Wenzel Hollar (ohne Namenbez. im Blatt)

Darst.: 17,6 x 32,3 cm	
1) Blatt: 23,5 x 32,7 cm	Inv. Nr. AI2/42
Ausgabe 1639/40	RBA Nr. 150 341
2) ebenso	Inv. Nr. AI2/43
Ausgabe 1648/49	RBA Nr. 59 655

Von Osten; Deutz mit Befestigung aus der Vogelschau. Gesamtes Köln-Panorama; Rheinfront ziemlich gerade.

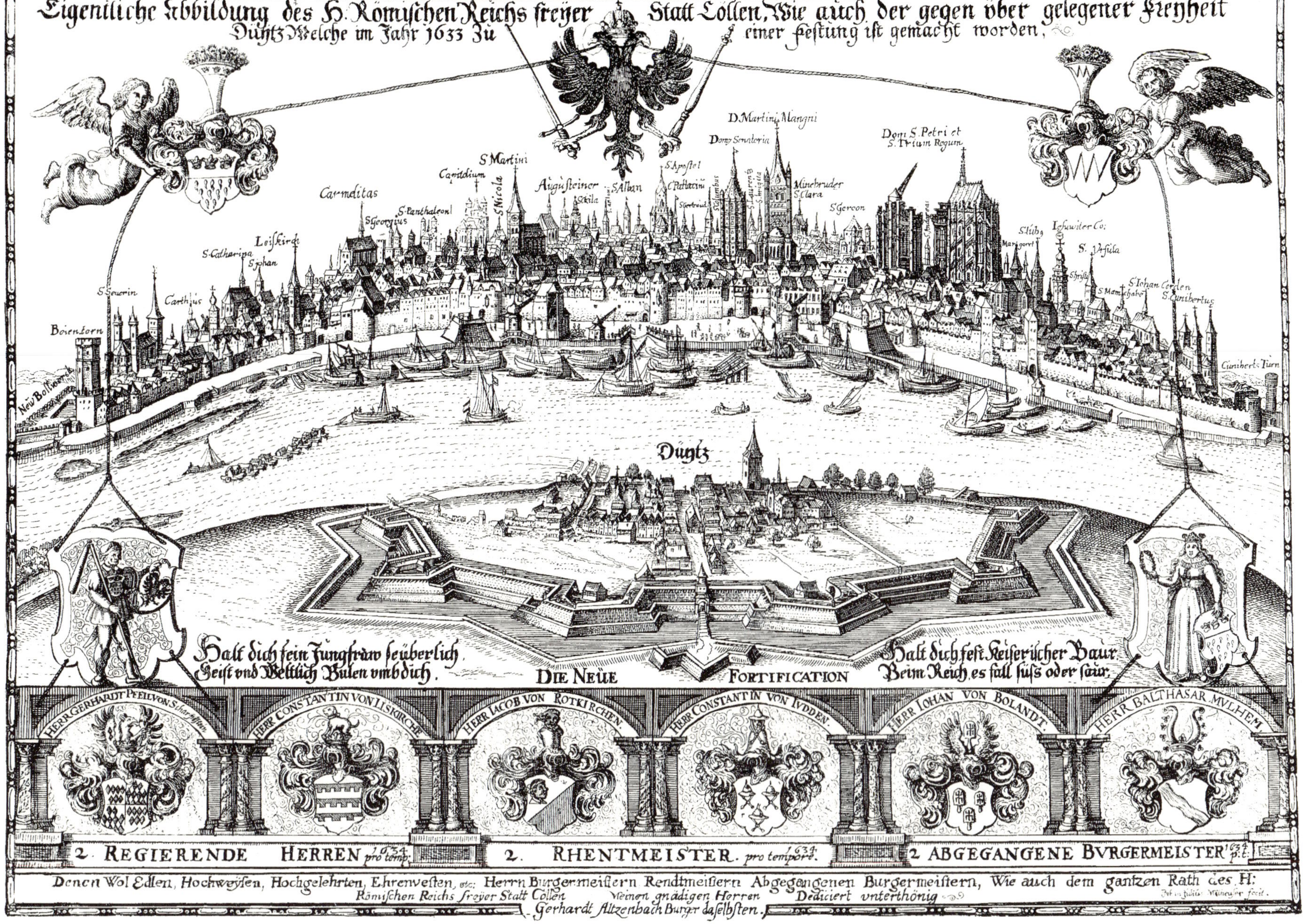

Eigentliche Abbildung des H. Römischen Reichs freyer Statt Cöllen, Wie auch der gegen över gelegener Freyheit Duitz Welche im Jahr 1633 zu einer festung ist gemacht worden,
Duytz
Halt dich fein Jungfraw säuberlich Geist und Weltlich Bulen umb dich.
DIE NEUE FORTIFICATION
Halt dich fest Keiserischer Baur Beim Reich es fall süss oder saur.
HERR GERHARDT PFEIL VON SCHARFFENSTEIN
HERR CONSTANTIN VON LISKIRCHE
HERR IACOB VON ROTKIRCHEN
HERR CONSTANTIN VON IUDDEN
HERR IOHAN VON BOLANDT
HERR BALTHASAR MULHEM
2. REGIERENDE HERREN 1634 pro temp.
2. RHENTMEISTER. pro tempore 1634
2 ABGEGANGENE BURGERMEISTER 1634 p.t.
Denen Wol Edlen, Hochweysen, Hochgelehrten, Ehrenvesten, etc. Herrn Burgermeistern Rendtmeistern Abgegangenen Burgermeistern, Wie auch dem gantzen Rath des H: Römischen Reichs freyer Statt Cöllen Meinen gnädigen Herren Dediciert unterthönig
Gerhardt Altzenbach Burger daselbsten.

Kat.-Nr. 35

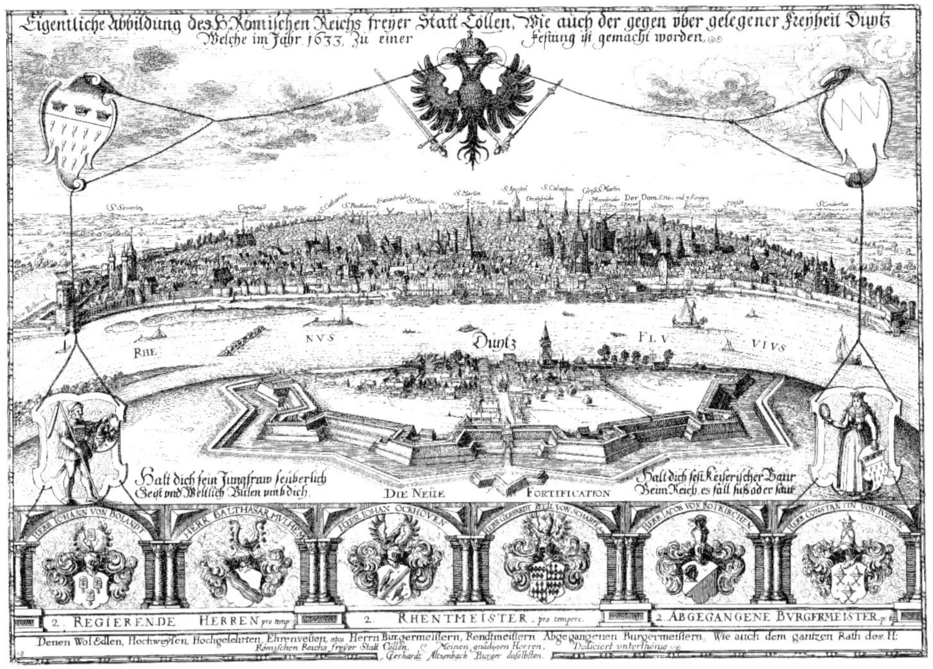

Kat.-Nr. 34.1

Im Himmel links und rechts die beiden Stadtwappen, dazwischen der Reichsadler; unten Bauer und Jungfrau mit Reichs- bzw. Stadtwappen und deren Sprüche. Unterhalb der Darstellung die sechs Wappen der Kölner Bürgermeister und Rentmeister (Amtszeit Blatt 1: 1639/40; Blatt 2: 1648/49).
Die Stadt ist erstmals von so weit oben gesehen, daß ganz Köln – als sehr detaillierte Darstellung eines „Häusermeers" – innerhalb der Stadtmauer gezeigt und die dahinter liegende Landschaft angedeutet ist.
Bei dem Blatt handelt es sich um die Zugabe zu einem Kalender, den Altzenbach jedes Jahr den Ratsherren zu verehren pflegte. Die sechs Wappen wurden jeweils den Zeitläuften angepaßt und durch aktuelle ersetzt, so daß der Verleger die Ansicht mit neu gestochenen Wappen mehrfach wiederverwenden konnte (vgl. Kat. Köln 1988, S. 433, 5.37 und Kat. Köln 1992, S. 51, Anm. 54).

Der Merian-Schüler Wenzel Hollar hielt sich 1632 bis 1636 in Köln auf und fertigte mehrere Ansichten von Köln im Auftrag von Gerhard Altzenbach an (vgl. Nr. 38).
Zur Datierung des Blattes siehe Kat. Köln 1992, S. 50, Anm. 44 und Kat.-Nr. 3, S. 56 f. – dort auch die vollständige Beschriftung.

Literatur:
Parthey 1853, Nr. 858 (vgl. Milheuser, unsere Nr. 35); Ennen/Leson 1881/1977, S. 24; Merlo 1895, Sp. 396 f.; Gürtler 1898, S. 204; Krudewig 1902, Nr. 41 und 42; Krudewig 1906, Nr. 59 und 60; Kat. Köln 1975, S. 99, Nr. 138; Kat. Köln 1977, Nr. 15 und S. 14; Leson/Merlo 1979, S. 36 f.; Kat. Köln 1992, Nr. 3, S. 56 f. und Abb. S. 11; Köln-Edition, Bd. X, Bl. 01108

35

„Eigentliche Abbildung des H. Römischen Reichs freijer Statt Cöllen ..."

Kupferstich, 1634, erschienen bei Gerhard Altzenbach, Köln
Stecher: Johann Julius Milheuser

Darst.: 17,5 x 32,5 cm — Inv. Nr. AI2/41
Blatt: 24,2 x 33,3 cm — RBA Nr. 96 576

Von Osten: Deutz mit Befestigung aus der Vogelschau (vgl. Hollar 1633, Nr. 34). Gesamtes Köln-Panorama; gebogen (vgl. Merian 1620, Nr. 20).
Bezeichnung der Kirchen etc. innerhalb der Darstellung. Im Himmel links und rechts wappenhaltende Engel (anders als bei Hollar), in der Mitte Reichsadler, unten Bauer und Jungfrau (wie bei Hollar). Unterhalb der Darstellung sechs Bürgermeister-Wappen (vgl. Hollar).
Die Gesamtkomposition mit der Festung Deutz ist der Hollar-Radierung von 1633 sehr ähnlich, das Köln-Panorama jedoch ist offensichtlich an Merian orientiert. Auch diese Köln-Ansicht ist von dem Verleger Gerhard Altzenbach mit neu gestochenen Bürgermeister-Wappen mehrfach wiederverwendet worden (vgl. Nr. 34); das vorliegende Blatt erschien 1640/41.

COLONIA AGRIPPINA De Statt Cöllen
RHENVS FLVVIVS
Der Rhein
Duytz
Illam, quam meritò vobis veneranda vetustas,
Famaque multiloquo iactitat ore levis,
Omnibus ostentat Scalpri labor improbus urbem:
Vrbem, quam clari tam cupiere viri.
Eius si petitis nomen, Colonia dicta
Est etiam victrix nominis ipsa sui.
Sumptibus, hanc magnis sudoribus, atque periclis
Cum libet, immunis, visere quisque potest.
Ick ben een Koningin, gekoestert van den Rhyn
Myn Vader is geweest de Ouden AGRIPPYN.
Mathernus quam my met, het Christen doopzel doopen,
Maer Attilas zocht my dien schat weer af te stroopen;
Doch VRSVLA heeft my, voor deze scha, behoed
Nu wyk ik Romen, door myn waerde, niet een voet.
Want FREEDRIK dee myn Dhom tot aen de wolcken ryzen;
Des moet hy, die van Steen wil roemen COLEN pryzen.
Cologne en tout le Monde, et par tous estimée.
A détasché son masque, et se monstre, à vos yeux:
Voyerz ô Esprits curieux,
Si c'est injustement qu'elle est tant renommée.
Jugez si sa puissance, et son anticquité
Qui depuis si long temps combattent pour la gloire
Contre sa grace, et sa beauté
Doivent enfin gagner, ou perdre la victoire.
Namen der Kercken en Cloosters
1. den Dhom.
2. New Bolwerck.
3. S. Severin.
4. S. Magdalena.
5. Carthauß.
6. Carmelitten.
7. S. Catharina.
8. S. Panthaleon.
9. Frawwenbrüder.
10. S. Mauritz.
11. S. Marie.
12. S. Martin.
13. S. Peter.
14. S. Cecilia.
15. S. Alban.
16. S. Apostellen.
17. Creutzbrüder.
18. S. Aperen.
19. Radthuis.
20. S. Columben.
21. Groot S. Martin.
22. Minnebrüder.
23. S. Clara.
24. Margaret.
25. S. Gereon.
26. Iesuwiter kerck.
27. S. Vrsula.
28. S. Cunibertus.
29. S. Iohan Corden.
30. Cuniberts turn.
31. Blinde gaß.
32. Kottes gaß.
33. Dranck gaß.
34. Francken thurn.
35. Groot bolwerck.
36. New bolwerck.
37. Reingaß port.
38. Felse graben.
39. Holtz port.
40. Eckels koel.
41. Beyen torn
Rombout van den Hoeye excudit. Amsteldam 1645.

Kat.-Nr. 36

Die Beschriftung ist nahezu identisch mit Nr. 34. Abweichungen:
Der Rhein ohne „Rhenus Fluvius“. Wappenleiste: „Herr Gerhardt Pfeil von Scharpestein. / Herr Constantin von Liskirchen.“ (Regierende Herren). „Herr Jacob von Rotkirchen. / Herr Constantin von Judden.“ (Rentmeister). „Herr Johan von Bolandt. / Herr Balthasar Mulhem.“ (Abgegangene Bürgermeister). Unterhalb des zweiten, vierten und sechsten Wappens datiert: „1634“. Ganz unten rechts: „Johan Julius Milheuser fecit“.

Literatur:
vgl. Parthey 1853, Nr. 858; Ennen/Leson 1881/1977, S. 22; Merlo 1895, Sp. 397 (Hollar) und Sp. 604 (Milheuser); Gürtler 1898, S. 203; Krudewig 1902, Nr. 40; Krudewig 1906, Nr. 58 und Abb. S. 85; Kat. Köln 1992, S. 57

36

„Colonia Agrippina / De Statt Cöllen“

Kupferstich und Radierung, 1645, erschienen bei Rombout van den Hoeye, Amsterdam

Einf.: 33 x 50 cm	Inv. Nr. H.M. 1903/137
Blatt: 45 x 55,3 cm	RBA Nr. 136 259

Von Osten; Deutz wie Merian 1620 (Nr. 20). Gesamtes Köln-Panorama; ziemlich gerade, wie Hollar 1633 (Nr. 34).
Im Himmel Reichs- und Stadtwappen. Zur Gesamtkomposition vgl. Nr. 37 und zu den Gedichten Nr. 39.

Titel auf einem Schriftband im Himmel. Kirchen etc. numeriert 1-41 (wie Nr. 37). Im Rhein: „Rhenus Fluvius / Der Rhein“. Unterhalb Deutz: „Duytz“.
Unterhalb der Darstellung jeweils achtzeiliges Gedicht in Latein, Holländisch und Französisch:
„Illam, quam merito vobis veneranda vetustas, / Famaque multiloquo iactitat ore levis, / Omnibus ostentat Scalpri labor improbus urbem: / Urbem, quam clari tam cupiere viri. / Eius si petitis nomen, Colonia dicta / Est etiam victrix nominis ipsa sui. / Sumptibus, hanc magnis sudoribus, atque periclis / Cum libet, immunis, visere quisque potest.“
„Ick ben een Koningin, gekoestert van den Rhyn / Myn Vader is geweest de Ouden Agrippyn. / Mathernus quam my met, het Christen doopzel doopen, / Maer Attilas zocht my dien schat weer af te stroopen; / Doch Ursula heeft my, voor deze scha, behoed. / Nu wyk ik Romen, door myn waerde, niet een voet. / Want Freedrik dee myn Dhom tot aen de wolcken ryzen; / Des moet hy, die van Steen wil roemen, Colen pryzen.“
„Cologne en tout le Monde, et par tous estimée. / A détasché (!) son masque, et se monstre, a vos yeux: / Yoyerz ô Esprits curieux, / Si c’est injustement qu’elle est tant renommée. / Iugerz si sa puissance, et son anticquité / Qui depuis si long temps combattent por la gloire / Contre sa grace, et sa beauté / Doivent enfin gagner, ou perdre la victoire.“
Daran anschließend die Legende: „Namen der Kercken en Cloosters / 1. den Dhom. / 2. New Bolwerck. / 3. S. Severin. / 4. S. Magdalena. / 5. Carthauss. / 6. Carmelitten. / 7. S. Catharina. / 8. S. Panthaleon. / 9. Fravwenbrüder. / 10. S. Mauritz. / 11. S. Marie. / 12. S. Martin. / 13. S. Peter. / 14. S. Cecilia. / 15. S. Alban. / 16. S. Apostellen. / 17. Creutzbrüder. / 18. S. Aperen. / 19. Radthuis. / 20. S. Columben. / 21. Groot S. Martin. / 22. Minnebrüder. / 23. S. Clara. / 24. Margaret. / 25. S. Gereon / 26. Iesuwiter kerck. / 27. S. Ursula. / 28. S. Cunibertus. / 29. S. Iohan Corden. / 30. Cuniberts turn. / 31. Blinde gass. / 32. Kottes gass. / 33. Dranck gass. / 34. Francken thurn. / 35. Groot bolwerck. / 36. New bolwerck. / 37. Rheingass port. / 38. Felse graben. / 39. Holtz port. / 40. Eckeks Koel. / 41. Beyen torn.“
Rechts unten: „Rombout van den Hoeye excudit. Amsteldam 1645.“

Literatur:
Ennen/Leson 1881/1977, S. 24; Gürtler 1898, S. 205; Krudewig 1906, Nr. 73

37

„Cologne“

Kupferstich und Radierung, um 1665, erschienen bei Balthazar Moncornet, Paris

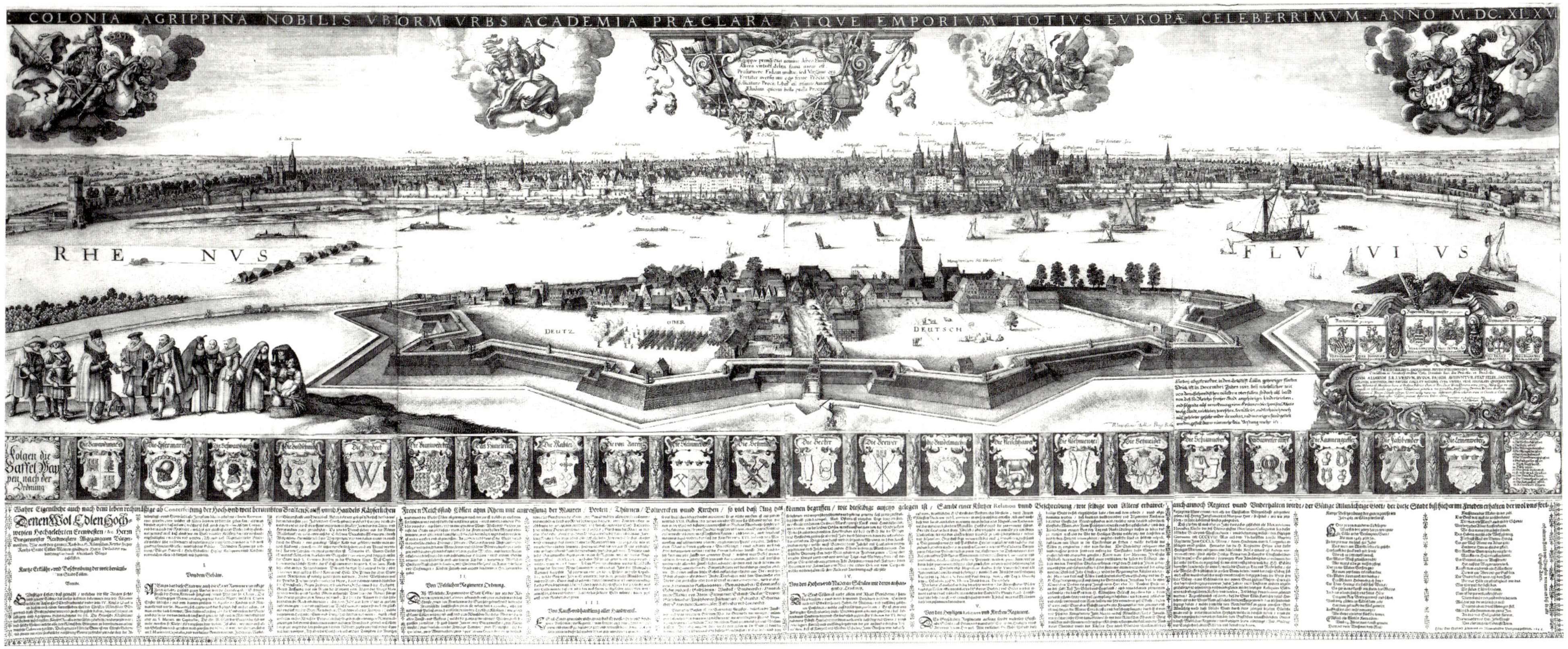
COLONIA AGRIPPINA NOBILIS VBIORVM VRBS ACADEMIA PRÆCLARA ATQVE EMPORIVM TOTIVS EVROPÆ CELEBERRIMVM. ANNO M.DC.XL.XV
RHENVS
FLVVIVS
DEUTZ
DEUTSCH

Kat.-Nr. 38.1a

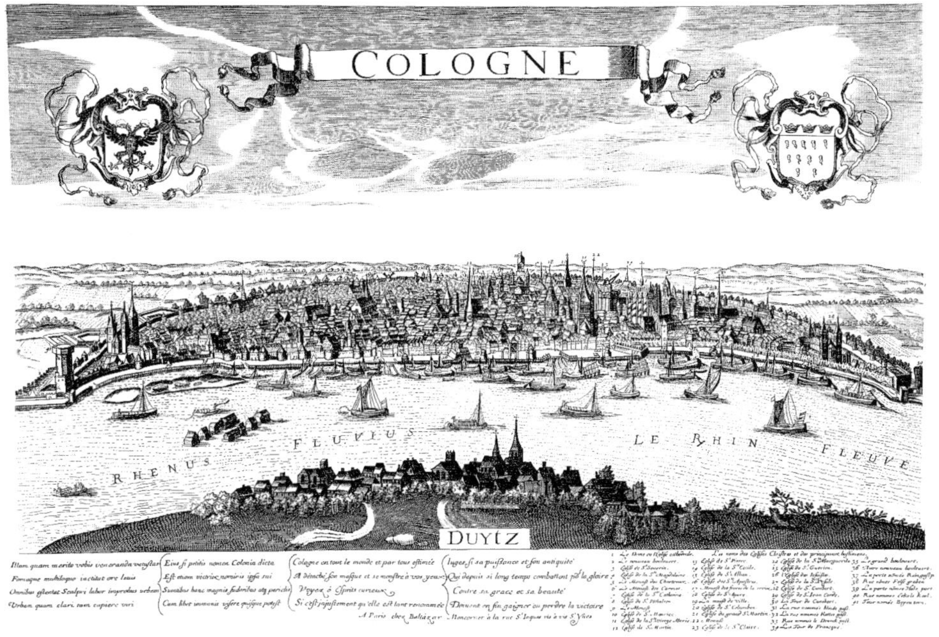

Kat.-Nr. 37.1

Darst.: 29,6 x 49,4 cm

1) Blatt: 36,4 x 53,7 cm.	Inv. Nr. AI2/90
wie beschrieben	RBA Nr. 165 424
2) Blatt: 36,8 x 52,8 cm	Inv. Nr. AI2/91
späterer Abzug von der	RBA Nr. 165 423

nachgestochenen Platte, erschienen bei Jollain, Paris um 1670.
Unten rechts num.: „58".

Sehr ähnliche Kopie nach R. van den Hoeye (Nr. 36); die Wappen sind etwas verändert.
Lobgedicht auf Köln nur noch in Latein und Französisch, die Bildlegende in Französisch.

Titel auf einem Schriftband im Himmel. Kirchen etc. in der Darstellung numeriert 1-41 (wie Nr. 36). Im Rhein: „Rhenus Fluvius / Le Rhin Fleuve". Unterhalb Deutz: „Duytz".

Unterhalb der Darstellung jeweils achtzeiliges Gedicht in Latein und Französisch:
„Illam quam merito vobis veneranda vetustas / Famaque multiloquo iactitat ore levis / Omnibus ostentat Scalpri labor improbus urbem / Urbem quam clari tam cupiere viri / Eius si petitis nomen Colonia dicta / Est etiam victrix nominis ipsa sui / Sumtibus hanc magnis sudoribus atque periclis / Cum libet immunis visere quisque potest."
„Cologne en tout le monde et par tous estimée / A détaché son masque et se monstre a vos yeux / Voyez ô Esprits curieux / Si c'est injustement qu'elle est tant renommée / Iugez si sa puissance et son antiquité / Qui depuis si long temps combattent po(ur) la gloire / Contre sa grace et sa beauté / Doivent enfin gaigner ou perdre la victoire".

Daran anschließend die Legende: „Les noms des Eglises Cloistres et des principaux bastiments. 1 Le Dome ou l'Eglise cathedrale. / 2 Le nouveau boulevert. / 3 Eglise de St. Severin. / 4 Eglise de la Ste. Magdaleine. / 5 Le Monast. des Chartreux. / 6 Le Monast. des Carmes. / 7 Eglise de la St. Catherine. / 8 Eglise de St. Pathaleon. / 9 Le Monast. / 10 Eglise de St. Maurice. / 11 Eglise de la Ste. vierge Marie. / 12 Eglise de St. Martin. / 13 Eglise de St. Pierre. / 14 Eglise de la Ste. Cecile. / 15 Eglise de St. Alban. / 16 Eglise des Sts. Apostres. / 17 Monast des freres de la croix. / 18 Eglise de St. Apere. / 19 La maiso de ville. / 20 Eglise de St. Colomben. / 21 Eglise du grand St. Martin. / 22 Monast / 23 Eglise de la Ste. Claire. / 24 Eglise de la Ste. Marguerite. / 25 Eglise de St. Guerion. / 26 l'Eglise de Iesuistes. / 27 Eglise de la St. Ursule. / 28 Eglise de St. Cunibert. / 29 Eglise de St. Iean Corde. / 30 La Tour de Cunibert. / 31 La rue nommé blinde gass. / 32 La rue nommée Kottes gass. / 33 Rue nommée le Dranck gass. / 34 La Tour de Francque. / 35 Le grand boulevert. / 36 Autre nouveau boulevert. / 37 La porte nomée Reingass port. / 38 Rue nomee Felse graben / 39 La porte nomee Holz port. / 40 Rue nomee Eckel koel. / 41 Tour nomee Beyentorn."
Ganz unten Mitte: „A Paris chez Balthazar Montcornet à la rue St. Jaques vis à vis St. Yves".

Exemplar 2: Veränderte Verleger-Adresse: „A Paris chez Jollain demeurant à la rue St. Jaques proche le lion dargent." Außerdem ganz rechts unten numeriert: „58".

Literatur:
Gürtler 1898, S. 205; Krudewig 1902, Nr. 91 und 92; Krudewig 1906, Nr. 133 und 134

38

„Colonia Agrippina Nobilis Ubiorum..." (weiß auf schwarz)

Radierung von 16 Platten, (1635), erschienen bei Gerhard Altzenbach, Köln 1656
Zeichner: Wenzel Hollar.

1) Erst-Ausgabe bei Gerhard Altzenbach, Köln 1656:
   reine Stadt-Darst.: 39 x 150 cm
   mit Titelzeile und Gaffelwappen: 46 x 150 cm
   a) Blatt: 63 x156 cm — Inv. Nr. G 14388
      Typentext angeklebt.
      Kat. Köln 1992, Nr. 1 und S. 49, Appendix C, 2.4.
   b) Blatt: 60,8 x 151 cm — Inv. Nr. G 14573
      schlecht erhalten
      Kat. Köln 1992, Nr. 1 und S. 48, Appendix C, 2.2.

   Mit der Deutzer Befestigungsanlage (vgl. dazu: Reiner Dieckhoff in Kat. Köln 1992, S. 46, und Bernd Dreher, ebd., S. 10 f.); eine Rheinmühle ist ausgefahren. Im Vordergrund links zwölf Trachten-Figuren; rechts sechs Bürgermeister-Wappen und darunter die Widmungs-Kartusche. Der Name Hollars rechts bei der Erklärung des Verlegers Altzenbach zur Deutzer Festung.

2) Ausgabe bei Jakob Goffart, Köln 1723:
   reine Stadt-Darst.: 27 x 150 cm (Abdruck von 8 Platten)
   mit Titelzeile und Gaffelwappen: 35 x 150 cm
   Blatt: 51,5 x 150,5 cm — Inv. Nr. AI2/60
   Typentext angeklebt
   Kat. Köln 1992, Nr. 1d und S. 50, Appendix C, 4.2a.

   Ohne die Deutzer Befestigungsanlage; Deutz etwas verändert; Rheinmühlen in einer Reihe. Ohne die Trachten-Figuren, die Bürgermeister-Wappen und die Widmung-Kartusche. Hinzugefügt ist eine Kartusche mit Bildlegende links unten, dort auch der Name Wenzel Hollars.

Von Osten; Deutz in den verschiedenen Ausgaben unterschiedlich.
Gesamtes Köln-Panorama; gerade.
Im Himmel (von links) Marcus Agrippa, Agrippina, Textkartusche, die Hl. Drei Könige, Marsilius.
Unterhalb der Darstellung die 22 Gaffel-Wappen. Darunter typographischer Text (Beschreibung der Stadt Köln).

Die erste Fassung der großformatigen Köln-Ansicht wurde von Hollar schon 1632/33 im Auftrag des Verlegers Abraham Hogenberg begonnen (vgl. Bernd Dreher in Kat. Köln 1992, S. 12). Herausgegeben wurde das Blatt jedoch erst 1656 von Gerhard Altzenbach (dieser änderte die Jahreszahl in der Titelzeile rechts, ursprünglich wohl „1635", in „1656" um, und den Verlegernamen A. Hogenberg ersetzte er durch seinen eigenen) mit dem gestochenen Zusatztext innerhalb der Darstellung, daß die Deutzer Festungswerke, die bereits 1641 geschliffen worden waren, inzwischen nicht mehr existierten.
Offenbar hat Hollar sich den großformatigen Holzschnitt Woensams (Nr. 7) zum Vorbild genommen, sowohl in der Darstellung des Köln-Panoramas als auch der Figuren im Himmel. Die Art des Titels erinnert an Kärius (Nr. 18), die Gaffelwappen unterhalb der Darstellung an Kärius und Birboum (Nr. 29) (vgl. dazu Reiner Dieckhoff in Kat. Köln 1992, S. 44).
Zur verwickelten Entstehungs- und Veröffentlichungsgeschichte dieser Köln-Ansicht siehe besonders Reiner Dieckhoff in Kat. Köln 1992, S. 39 ff.
Vier der originalen Druckplatten (oberer Teil der Gesamt-Komposition: Köln-Panorama und wenig Deutz; ohne Gaffelwappen) sind im Kölnischen Stadtmuseum erhalten (Inv. Nr. KSM 1964/321 a-d; vgl. Kat. Köln 1992, Nr. 1e). Von diesen Platten wurden 1970 in der Kupferdruckerei Schulgen, Düsseldorf-Kaiserwerth, 100 Neudrucke hergestellt.

Zur Beschriftung siehe Katalog Köln 1992, S. 55 f.
Kirchtürme etc. in der Darstellung bezeichnet, außerdem Bildlegende am Ende der Gaffelwappen-Reihe: „1. Zu Seyen Closter. / 2. Die Neckarskuhl Pfort. / 3. Die Holtz Pfort. / 4. Die Viltzengraben Pfort. / 5. Die Rheingassen Pfort. / 6. Das klein Bollwerck. / 7. Die Marckmansgass Pfort. / 8. Die Salzgassen Pfort. / 9. Fischkauffhauss. / 10. Fisch Pfort. / 11. Das gross Bolwerck. / 12. S. Mariae ad Gradus. / 13. Der Francken Thurn. / 14. Die Dranckgassn Pfort. / 15. Die Kotzgassn Pfort. / 16. S. Cuniberts Thurn."

Im Exemplar der zweiten Auflage diese Legende nochmals in der zusätzlichen Kartusche unten links.
Im Rhein: „Rhenus Fluvius“ (beide Exemplare).
Expl. der Erstauflage: Innerhalb der Deutzer Festung: „Deutz oder Deutsch“.

In der Graphischen Sammlung der Kreissparkasse Köln befinden sich zwei Neudrucke (ohne die Deutzer Festung und ohne die Gaffelwappen) (Inv. Nrn. 49204-946 und 49204-23399) und ein Exemplar der Goffart-Ausgabe (vgl. KSM-Expl. 2; mit den Gaffelwappen, ohne die Deutzer Festung) (Inv. Nr. 49204-970). Alle drei Blätter sind gerahmt.

Literatur:
Parthey 1853, Nr. 859; Ennen/Leson 1881/1977, S. 26 f.; Merlo 1895, Sp. 387 ff., zur Goffart-Ausgabe Sp. 392; Gürtler 1898, S. 203; Krudewig 1902, Nr. 57 und 58 und Nr. 61; Krudewig 1906, Nr. 93 und 94 und Nr. 97; Kat. Köln 1977, Nr. 20 und S. 14; Leson/Merlo 1979, S. 24 ff.; Naredi-Rainer 1980, S. 94; Borger/Zehnder 1982, S. 171 ff.; Mielke 1984, Kat.-Nr. 48; Westfehling 1992, S. 128 ff.; Kat. Köln 1992, Nr. 1 und 1d sowie S. 39 ff.; Zehnder 1994, S. 23 f.; Köln-Edition, Bd. II, Bl. 01016 (Goffart)

39

„Die Statt Koeln.“

Radierung nach Hollars großer Köln-Ansicht, um 1660/1670, erschienen bei Hendrick Focken bzw. Clement de Jonghe, Amsterdam

Darst.: 31,5 x 50 cm

1) Blatt: 43 x 55 cm Verleger: Hendrick Focken, Amsterdam (Abb.)	Inv. Nr. H.M. 1915/205 RBA Nr. 102 220
2) Blatt: 44 x 53,5 cm Verleger: Clement de Jonghe, Amsterdam (um 1670)	Inv. Nr. G 13550 c RBA Nr. 166 303

Von Osten; Deutz sehr ähnlich Steudner (Nr. 26). Gesamtes Köln-Panorama; gerade. Im Himmel links das Reichs-, rechts das Stadtwappen.

Verkleinerte Nachbildung des großen Kölner Stadtpanoramas von Wenzel Hollar (Nr. 38); Deutz jedoch ohne die Festungsanlagen, sondern ähnlich dem bei J. Ph. Steudner erschienenen Blatt (Nr. 26). Das lateinische und das holländische Gedicht im Unterrand – auch typographisch – wie Nr. 36.

Titel auf einem Schriftband im Himmel. Kirchen etc. innerhalb der Darstellung numeriert 1-56, außerdem sind direkt bezeichnet: „S. Severinus / ad Carmelitas / S. Martini

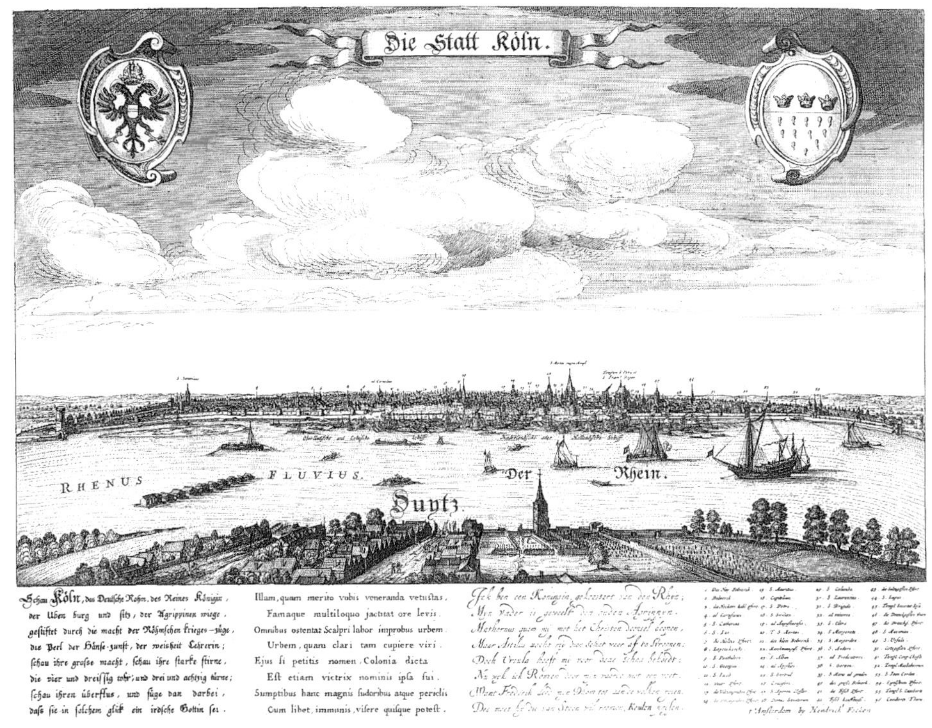

magni Monast / Templum S. Petri et S. Trium Regum". Im Rhein: „Oberländische und Colnische Schiff / Niederlandische oder Hollendische Schiff / Rhenus Fluvius. / Der Rhein / Duytz".

Unterhalb der Darstellung achtzeiliges Lobgedicht auf Köln in drei Sprachen: „Schau Köln, das Deutsche Rohm, des Reines Königin, / der Uben burg und sitz, der Agrippinen wiege, / gestiftet durch die macht der Röhmischen krieges-züge, / die Perl der Hansezunft, der weisheit Lehrerin; / schau ihre grosse macht, schau ihre starcke stirne, / die vier und dreißßig tohr und drei und achtzig türne; / schau ihren überflus, und füge dann darbei, / dass sie in solchem glük ein irdsche Gottin sei." „Illam, quam merito vobis veneranda vetustas, / Famaque multiloquo jactitat ore levis, / Omnibus ostentat Scalpri labor improbus urbem: / Urbem, quam clari tam cupiere viri. / Ejus si petitis nomen, Colonia dicta / Est etiam victrix nominis ipsa sui. / Sumptibus hans magnis sudoribus atque periclis / Cum libet, immunis, visere quisque potest."
„Ick ben een Koningin, gekoestert van den Rhijn; / Mijn vader is geweest den ouden Agrippijn. / Mathernus quam mij met het Christen doopsel doopen, / Maar Attilas zocht mij dien schat weer af te stroopen; / Doch Ursula heeft mij voor deze schaa behoedt; / Nu wijk ick Romen door mijn waarde niet een voet. / Want Frederik deed mijn Dhom tot aan de wolken ruysen, / Des moet hij die van Steen wil roemen, Keulen prijsen."

Rechts daran anschließend die Legende: „1. Das New Bolwerck. / 2. Bolwerck. / 3. die Neckers kuhl pfort. / 4. ad cartusianes. / 5. S. Catharina. / 6. S. Ian. / 7. die Holtsz Pfort. / 8. Leyesskerche. / 9. S. Panthaleon. / 10. S. Georgius. / 11. S. Iacob. / 12. Weier Pfort. / 13. die Viltzengraben Pfort. / 14. die Rheingraben Pfort. / 15. S. Mauritius. / 16. Capitolium. / 17. S. Petri. / 18. S. Sicilien. / 19. ad Augustinensis. / 20. T.S. Martini. / 21. das kleine Bolwerck. / 22. Markmansgass Pfort. / 23. S. Alban. / 24. ad Apostlos. / 25. S. Gertrud. / 26. Cruciferi. / 27. S. Aperen Closter. / 28. Domus Senatorum. / 29. S. Columba. / 30. S. Laurentius. / 31. S. Brigida. / 32. ad minores. / 33. S. Clara. / 34. S. Margareta. / 35. S. Margarden. / 36. S. Anderi. / 37. ad Predicatores. / 38. S. Gereon. / 39. S. Maria ad grados. / 40. das grosse Bolwerk. / 41. die Fisch Pfort. / 42. Fisch kauffhauss. / 43. die Saltzgassen-Pfort. / 44. S. Lupus. / 45. Templ Societat Iesu. / 46. die Dranckgassen thurn. / 47. die Dranckg. Pfort. / 48. S. Maximini. / 49. S. Ursula. / 50. Cotzgassen Pfort. / 51. Templ. Corp: Christi / 52. Templ Machabeorum. / 53. S. Ioan Corden. / 54. Eigelsteins Pfort. / 55. Templ S. Cuniberti. / 56. Cuniberts Thurn."

Ganz unten rechts: „t'Amsterdam bij Henrick Focken."
Zweites Exemplar mit verändertem Verleger-Namen: „Clemendt de Jonghe".

Literatur:
Gürtler 1898, S. 205 (Focken); Krudewig 1906, Nr. 114; Kat. Köln 1992, Nr. 1f und Abb. S. 57

40

„Cöllen." (im Himmel)

Kupferstich/Radierung, um 1640

Einf.: 6,7 x 10 cm
Blatt: 7,3 x 10,4 cm

Inv. Nr. H.M. 1939/5
RBA Nr. 165 006

Von Osten; Deutz mit Festung (Vogelschau). Gesamtes Köln-Panorama; gerade. Eine Reihe mit fünf Rheinmühlen.
In Hollar-Manier. Keine Kopie nach einer Vorlage, sondern eigenständige Arbeit. Wohl aus einem größeren Blatt (eventuell mit anderen Stadtansichten) herausgeschnitten.
Mit min. Spuren von Kolorierung.
Im Rhein: „Rhenus flu:" (zweimal) und „Duitz".

41

„Aeternum Utrunque" (oberhalb der Darstellung)

Kupferstich (im Rund), um 1640
Stecher: Johann Eckhard Löffler

Darst.: 8,4 cm Durchmesser	Inv. Nr. AI2/47
Blatt: 9,4 cm Durchmesser	RBA Nr. 165 021

Von Osten; Deutz mit Festung (Vogelschau). Gesamtes Köln-Panorama; wenig gebogen. Eine Rheinmühlen-Reihe; zwei Bollwerke/Bastionen auf der Kölner Seite.
Im Himmel in einer Wolke zwei große und neun kleine Sterne.
Zur Darstellung vgl. Nrn. 37-50.
Unten Mitte innerhalb der Darstellung bezeichnet: „Löffler fecit".
Aus einem Buch, verso lateinischer typographischer Text.

Literatur:
Krudewig 1902, Nr. 46; Krudewig 1906, Nr. 66

42

Kupferstich (im Quer-Oval), um 1680
Stecher/Zeichner unbekannt (Johann Eckard Löffler?)

Darst.: 9 x 11,7 cm	Inv. Nr. AI2/77
Blatt: 11 x 13,1 cm	RBA Nr. 165 043

Von Osten; Deutz mit Festung, die Abtei bereits zerstört. Gesamtes Köln-Panorama, rechts und links davon von Pallisaden eingefaßte Standlager. Eine Rheinmühlen-Reihe.

Von der Stadt führt die Himmels-/Jakobs-Leiter in die Wolken, auf denen Heilige und Theologen sich gegenübersitzen; in der Mitte darüber glänzt in Strahlen das Hebräische „Bethel" (Haus Gottes).
Oberhalb der Darstellung lat. Textzeile: „Quam terribilis est locus iste, non est hic aliud nisi Domus Dei et porta coeli."
Unterhalb der Darstellung: „Josephus Ortik (Orlik?) de S. Colonia".
Aus einem Buch; verso lateinischer typographischer Text.

Literatur:
Krudewig 1902, Nr. 78; Krudewig 1906, Nr. 118

Kat.-Nr. 41

43

Kupferstich, (1640), aus: Carolus de Aremberg, Flores seraphici, erschienen bei Constantin Munich, Köln 1640; anschließend an das Vorwort, vor Seite 1
Stecher: Johann Eckard Löffler

Panorama: 3 x 19,3 cm	Inv. Nr. H.M. 1914/431
Gesamt-Einf.: 29,8 x 19,3 cm	RBA Nr. 165 034
Blatt: 31 x 20,5 cm	

Von Osten; Deutz ist durch eine große Schrifttafel verdeckt, so daß nur sehr wenig von der Festungsanlage zu sehen ist. Gesamtes Köln-Panorama; leicht gebogen.
Über der Stadt in den Wolken Verherrlichung Mariä mit dem Kind, von Kapuzinermönchen angebetet; Maria ist umgeben von Engeln und lateinischen Schriftbändern. Im Vordergrund (in Deutz) hält ein kniender Mönch eine große Schrifttafel mit lateinischem Text. Auch verso lateinischer Text.
Zu Löffler vgl. Nrn. 41, 46, 50.
Das Buch „Flores seraphici" schildert das Leben von Franziskanern in der Zeit von 1525 bis 1580. In der UB Köln ist ein Exemplar der Ausgabe von 1640 und eines von 1642 vorhanden (GB IV 2009).

Auf den Schriftbändern, die Maria umgeben: „Visio qua erudivit eos / Mater eorum. Prov. 31.1."; „Facilé videtur ab his qui diligunt eam. Sap. 6."; „Et adhuc visio in dies. Dan. 10.14."; „In visione appareto eis. Numerorum. 12."; „Et ego visionem multiplicabo. Osee. 12."; „Quibus autem apparuerit in visu diligunt eam in visione, et in agnitione magnalium suorum. Eccli. 1.15."
Auf der großen Schrifttafel unten: „En tibi Deipara Virgo, hosce Illustres Viros Ordinis nostri Seraphici Primicerios Flores, quos vultu tuo vivos recreasti, nunc amores mei obsides redivivos profero, et offero. Illos premitto, quo coeptis meis annuas, tibique eorum qui sequuntur grata magis, et accepta reddantur spectacula."
Links unterhalb dieser Tafel: „Löffler fecit".

Literatur:
Merlo 1895, Sp. 542; zum Buch: Kat. Köln 1965, Nr. 197

44

Kupferstich, (1661), aus: Huldrich von Eyben, Perezius Augmentatus i. e. Praelectiones in XII Libros, erschienen bei Andreas Bingen, Köln 1661
Stecher: Frederik Bouttats d. J.

Panorama: 4 x 12 cm
Gesamt-Einf.: 19,1 x 13,6 cm

1) Blatt: 20 x 16,2 cm (Abb.)	Inv. Nr. AI2/67 RBA 165 027
2) Blatt: 20,2 x 14,1 cm spätere Ausgabe, bei Paul Metternich Erben, Köln 1683	Inv. Nr. AI2/77a RBA Nr. 165 044

Von Osten; Deutz mit Festungsanlage. Gesamtes Köln-Panorama; gerade. Zwei Bollwerke/Bastionen auf der Kölner Seite.
Das Köln-Panorama auf einem Tuch bildet den unteren Teil des Titelblattes zu dem Buch von H. von Eyben. Oberhalb des Panoramas Darstellung des Kaisers und der Kurfürsten. Das Panorama stark schematisiert und unschön, möglicherweise nach dem Kupferstich von J.E. Löffler (Nr. 43).
Das Buch ist in der UB Köln vorhanden (WG 176).

Ganz oben auf einem Schriftband: „Ant. Perezi. IC. Praelectiones In Codicis Justin./ Libros XII Cum Notis Huld. Eybenii. IC."
Unter der Einfassungslinie: „Coloniae apud Andream Bingium MDCLXI." (Expl. 1).
Darunter links: „Cum Privilegio S. Caesareae Maist."; rechts: „F. Bouttats sculp."
Exemplar 2: Veränderte Verleger-Adresse und Datierung: „Coloniae apud Viduam et Haeredes Pauli Metternich MDCLXXXIII."

Literatur:
Merlo 1895, Sp. 100; Krudewig 1902, Nr. 68; Krudewig 1906, Nr. 107

45

Kupferstich/Radierung, um 1640

Köln-Darst.: 6,2 x 8,5 cm	Inv. Nr. AI2/48
Plattenkante: 10,8 x 14,1 cm	RBA Nr. 165 024
Blatt: 21,4 x 16,7 cm	

Von Osten; von Deutz nur Baum am linken Bildrand. Panorama-Ausschnitt: St. Maria im Kapitol bis Kunibertsturm; gerade.
Ein Bollwerk/Bastion auf der Kölner Seite. Im Himmel ein großer sechszackiger Stern, der auf die Stadt strahlt.
In quer-ovaler Barock-Kartusche mit Engelskopf und zwei Weihrauchfässern; auf einer Buchseite.
Zur Köln-Darstellung vgl. noch am ehesten Merian 1620 (Nr. 20).

Text in Typendruck über dem Stich: „Quasi Stella Matutina in Medio Nebulae"; unter dem Stich: „Nocturnas inter nebulas exortus ab alto ...".
Verso lateinischer Text: Widmung an den Bischof von Ferrara, Franciscus Maria Macchiavelli (1638-53), dessen Kardinalswürde (seit 1641) nicht erwähnt wird.

Literatur:
Krudewig 1902, Nr. 47; Krudewig 1906, Nr. 67

Kat.-Nr. 46

46

Kupferstich/Radierung, um 1650
Stecher: Johann Eckhard Löffler

Darst. ohne Kartusche: ca. 10 x 10 cm	Inv. Nr. H.M. 1914/432
Blatt: 15 x 16 cm	RBA Nr. 100 804

Von Osten; ohne Deutz. Panorama-Ausschnitt: Kartäuserkirche bis Kunibertsturm. Zwei Bollwerke/Bastionen auf der Kölner Seite.
Allegorische Darstellung zur Verherrlichung Kölns: Links vorn der Flußgott; am Himmel weibliche allegorische Figur (Aurora) in einem von zwei Löwen gezogenen Wagen. In barocker, mit Früchten geschmückter Kartusche mit einem Engelskopf jeweils oben und unten.
Aus einem Buch, verso lateinischer typographischer Text.
Zur Darstellung Kölns vgl. Nr. 45.

Literatur:
Merlo 1895, Sp. 547; Borger/Zehnder 1982, S. 184 f.

47

Kupferstich, um 1650/53

Darst.: 11,7 x 17,8 cm	Inv. Nr. AI2/50
Blatt: 29,2/29,5 x 19,4/20 cm	RBA Nr. 134 669

Von Osten; ganz Deutz als Dorf. Gesamtes Köln-Panorama, links und rechts wenig verdeckt durch zwei stehende Ganzfiguren – Atlas (links) und Herkules (rechts) – im Vordergrund.
Eine Rheinmühlen-Reihe; auf der Kölner Seite zwei Bollwerke/Bastionen.
Im Himmel die Wappen der Bürgermeister Andreas von Mülheim und Gerhard Pfingsthorn (Amtszeit 1650-1653), von zwei Genien („Sapientia" und „Fortitudine") gehalten.
Ober- und unterhalb der Kupferstich-Darstellung lateinischer Text in Typendruck.

Literatur:
Krudewig 1902, Nr. 49; Krudewig 1906, Nr. 83

Kat.-Nr. 47

48

„Sacrarium“ (auf einem von zwei Engeln gehaltenen Tuch im Himmel)

Kupferstich (im Oval), (1645), aus: Aegidius Gelenius (Gelen), De admiranda, sacra et civili magnitudine Coloniae, erschienen bei Jost Kalckhoven, Köln 1645
Stecher: Emanuel von Wehrbrun

Darst.: 6,3 x 5,6 cm	Inv. Nr. H.M. 1914/444
Blatt: 17,7 x 12,7 cm	RBA Nr.165 026

Von Osten; Deutz als verstreutes Dorf. Gesamtes Köln-Panorama; gebogen. Fünf Rheinmühlen in einer Reihe.

Das Panorama bildet den Mittelteil des Titelblattes zu Gelens Beschreibung der Kölner Reliquienschätze; es ist umgeben von Heiligendarstellungen, biblischen Szenen und den beiden Kölner Wappen:

Oben: „S. Felix“, Anbetung der Hl. Drei Könige, „S. Nabor“; Mitte: „S. Petrus“, „S. Maternus“, „S. Bruno“, „S. Norbertus“; unten: „S. S. Machabaei“, „S. Ursula cum Sodalibus“, „S.S. Thebaei et Mauri“.

Unten Mitte: „Emanuel á Wehrbrun fecit“.

Das Buch ist im Kölnischen Stadtmuseum vorhanden (D 53).

Literatur:
Merlo 1895, Sp. 928; Kat. Köln 1965, Nr. 174 und Abb. Taf. 30; Kat. Köln 1985, Bd. 2, S. 184 (E 8) und Abb. S. 182

49

„Gaude felix Agrippina / Tria Regum servans corpora“
(auf einem von zwei Engeln gehaltenen Tuch im Himmel)

Kupferstich, 1647, aus: Hermann Crombach, Primitiae Gentium, erschienen bei Johann Kinckius, Köln 1647 (2. Auflage 1654)

Panorama: ca 5 x 7,3 cm
Gesamt-Einf.: 28,5 x 17,3 cm

1) Blatt: 29,2 x 17,3 cm (Abb.)	Inv. Nr. AI2/56
	RBA Nr. 113 995
2) Blatt: 30,5 x 19 cm	Inv. Nr. G 15518

Von Osten; Deutz mit wenigen Häusern. Gesamtes Köln-Panorama; wenig gebogen. Eine Rheinmühlen-Reihe.
Darstellung stark vereinfacht, wenig naturgetreu.
Das Panorama bildet den Mittelteil des Titelblattes zum zweiten Band der Schrift des Jesuiten Hermann Crombach über die Hl. Drei Könige. Es ist umgeben von Heiligenfiguren und biblischen Szenen: oben Anbetung der Hl. Drei Könige, seitlich S. Mattaeus und S. Thomas, unten S. S. Machabäer, S. Nabor, S. Felix und S. Apollonaris. Das vollständige, dreibändige Werk Crombachs ist im Kölnischen Stadtmuseum vorhanden (D 17).

Oberhalb des Köln-Panoramas in einer Rollwerk-Kartusche der Buchtitel:
„Primitiarum gentium seu Historiae SS. Trium Regum Magorum. Tomus II. Exegeticus et Commentarius in Caput II. S. Mathei in quo SS. Trium Regum, Profectio Hierosolymam, Duce Stella, ibidemque praeconium Christi & Eius dem Adoratio in Bethlehem explicatur.“
Unterhalb des Panoramas: „Autore P. P. Hermanno Crombach Societatis Jesu Sacerdote / Cum Licentia Superiorum & Privil: S.C.M.“
Ganz unten Verleger-Adresse: „Coloniae Agrippinae apud Joannem Kinchium sub Monocerote veteri. MDCLIV“.

Literatur:
Krudewig 1902, Nr. 55; Krudewig 1906, Nr. 91; zu dem Buch: ADB 4, S. 605; Kat. Köln 1965, S. 116, Nr. 117

50

Kupferstich/Radierung, (1655)
Stecher: Johann Eckhard Löffler

Darst. inkl. gest. Rahmung: 21,5 x 19 cm

1) Blatt: 28,2 x 19,5 cm (Abb.)	Inv. Nr. H.M. 1959/35
	RBA Nr. 165 078
2) Blatt: 30 x 18,5 cm	Inv. Nr. K.H. 477

Von Osten; ohne Deutz. Gesamtes Köln-Panorama, jedoch rechts durch sitzende Figur des Mathias Pfingsthorn verdeckt; wenig gebogen.

Eine Rheinmühlen-Reihe; zwei Bollwerke/Bastionen auf Kölner Seite.

Im Vordergrund sechs Najaden mit Füllhörnern zu Füßen des auf einem Stuhl sitzenden Stiftsherrn.

Oberhalb des Panoramas die beiden Kölner und das Pfingsthorn-Familienwappen. Die Gesamt-Darstellung ist eingerahmt von einer ovalen Girlande aus Blumen und Früchten.

Gedenkblatt auf die Promotion des Kanonikus von St. Andreas, Mathias Pfingsthorn, zum Doktor der Rechte 1655.

Das Köln-Panorama in der Art der Nrn. 40, 41, 46.

Oberhalb des floralen Rahmens: „Cornu Eius exaltabitur in Gloria. Psal. CXI."

Unterhalb desselben: „In Arma Phingsthornia. Trabs triplex obliqua, novo scalam aptat Honori, Albescens Cornu, precordia candida signat. Hi sunt gradus Licentiae. Flavedo Coelis Te manet."
Verso: „Cornu Exaltatum".

Literatur:
Merlo 1895, Sp. 545

51

„O Foelix Agrippina sanctaque Colonia“ (unterhalb der Darstellung)

Kupferstich (lt. alter Datierung 1645)

Darst.: 5 x 13,4 cm	Inv. Nr. H.M. 1917/346/39
Blatt: 5,9 x 13,4 cm	RBA Nr. 165 022

Von Osten; Deutz als Dorf. Gesamtes Köln-Panorama; gebogen. Zwei Rheinmühlen-Reihen (wie vor 1618).
Die Darstellung Kölns sehr unnaturalistisch (grob und falsch).
Im Himmel links Kölner Bauer mit Reichswappen, rechts Jungfrau mit Kölner Stadtwappen (vgl. Nr. 14).
Offenbar Kopie nach einer älteren Vorlage – wohl nach Merian 1620 (Nr. 20).

52

„Profil de la Ville archiepiscopale et electorale de Colongne (!) Agripine“

Kupferstich, 1645, erschienen bei Jean Boisseau, Paris

Einf.: 24,7 x 68,5 cm

1) Blatt: 31 x 80,5 cm (Abb.)	Inv. Nr. H.M. 1917/346
2) Blatt: 31,5 x 79 cm koloriert	Inv. Nr. H.M. 1925/224
3) Blatt: 34 x 79,8 cm	Inv. Nr. AI2/92
ohne Boisseaus Adresse	RBA Nr. 94 539

(ausgeschliffen), späterer Abdruck; aus zwei Blättern zusammengesetzt

Von Osten; Deutz in der Art Kärius' (Nr. 18). Gesamtes Köln-Panorama; gerade. Rheinmühlen in zwei Reihen (wie vor 1618).
Die Darstellung von Deutz und Köln läßt darauf schließen, daß der Künstler den Kupferstich von Kärius als Vorlage benutzt hat; auch die zweireihigen Rheinmühlen sprechen für eine Kopie nach einer älteren Vorlage.
Zur Darstellung vgl. auch Woensam (Nr. 7).

Titel oberhalb der Darstellung.
Kirchen etc. bezeichnet A-Z (linke Seite) und 1-21 (rechte Seite).
Im Rhein: „La Riviere Du Rheim (!)“; über Deutz: „La ville ou Bourg de Duitz“.
Legende unterhalb der Darstellung:
„Explication des lettres et chiffres de la presente figure / A Tour de Bayen / B Porte de St. Seuerin / C St. Seuerin / D la Magdelaine / E St Boniface / F les Chartreux / G Ste Catherine / H St Iean / I Lies Kerche / L Les Carmes / M Porte St Pantaleon / N St Ge-

orge / O Porte Ste Barte / P St Pantaleon / O Porte le Vienne / R Le Capitole / S St Nicolas / T St Martin / V les Augustins / X St Pierre / Y St Maurice / Z St Anthoine".
„1 les Apostres / 2 Ste Colombe / 3 la Maison de ville / 4 St Martin le grand / 5 Ste Brigide / 6 les Cordeliers / 7 Ste Claire / 8 St Gereon / 9 le Dom ou S. Pierre, ou sont les trois Roys / 10 St André / 11 Ste Marie aux Degrez / 12 les Augustins / 13 St Loup / 14 le Temple du corps de Christ / 15 la Tour de France / 16 Ste Ursulle / 17 le Temple des Machabées / 18 St Iean / 19 la Porte d'Engelheim (!) / 20 St Cumberg (!) / 21 la Tour de St Cumberg".
Rechts unten die Verlegeradresse: „A Paris chez I. Boisseuin en l'Isle du Palais a la Royalle Fontaine de Iouuence 1645."

Literatur:
Krudewig 1902, Nr. 93; Krudewig 1906, Nr. 135; das bei Ennen/Leson 1881/1977, S. 24, und bei Gürtler 1898, S. 207, beschriebene Boisseau-Blatt hat andere Maße als das vorliegende – es handelt sich also wohl um eine andere Köln-Ansicht

53

„Colonia Metropolis"

Kupferstich, (1659), aus: Apologia des Ertz Stiffts Cöllen, Bonn 1659
Stecher: Abraham Aubry

Köln-Panorama: 3,4 x 8,8 cm im Oval
Gesamt-Einf.: 30,1 x 18,2 cm

1) Blatt: 30,7 x 18,8 cm (Abb.)	Inv. Nr. AI2/62
	RBA Nr. 165 033
2) Blatt: 29,8 x 18,3 cm oben und unten knapp geschnitten	Inv. Nr. K.H. 734
	RBA Nr. 178 634

Von Osten; Deutz mit Festung. Gesamtes Köln-Panorama; wenig gebogen. Ohne Rheinmühlen und ohne die Rhein-Insel. Die ganze Darstellung nicht sehr naturgetreu, z. B. der Dom genau in der Mitte.

Das Köln-Panorama und 19 kleinere Stadtansichten jeweils in einer Kartusche auf dem Titelblatt der „Apologia", das außerdem Darstellungen des Hl. Petrus, des Kurfürsten und Erzbischofs von Köln, Maximilian Heinrich von Bayern, und dessen Wappen zeigt.
Die umfangreiche Streitschrift, mit der Erzbischof Maximilian versuchte, der Stadt Köln die Reichsunmittelbarkeit abzusprechen, ist im Kölnischen Stadtmuseum vollständig vorhanden (D 1091).

Ganz oben: „Städte des Uralten Ertz Stiffts Cöllen Rheinischen Theilß."
Außer Köln 19 kleine Stadtansichten, jeweils unterhalb der Kartusche bezeichnet: „Andernach / Neuß / Bonn / Arweiler (!) / Lintz / Rheimbach (!) / Bruel / Kayserswerth / Lechenich / Linn / Urdingen / Kempen / Unckel / Zülpich / Rheinbergk / Dursten / Meckenheim / Recklinghausen / Zonß".
Bildmitte: Titelkartusche „Apologia Des Ertz Stiffts Cöllen wider Burgermeister und Rhat deßen Haupt Statt Cöllen auff das Churfurstliche Manifest abgangen vermeinten gegen berichts."
Darunter auf einem Tuch: „Jerem. Cap: 31. vers. 22. / Revertere Virgo Israel, revertere ad Civitates istas tuas, usque quo delicijs dissolveris filia vaga? Quia creavit dominus novum super terram."
Ganz unten rechts außerhalb der Einfassungslinie: „Abraham Aubry fecit."

Literatur:
Merlo 1895, Sp. 53; Krudewig 1902, Nr. 63; Krudewig 1906, Nr. 100; Kat. Köln 1988, S. 431 und Abb. S. 432; Schmitt 1991, S. 30, Kat.-Nr. 25 (Abb.); zum Buch: Kat. Köln 1975, Nr. 139; Kat. Köln 1988, a.a.O.; Schmitt 1991, a.a.O.

54

„Colonia Agrippina" (im Himmel)

Kupferstich, um 1750

Köln-Panorama : 3,2 x 8,2 cm im Oval	Inv. Nr. AI2/106
Blatt: 17,2 x 13,7 cm	RBA Nr. 112 608

Von Osten; Deutz als Dorf. Gesamtes Köln-Panorama; wenig gebogen. Ohne Rheinmühlen und Rhein-Insel.
Nicht sehr naturgetreu – z. B. der Dom in der Mitte der Darstellung (vgl. Nr. 53).

Das Köln-Panorama in barocker Kartusche, flankiert von der „Astronomia" (links) und der „Astrologia" (rechts) als weibliche Figuren; darüber die Heiligen (von links) Albertus Magnus, Severin (oder Maternus?), Ursula und Cäcilia; darüber in Wolken die Anbetung der Hl. Drei Könige.

Literatur:
Krudewig 1902, Nr. 107; Krudewig 1906, Nr. 151

55

Holzschnitt, um 1700

Darst.: 2,7 x 7,9 cm	Inv. Nr. AI2/93a
Blatt: 6,3 x 16,3 cm	RBA Nr. 165 041

Kat.-Nr. 55

Von Osten; ohne Deutz. Gesamtes Köln-Panorama; wenig gebogen.
Stark schematisiert und vereinfacht – Dom in der Mitte mit rundem (!) Turm.
Seitlich des Panoramas die beiden Kölner Wappen.

56

„Cölln“ (in einer floralen Kartusche am oberen Bildrand) (Abb. S. 88)

Kupferstich, um 1660, erschienen bei Nicolas Visscher, Amsterdam
Stecher und Zeichner: Pieter Schut

Einf.: 21,3 x 27,8 cm	Inv. Nr. AI2/81
(inkl. gestochenem Rahmen)	RBA Nr. 3344
Blatt: 28 x 35,1 cm	

Von Osten; Deutz ländlich mit bäuerlicher Figurenstaffage im Vordergrund; leicht von oben. Gesamtes Köln-Panorama; gerade.
Mit gestochenem Barockrahmen, oben von einer Fruchtgirlande geschmückt.

Aus einer 24 Bll. umfassenden Folge mit dem Titel „Die vornehmsten Städte von Europa“ (vgl. Wurzbach und Fauser).
Die alte Datierung „um 1700“ ist nicht haltbar, da Pieter Schut kurz nach 1660 gestorben ist.
Die rastenden und heimkehrenden Landleute im Vordergrund (links ein Bauer mit Hühnerkorb auf einem Esel reitend) deuten auf die allmählich einsetzende Vorliebe für Idylle und Schäferpoesie hin.

Im Rhein bez.: „Duytz / Rhein Flu.“. Unten links: „P: Schut fec.“, rechts „N. Visscher excud.“
Rechts unten außerhalb der Darstellung num.: „17“.

Literatur:
Nagler 1835 ff., zu Nr. 3; Ennen/Leson 1881/1977, S. 28; Gürtler 1898, S. 209; Krudewig 1902, Nr. 82; Krudewig 1906, Nr. 124; Wurzbach 1906 ff., zu Nr. 4; Kat. Köln 1977, Nr. 24 und S.16; Fauser 1978, S. LXVIII (zu der Folge); Borger/Zehnder 1982, S. 179; Zehnder 1994, S. 24 (Abb.) und 25

Kat-Nr. 56

57

„Cologne / Capitale de L'Archévêche du même nom“
(in einer Kartusche am oberen Bildrand)

Kupferstich, um 1730, aus: La galérie agréable du monde ... Divisée en LXVI tomes, erschienen bei Pierre (Pieter) van der Aa, Leiden

21,3 x 26,2 cm inkl. innerem gestochenen Rahmen	Inv. Nr. AI2/84
33,5 x 41,7 cm inkl. äußerem gestochenen Rahmen	RBA Nr. 58 845
Blatt: 35 x 45 cm	

Kat-Nr. 57

Sehr ähnliche Kopie nach Schut/Visscher (Nr. 56) bis auf den breiten, von einer Extra-Platte abgedruckten, gestochenen Barockrahmen und die Titelkartusche.
Fauser hält als Erscheinungsjahr des mehrbändigen Werkes mit Karten und Stadtansichten, aus dem das Blatt stammt, 1729 für wahrscheinlich.

Im Rhein: „Duytz / Rhyn flu.“
Auf einem Rahmenschild unten: „A Leide, Chez Pierre van der Aa, Avec Privilege.“

Literatur:
Krudewig 1902, Nr. 85; Krudewig 1906, Nr. 127; zum Buch: Fauser 1978, S. XXI

58

„Cölln“ (auf einem Schriftband im Himmel)

Kupferstich, um 1700, erschienen bei Johannes de Ram, Amsterdam

20 x 23,8 cm inkl. gest. Rahmen	Inv. Nr. AI2/82
Blatt: 20,5 x 24,2 cm	RBA Nr. 165 048

Kopie nach Schut/Visscher (Nr. 56). Das Köln-Panorama ist seitlich etwas verkürzt: links ohne Bayenturm, rechts ohne Kunibertsturm.
Auch die Personenstaffage ist sehr ähnlich Nr. 56, ebenso wie der gestochene Rahmen, dem jedoch die Girlande oben fehlt.

Unten Mitte innerhalb der Darstellung bez.: „Ioannes de Ram Excudit“.

Literatur:
Gürtler 1898, S. 209; Krudewig 1902, Nr. 83; Krudewig 1906, Nr. 125

Kat.-Nr. 58

59

Kupferstich, um 1700/1710, erschienen bei Peter Schenck, Amsterdam

20,1 x 26,3 cm inkl. gest. Rahmen	Inv. Nr. AI2/83
Blatt: 23,7 x 28,8 cm	RBA Nr. 165 049

Kopie nach Schut/Visscher (Nr. 56), jedoch St. Kunibert ohne die beiden Osttürme und der gestochene Rahmen ohne die Girlande oben.

Wohl zu der Folge von 19 Rheinansichten „Conspectus amoenissimi ad Rhenum", die Pieter Schenck um 1700/1710 herausgab (vgl. Thieme/Becker, Bd. 30, S. 29/30).

Unterhalb der Darstellung: „Kolen, een oude, vermaerde, en welvarende stadt voor zien mit schoone huizen, en Kerken. / Colonia Agrippina, urbs ampla, flores, atque magnifica, inferioris Germaniae caput."
Links davon: „Pet. Schenk"; rechts: „Amsteld CP".

Literatur:
Gürtler 1898, S. 209; Krudewig 1902, Nr. 84; Krudewig 1906, Nr. 126 und Abb. S. 111; Mainzer 1977, S. 16

La Città di COLONIA, Capitale dell' Arcivescovato.

60

„La Città di Colonia, Capitale dell' Arcivescovato" (unterhalb der Darstellung)

Kupferstich, um 1700/1720

Einf.: 13,4 x 20,9 cm	Inv. Nr. AI2/82a
Blatt: 16,5 x 22,3 cm	RBA Nr. 165 045

Verkleinerte Kopie nach Schut/Visscher (Nr. 56).
Aus einem italienischen Sammelwerk; rechts oberhalb der Einfassung bez. „Tom. X. pag. 168".

61

„Cologn" (!) (unterhalb der Darstellung)

Kupferstich, um 1745
Stecher: F. Garden

Einf.: 15,3 x 25,4 cm	Inv. Nr. AI2/84a
Blatt: 19,1 x 27,6 cm	RBA Nr. 165 050

Grobe, vereinfachende Kopie nach Schut/Visscher (Nr. 56).
Aus einem englischen/amerikanischen Sammelwerk; links unterhalb der Einfassungslinie bez.: „Plate 109 No 47 Page 490", rechts: „F. Garden Sculp".
Im Rhein bez.: „River Rhine".
Ein englischer Stecher namens Francis Garden war 1745 in Boston tätig (vgl. Thieme/Becker, Bd. 13, S. 185).

Literatur:
Krudewig 1906, Nr. 173

COLOGN

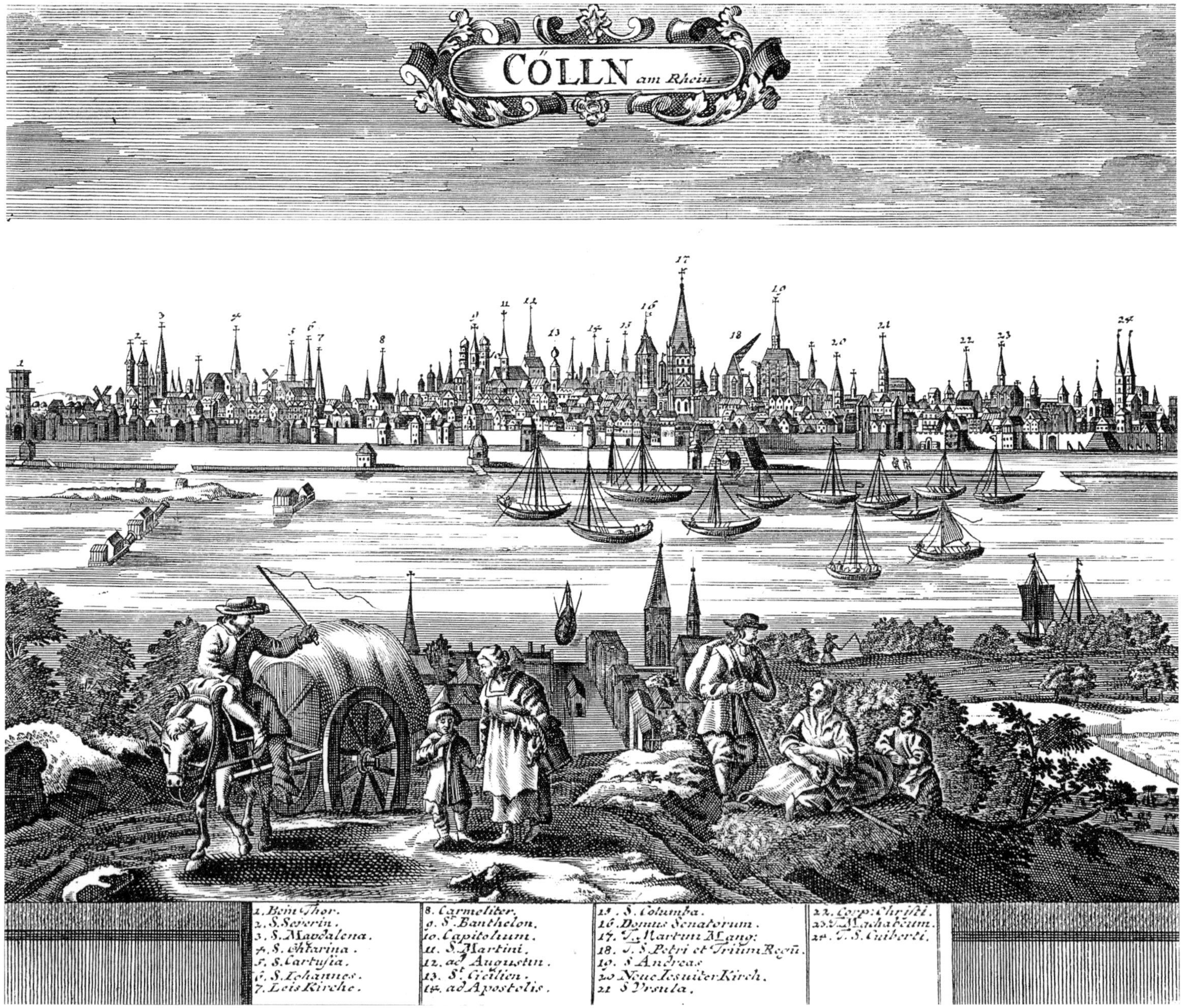

CÖLLN am Rhein
1. Bein Thor.
2. S. Severin.
3. S. Mavdalena.
4. S. Catharina.
5. S. Cartusia.
6. S. Iohannes.
7. Leis Kirche.
8. Carmeliter.
9. St. Banthelon.
10. Capitolium.
11. S. Martini.
12. ad Augustin.
13. St. Cicilien.
14. ad Apostolis.
15. S. Columba.
16. Domus Senatorum.
17. T. Martini Mang:
18. T. S. Petri et Trium Regū.
19. S. Andreas
20. Neue Iesuiter Kirch.
21. S. Ursula.
22. Corp: Christi.
23. T. Machabeum.
24. T. S. Cuiberti.

Kat.-Nr. 63

62

„Cölln“ (auf Schriftband im Himmel)

Kupferstich, um 1700

Einf.: 17 x 25,5 cm	
1) Blatt: ca. 22 x 34 cm (Abb.)	Inv. Nr. H.M. 1917/346 RBA Nr. 165 051
2) Blatt: 17,3 x 25,8 teilkoloriert	Inv. Nr. AI2/85 RBA Nr. 165 047

Kopie nach Schut/Visscher (Nr. 56). Das Köln-Panorama sehr ähnlich und ebenso genau; die Figuren im Vordergrund leicht verändert: Der Reiter auf dem Esel mit anderem Hut und ohne Hühnerkorb, dafür mit Peitsche in der Linken; der Esel zieht einen Karren, der die Stelle des herannahenden Wanderers einnimmt.

In der Graphischen Sammlung der Kreissparkasse Köln befindet sich ein koloriertes Exemplar (Inv. Nr. 49204-21333; gerahmt).

Literatur:
Krudewig 1902, Nr. 86; Krudewig 1906, Nr. 128

63

„Cölln am Rhein“

Kupferstich, um 1720, erschienen bei Johann Peter Wolffs Erben, Nürnberg

Darst.: 24,7 x 32,7 cm	Inv. Nr. AI2/86
Blatt: 33,5 x 40,5 cm	RBA Nr. 59 292

Leicht vergrößerte und vergröberte Nachbildung der Schut/Visscher-Kopie mit Eselskarren (Nr. 62).

Titel in einer Kartusche im Himmel.
Kirchen etc. innerhalb der Darstellung numeriert 1-24.
Unterhalb der Darstellung Bildlegende: „1. Bein Thor. / 2. S. Severin. / 3. S. Magdalena. / 4. S. Cahtarina (!). / 5. S. Cartusia. / 6. S. Iohannes. / 7. Leis Kirche. / 8. Carmeliter. / 9. St. Banthelon (!). / 10. Capitolium. / 11. S. Martini. / 12. ad Augustin. / 13. St. Cicilien. / 14. Ad Apostolis. / 15. S. Columba. / 16. Domus Senatorum. / 17. T. Martini Mang: / 18. T.S. Petri et Trium Regu. / 19. S. Andreas. / 20. Neue Iesuiter Kirch. / 21. S. Ursula. / 22. Corp: Christi. / 23. T. Machabeum. / 24. T.S. Cuiberti (!).“
Darunter links: „No. 22“; rechts: „in Nürnberg bey I.P. Wolffs Erb.“

Literatur:
Krudewig 1902, Nr. 87; Krudewig 1906, Nr. 129

64

„Cölln am Rhein“ (Spiegelschrift)

Kupferstich, um 1760, erschienen bei Marcus Abraham Rupprecht, Augsburg
Stecher: Marcus Abraham Rupprecht

Einf.: 26 x 39,5 cm	Inv. Nr. AI2/87
Blatt: 31,5 x 41,6 cm	RBA Nr. 96 574

Freie, ungenaue Nachbildung der Schut/Visscher-Kopie mit Eselskarren (Nr. 62).

Titel oberhalb der Einfassungslinie.
Unterhalb der Darstellung ausführlicher Titel in vier Sprachen:

„Prospectus de Colonia Aggripina, Germaniae inferioris Metropolis ad Rehnum (!) Fluvium. / Vüe de Cologne, Metropolitaine Allemagne inferior, sur la Riviere de la Rhyn. / Vedutta de Cologna, Citta Metropoli: Germaniae inferiore, situato al Rehno (!) Fluvio. / Gesicht von Coelln, der Haup=Stadt in nieder Teutschlandt, am Reihn (!) gelegen.“
Rechts unten: „Marcus Abraham Rupprecht, Haeres Joh. Christoph Haffner, sculp: et excud: Aug. Vind.“
In der Mitte des unteren Schriftrandes Wappen und „No 16“.

Literatur:
Gürtler 1898, S. 211; Krudewig 1902, Nr. 88; Krudewig 1906, Nr. 130

Kat.-Nr. 65

COLOGNE.

65

„Cologne“ (unterhalb der Darstellung)

Kupferstich/Radierung, um 1700

Einf.: 18,2 x 27,2 cm	
1) Blatt: 23 x 33,8 cm (Abb.)	Inv. Nr. AI2/125a
	RBA Nr. 134 679
2) Blatt: 27,1 x 37 cm	Inv. Nr. AI2/125
Probedruck vor der Schrift;	RBA Nr. 165 065
koloriert; Titel „Keulen“ handschriftlich	

Das Köln-Panorama sehr ähnlich Schut/Visscher (Nr. 56), jedoch seitlich etwas verkürzt (vgl. J. de Ram, Nr. 58): St. Severin bis St. Kunibert. Der Dom ohne Kran.
Im Vordergrund figürliche Staffage – diese nicht von Schut/Visscher übernommen – und ein großer Baum rechts, der einen Teil des Panoramas verdeckt.

Literatur:
Gürtler 1898, S. 212; Krudewig 1902, Nr. 128; Krudewig 1906, Nr. 182

66

„Cölln“ (im Himmel)

Kupferstich, um 1700

Darst.: 6 x 11,4 cm	Inv. Nr. AI2/88
Blatt: 7,2 x 12,4 cm	RBA Nr. 165 037

Von Osten; Deutz als Dorf. Köln-Panorama leicht verkürzt: St. Severin bis St. Kunibert; gerade.

Dom im Verhältnis sehr klein, St. Maria im Kapitol sehr groß.
Darstellung an Schut/Visscher (Nr. 56) angelehnt, wohl Vorlage für Nr. 67 (vgl. auch Nr. 68).

Literatur:
Krudewig 1902, Nr. 90 (Kr. hat bei Nr. 89 und Nr. 90 die Inv. Nrn. vertauscht; unter Nr. 90 beschreibt er Inv. Nr. AI2/88); Krudewig 1906, Nr. 132 (dito)

67

„Cölln“ (im Himmel)

Kupferstich, (1686), aus: Der getreue Reiß-Gefert durch Ober- und Nieder-Teutschland ..., erschienen bei Christoph Riegel, Nürnberg 1686; Drucker: Andreas Knorz Erben

Einf.: 5,9 x 11 cm	Inv. Nr. AI2/89
Blatt: 6,7 x 11,3 cm	RBA Nr. 165 036

Von Osten; Deutz als Dorf. Köln-Panorama leicht verkürzt: St. Severin bis St. Kunibert; gerade.
Der Dom im Verhältnis sehr klein.
Die Darstellung des Panoramas an Schut/Visscher (Nr. 56) angelehnt; sehr ähnlich Nr. 66, wohl danach (vgl. auch Nr. 68).

Eine spätere Auflage des Buches mit geändertem Titel, „Der Curieuse Passagier, welcher in Compagnie getreuer Reiß-Gefehrten gantz Ober- und Nieder-Teutschland

durchreiset ...“, erschien 1725 bei Christoph Riegels Erben in Frankfurt und Leipzig (vgl. Faksimile Unterschneidheim 1972). Außerdem erschien das vorliegende Köln-Panorama – mit zusätzlicher Numerierung „22“ oben rechts – in dem von Johann Hieronymus Lochner 1750 herausgegebenen kleinen Städtebuch „Geographische Bilder Lust von Teutschland ...“, ebenfalls bei Riegels Erben in Nürnberg (vgl. Faksimile Kassel/Basel 1968).

Literatur:
Krudewig 1902, Nr. 89 (Kr. hat bei Nr. 89 und Nr. 90 die Inv. Nrn. vertauscht; unter Nr. 89 beschreibt er Inv. Nr. AI2/89); Krudewig 1906, Nr. 131 (dito); zum Buch: Fauser 1978, S. LXIV

68

„Cölln“ (im Himmel)

Kupferstich, um 1700

Darst.: 16,3 x 23,8 cm — Inv. Nr. H.M. 1916/78
Blatt: 18 x 28,2 cm — RBA Nr. 134 623

Von Osten; Deutz als Dorf. Panorama-Ausschnitt: St. Severin bis St. Kunibert; gerade.
Darstellung roh, schematisch, „falsch“: z.B. vier einzelne Rheinmühlen, Dom ohne Kran, Rathausturm als größter, höchster Turm, Kirchtürme sind z. T. nicht zuzuordnen.
Die Gesamtkomposition erinnert stark an Haffner (Nr. 69/70), weicht in Einzelheiten wie Dom und anderen Türmen jedoch davon ab.

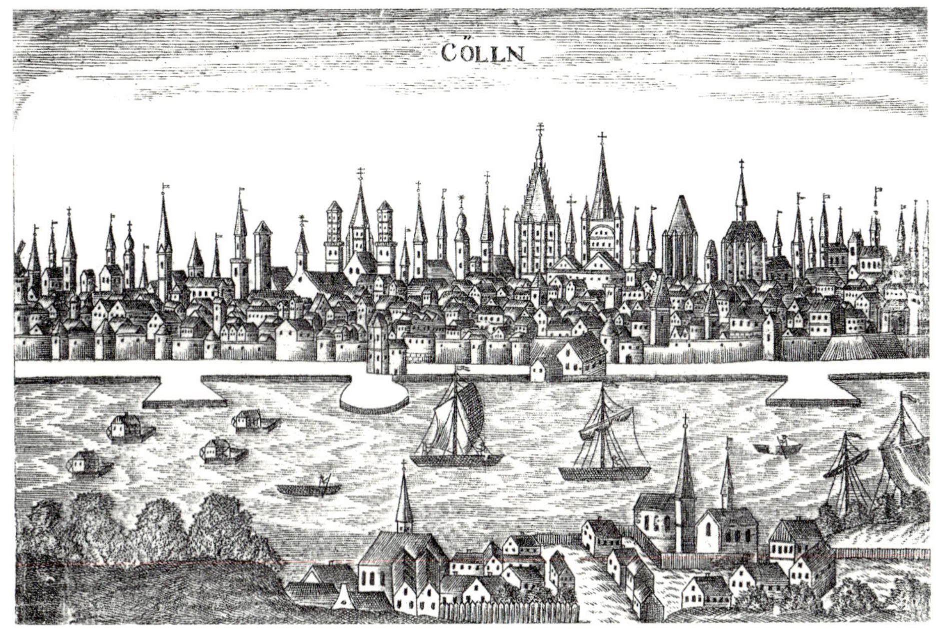

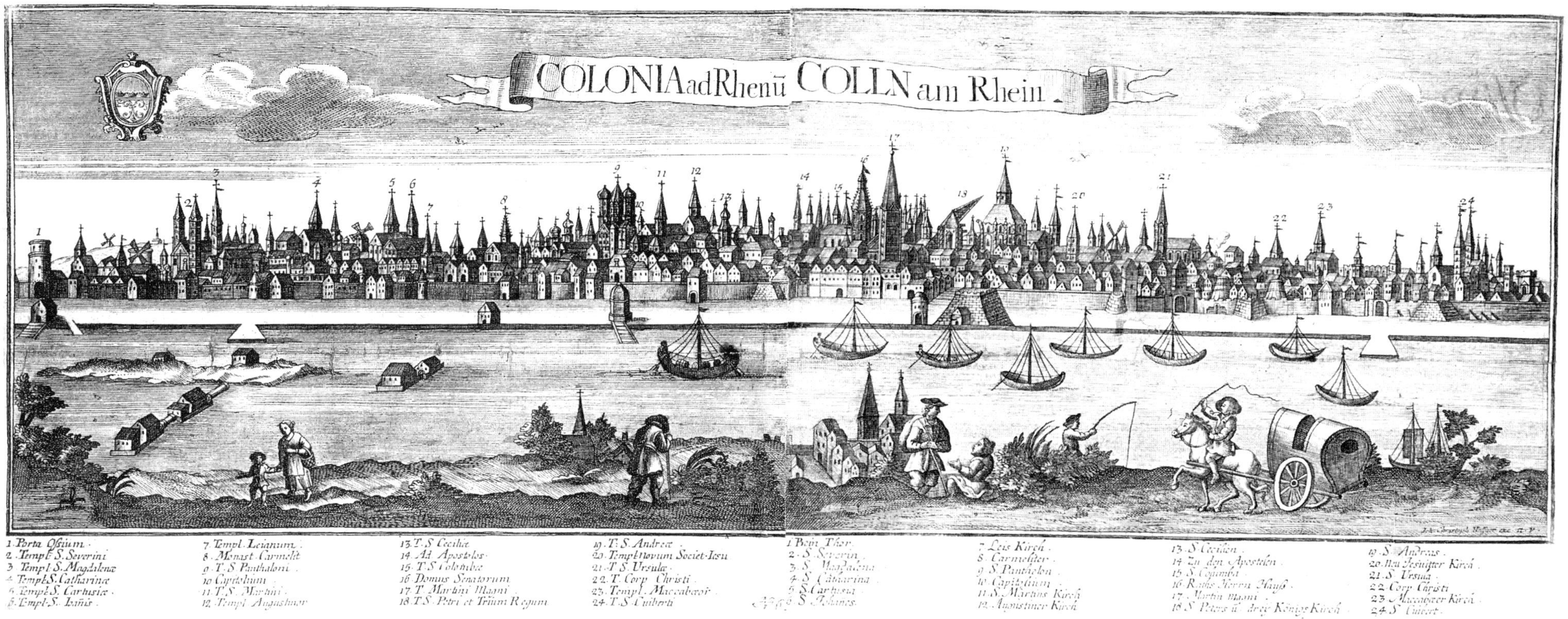

69

„Colonia ad Rhenu / Colln am Rhein“

Kupferstich, um 1720, erschienen bei Johann Christoph Haffner, Augsburg

Einf.: 21,5 x 64 cm   Inv. Nr. AI2/87a
Blatt: 28,3 x 67,5 cm
aus zwei Teilen zusammengesetzt

Von Osten; wenig Deutz, im Vordergrund Figurenstaffage. Gesamtes Köln-Panorama; gerade.

Wappen links oben (nicht heraldisch) im Himmel.
Vereinfachte, schematische Darstellung; der Dom sehr klein. Vgl. Nr. 70.

Titel auf einem Schriftband im Himmel. Kirchen etc. in der Darstellung numeriert 1-24. Rechts unten: „Joh. Christoff Haffner exc. A.V.“

Unterhalb der Darstellung lateinische und deutsche Legende:
„1. Porta Ossium. / 2. Templ. S. Severini. / 3. Templ. S. Magdalenae. / 4. Templ. S. Catharinae. / 5. Templ. S. Cartusiae. / 6. Templ. S. Ioanis. / 7. Templ. Leianum. / 8. Monast. Carmelit. / 9. T.S. Panthaloni. / 10. Capitolium. / 11. T.S. Martini. / 12. Templ. Augustinor. / 13. T.S. Ceciliae. / 14. Ad Apostolos. / 15. T.S. Colombae. / 16. Domus Senatorum. / 17. T. Martini Magni. / 18. T.S. Petri et Trium Regum. / 19. T.S.

COLONIA ad Rhenū COLLN am Rhein
Joh. Christoph Haffner exc. A. V.
1 Porta Ossium.
2 Templ. S. Severini
3 Templ. S. Magdalenæ
4 Templ. S. Catharinæ
5 Templ. S. Cartusiæ
6 Templ. S. Ioañis.
7 Templ. Leiarum.
8 Monast. Carmelit.
9 T. S. Panthaleõi
10 Capitolium.
11 T. S. Martini.
12 Templ. Augustinor.
13 T. S. Ceciliæ.
14 Ad Apostolos.
15 T. S. Columbæ.
16 Domus Senatorum.
17 T. Martini Magni.
18 T. S. Petri et Triũm Regum.
19 T. S. Andreæ.
20 Templ. Novum Societ. Iesu
21 T. S. Ursulæ
22 T. Corp. Christi.
23 Templ. Maccabæor.
24 T. S. Cuiberti
1 Rein Thor.
2 S. Severin.
3 S. Magdalena
4 S. Catharina.
5 S. Cartusia.
No. 6 S. Johañes.
7 Leis Kirch.
8 Carmeliter.
9 S. Panthelon.
10 Capitolium.
11 S. Martins Kirch.
12 Augustiner Kirch.
13 S. Cecilien.
14 Zu den Apostelen.
15 S. Columba.
16 Raths Herren Hauß.
17 Martin Magni.
18 S. Peters u. drey Königs Kirch.
19 S. Andreas.
20 Neu Jesuitter Kirch.
21 S. Ursula.
22 Corp. Christi.
23 Maccabæer Kirch.
24 S. Cuibert.

Kat.-Nr. 70

Andreae. / 20. Templ. Novum Societ. Iesu. / 21. T.S. Ursulae. / 22. T. Corp. Christi. / 23. Templ. Maccabaeor. / 24. T.S. Cuiberti (!)."
„1. Bein Thor. / 2. S. Severin. / 3. S. Magdalena. / 4. S. Catharina. / 5. S. Cartusia. / 6. S. Johanes. / 7. Leis Kirch. / 8. Carmeliter. / 9. S. Panthelon (!). / 10. Capitolium. / 11. S. Martins Kirch. / 12. Augustiner Kirch. / 13. S. Cecilien. / 14. Zu den Aposteln. / 15. S. Columba. / 16. Raths Herrn Hauss. / 17. Martin magni. / 18. S. Peters u: drey Königs Kirch. / 19. S. Andreas. / 20. Neu Jesuitter Kirch. / 21. S. Ursula. / 22. Corp. Christi. / 23. Maccabaeer Kirch. / 24. S. Cuibert (!)."

Literatur:
Gürtler 1898, S. 209

70

„Colonia ad Rhenu / Colln am Rhein" (auf Schriftband im Himmel)

Kupferstich, um 1750, erschienen bei Johann Christoph Haffner, Augsburg

Darst.: 21,5 x 63,7 cm — Inv. Nr. G 15519
Blatt: 31 x 66,5 cm
aus zwei Teilen zusammengesetzt

Nahezu identische Kopie nach dem um 1720 ebenfalls bei Haffner erschienenen Blatt (Nr. 69), mit derselben Legende.

71

Kupferstich, um 1720

Darst.: 13 x 27,2 cm

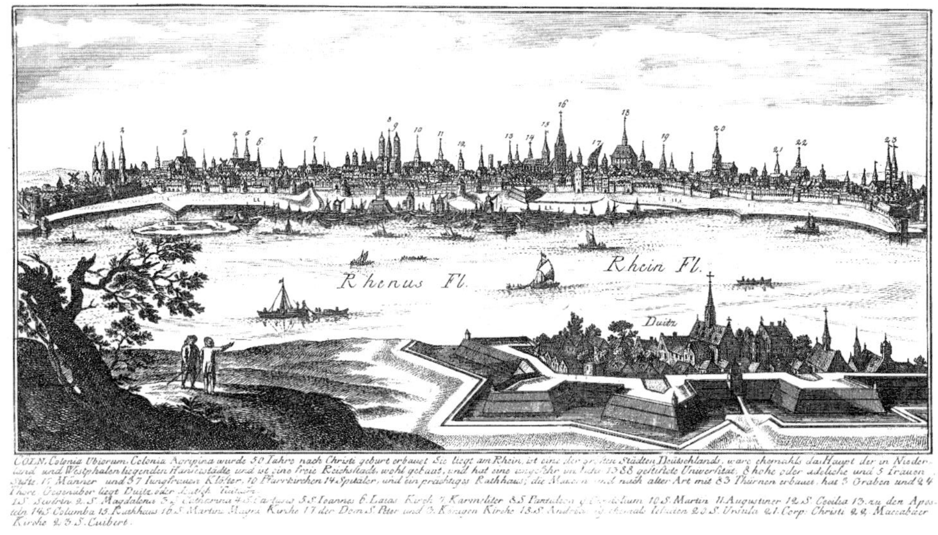

1) Blatt: 18,2 x 30,3 cm — Inv. Nr. AI2/72a
im Vordergrund wenig koloriert — RBA Nr. 134 622
2) Blatt: 16,2 x 29,3 cm — Inv. Nr. H.M. 1927/63
koloriert; Textrand unter Verlust der Legende beschnitten

Von Osten; Deutz mit Festung halb rechts; im Vordergrund links Baum und zwei Wanderer. Gesamtes Köln-Panorama; ziemlich gerade.
Das Kölner Panorama ist nicht sehr genau dargestellt (der Dom z.B. sehr „falsch").
Die Deutzer Festung deutet darauf hin, daß es sich um die Kopie nach einer früheren Köln-Ansicht handelt (die Deutzer Bastionen wurden 1641 geschleift).

Innerhalb der Darstellung: Kirchen etc. numeriert 1-32, im Rhein „Rhenus Fl. / Rhein Fl.", bei Deutz „Duitz".
Unterhalb der Darstellung: „Cöln. Colonia Ubiorum. Colonia Aripina wurde 50 Jahre nach Christi geburt erbauet. Sie liegt am Rhein, ist eine der grösten Städten Deütschlands, ware ehemals das Haupt der in Niederland und Westphalen liegenden Hansestädte und ist eine freie Reichsstadt, wohl gebaut, und hat eine ungefehr im Jahr 1388 gestiftete Universität, 8 hohe oder adeliche und 5 frauen Stifte, 17 Männer und 37

Jungfrauen Klöster, 19 Pfarrkirchen, 14 Spitäler, und ein prächtiges Rathhaus; die Mauern sind nach alter Art mit 83 Thürnen erbauet, hat 3 Graben und 24 Thore. Gegenüber liegt Duitz oder deutsch, Tuitium."
Es folgt die Legende: „1. S. Severin 2. S. Magdalena 3. S. Catharina 4. S. Cartusia 5. S. Ioannes 6. Laias Kirch 7. Karmeliter 8. S. Pantaleon 9. Capitolium 10. S. Martin 11. Augustiner 12. S. Cecilia 13. zu den Aposteln 14. S. Columba 15. Rathhaus 16. S. Martini Magni Kirche 17. der Dom S. Peter und 3 Königen Kirche 18. S. Andreas 19. ehemals Iesuiten 20. S. Ursula 21. Corp: Christi 22. Maccabaeer Kirche 23. S. Cuibert (!)."

72

„Colonia. Cöln am Rhein"

Kupferstich, um 1730/40, erschienen bei Johann Christian Leopold, Augsburg
Zeichner: Friedrich Bernhard Werner

Darst.: 16,2 x 27,4 cm

1) Blatt: 22,5 x 31,5 cm (Abb.)	Inv. Nr. AI2/94
	RBA Nr. 134 620
2) Blatt: 22,3 x 31,7 cm koloriert	Inv. Nr. H.M. 1958/145
	RBA Nr. 165 055

Von Osten; Deutz mit Stadtmauer, umgeben von Feldern. Gesamtes Köln-Panorama (Bayenturm und Kunibertsturm angeschnitten); ziemlich gerade.
Mit der fliegenden Brücke (Ponte), die seit 1674 zwischen Köln und Deutz verkehrte (Literatur zur Ponte siehe unten).
Mit gestochenem Rahmen um die Darstellung.
Unterhalb des Panoramas in der Mitte des Textrandes das Kölner Wappen in Rokoko-Kartusche.

Titel auf einem Schriftband im Himmel.
Links davon hält ein Engel ein Tuch mit Legende: „1. S. Severini Pfort. / 2. Severini Stifft. / 3. S. Mariae Magdalena. / 4. S. Bonifacii. / 5. Carthausen Closter. / 6. S. Ca-

tharinae. / 7. S. Panthaleon. / 8. Carmeliter Closter. / 9. S. Georgii. / 10. S. Iacobi. / 11. S. Iohannis. / 12. Das ad: Fr: Stifft. / 13. S. Nicolaus. / 14. Klein S. Martin. / 15. S. Agathae. / 16. S. Peter der Kleine. / 17 S. Caeciliae. / 18. S. Lorentii. / 19. S. Moritii. / 20. Die Apost. Kirch. / 21. S. Columbi. / 22. Das Rath Haus. / 23. Die Gr. Mart. K."
Rechts ein weiterer Engel mit der Fortsetzung: „24. S. Clarae. / 25. S. Maria Garten. / 26. S. Gereon. / 27. Das Franc: Clost: / 28. Der Dom. / 29. S. Andreae. / 30. S. Margareth: Stifft. / 31. Das Predig: Clost: / 32. S. Christoph. / 33. S. Lupi. / 34. Das Jesuiter Colleg: / 35. Die Aug: zu S. Maxi: / 36. S. Ursula. / 37. Die K: Corp: Christi. / 38. Die Iohan: Coment: / 39. Die K: Maccab: / 40. Die Ursul: Nonen. / 41. Die Egelstein: Pf. / 42. S. Cuniberti Stifft. / 43. S. Cuniberti Th: / 44. Die fl: Br: üb: Rh: / 45. Die Pf: K: zu Daiz. / 46. Die Abbth: Daiz."
Erstmals ist die Fliegende Brücke sowie Pfarr- und Abteikirche in Deutz in der Legende erwähnt.
Kirchen etc. in der Darstellung numeriert 1-46; bei Deutz: „Weg nach Mülheim".

Unterhalb der Darstellung erläuternder Text in Latein und Deutsch: „Metropolis in Archi-Episcopatu Coloniensi ad Rhenum attamen magna, vetusta et celebris libera Imperii Civitas, juxta priscum morem munita, turres habet 83 crassas, tres fossas et 24 portas. Templa et Coenobia plurima in ea reperiuntur. Academia Ao. 1383 (!) fundata est. In Templo 11000 Virginum, quae cum Stae. Ursulae occisae esse dicuntur, aliquot millia capitum sericeis tegumentis involutorum spectantur. In Templo St. Gereonis pariter circiter mille capita Sanctorum asservantur. Pretiose extructa Curia duo Palatia Electoris et alia magnifica aedificia Urbi magnum splendorem conciliant. Civitas in 22 tribus dist(...) est, et es illis quotannis 49 Personae, quae Senatum constituunt, eliguntur. In super diversa Concilia ibi habita sunt et praeter jam dicta tria Gymnasia et ultra 200 Scholae ibi reperiuntur."
„Haupt-Statt im Ertz-Stifft Cöln am Rhein, jedoch aber große, alte, und berühmte freye Reich-Statt, so nach der alten Manier befestiget ist, und 83 dicke Thürne, 3 Gräben und 24 Thore hat. Auch mit sehr vielen Kirchen und Clöstern ingleichen einer Universitaet die 1383 (!) gestiftet worden versehen ist. In der Kirche der 11000 Jungfrauen so mit S. Ursulae sollen erschlagen worden sein, sieht man etliche 1000 Köpffe mit seidenen Zeg bedeckt, und in der Kirche S. Gereonis werden auch auf 1000 Köpfe der Heiligen aufbehalten. Das kostbare Raht-Haus, die beyden Palläst des Chur-Fürsten und andere prächtige Gebäude geben der Statt ein gutes Ansehen. Die Bürgerschaft ist in 22 Zünffte eingetheilet, und werden aus denselben alle Jahr 49 Personen die den Raht constituiren erwehlet. Sonsten sind auch unterschiedliche Concilia allhier gehalten worden und befinden üb ob gemeltes 3 Gymnasia und über 200 Schulen allhier."
Links davon: „Cum Privil: Sacra Caesar: Majest:", rechts: „Johann Christian Leopold excudit Aug: Vind:", unten Mitte: „F.B. Werner delin."
Auf dem zweiten Exemplar unterhalb der Verleger-Adresse undeutliche gestochene Numerierung: „C.7. (oder 3?)".

In der Graphischen Sammlung der Kreissparkasse Köln befindet sich ein gerahmtes Exemplar – nicht koloriert (Inv. Nr. 49204-323).

Literatur:

Gürtler 1898, S. 210; Krudewig 1902, Nr. 95; Krudewig 1906, Nr. 140; zur Ponte: Kat. Köln 1984, S. 400 ff.; Köln-Archiv, Bd. XII, Bl. 05049; Donner 1990, S. 98 f.; Fuchs 1991, Bd. II, S. 92, Abb. 187

73

„Colonia. Cöln am Rhein"

Offset-Druck nach einem Kupferstich, um 1740, erschienen bei Johann Friedrich Probst, Augsburg
Zeichner: Friedrich Bernhard Werner

Darst.: 31,5 x 100 cm	Inv. Nr. H.M. 1964/1
Blatt: 41 x 112 cm	RBA Nr. 168 328

Von Osten; Deutz mit Stadtmauer. Gesamtes Köln-Panorama; ziemlich gerade. Eine Rheinmühlen-Reihe; Fliegende Brücke. Im Himmel rechts das Kölner Stadtwappen.

Firmengeschenk der Kalle AG, Wiesbaden-Biebrich, 1964 (vgl. KSM R 355). Laut Keyser 1965 (S. 417, Anm. 34) wurden „Faksimilies von 12 Ansichten Werners (...) durch die Kalle-AG in Wiesbaden-Biebrich 1963 veröffentlicht".
Der bei Krudewig 1902 unter Nr. 111 aufgeführte und damit als im Kölnischen Stadtmuseum vorhandene Original-Kupferstich ist zur Zeit nicht auffindbar. Laut Fauser 1978 gehört er zu einer mehr als 85 Blätter umfassenden Folge mit dem Titel „Celebriorum / Europae Urbium, / et locorum / viva, et genuina / repraesentatio."

Links oberhalb der Darstellung: „N. 9".
Titel auf einem Schriftband im Himmel. Kirchen etc. innerhalb der Darstellung von rechts nach links (!) numeriert 1-48 (einschließlich Rhein, Fliegende Brücke und Deutzer Kirchen; vgl. Nr. 72).
Unterhalb der Darstellung: Links „F.B. Werner delineavit", rechts „Joh: Fried: Probst Haeres Jerem: Wolffy excudit Aug. Vindel."
Darunter die Legende in Latein und Deutsch:
„No 1. Turris S. Cuniberti. / 2. Fundatio S. Cuniberti. / 3. Porta Egelsteinensis. / 4. Religiosae Ursulensis. / 5. Comenthuria Iohanis. / 6. Templum Maccabeorum. / 7. Templum Corporis Christi. / 8. S. Ursulae. / 9. Augustin: ad S. Maxim: / 10. Collegium Iesuitarum. / 11. S. Lupi. / 12. Christophori. / 13. Monasterium Dominicanorum. / 14. Fundatio S. Margarithae. / 15. Templ: Cathedrale S. Petri. / 16. Templ: Archi=Episcopale. / 17. Templ: S. Gereonis ubi Capita fere Sanctorum servant. / 18. Maria hortus. /

Kat.-Nr. 73a

Kat.-Nr. 73

19. Monasterium Franciscan: / 20. Templ: magnum S. Martini. / 21. S. Clarae. / 22. Curia. / 23. Templ: Apostolorum. / 24. S. Moritii. / 25. S. Colombi. / 26. S. Lorentii. / 27. S. Caeciliae. / 28. Templ: parvum S. Petri. / 29. S. Agathae. / 30. Templ. parvum S. Martini. / 31. S. Nicolaus / 32. Fundatio Nobil: Virgin: / 33. S. Iohanis. / 34. S. Iacobi. / 35. S. Georgii. / 36. Monast: Carmelitarum. / 37. S. Panthaleon. / 38. S. Catharinae. / 39. Monast: Carthusianum. / 40. Bonifacii. / 41. S. Mariae Magdal: / 42. Templum S. Severini. / 43. Porta S. Severini. / 44. Rhenus Fluvius. / 45. Pons volubilis supra Rhenum. / 46. Vicus Daiz. / 47. Templ: Parochiale Daizianum. / 48. Abbatia Daiziana." – Dahinter: „No 38."

„No 1. S. Cuniberti Thurn. / 2. S. Cuniberti Stifft. / 3. Daß Egelsteiner Thor. / 4. Die Urßulin: Nonen. / 5. S. Johan: Comenth. / 6. Die Maccabèer Kirch. / 7. Die Kirche Corporis Christi. / 8. S. Ursula. / 9. Augustin: zu S. Maxim: / 10. Daß Jesuiten Collegium. / 11. S. Lupi. / 12. S. Christoph. / 13. Daß Dominicaner Closter. / 14. S. Margareth. Stifft. / 15. S. Peters große Kirch. od: der Dom. / 16. Die Ertz=Bischöffliche Kirch. / 17. S. Gereonis Kirche, daselbst bey 1000 Köpfe der Heilig. aufbehalten werden. / 18. S. Maria Garten. / 19. Daß Franciscan: Closter. / 20. S. Martins große Kirch. / 21. S. Clara. / 22. Daß Rath Hauß. / 23. Die Apostel Kirche. / 24. S. Moritz. / 25. S. Columbi. / 26. S. Lorentz. / 27. S. Caecilia. / 28. S. Peters kleine Kirch. / 29. S. Agatha. / 30. S. Martins kleine Kirch. / 31. S. Nicolaus. / 32. Adeliches Jungfrauen Stifft. / 33. S. Johanes. / 34. S. Jacob. / 35. S. Georgius. / 36. Carmeliter Closter. / 37. S. Panthaleon. / 38. S. Catharina. / 39. Carthäuser Closter. / 40. S. Bonifacius. / 41. S. Maria Magdalena. / 42. S. Severins Kirch. / 43. S. Severins Thor. / 44. Der Rhein Strohm. / 45. Die Flügende Brücke, über den Rhein. / 46. Der Ort Daiz. / 47. Die Pfarr Kirch zu Daiz. / 48. Die Abbthey daselbst."

Literatur:
vgl. Krudewig 1902, Nr. 111; Fauser 1978, S. LXXXIV

73 a

„Cölln am Rhein" (auf Schriftband im Himmel)

Kol. Kupferstich, um 1740, erschienen bei Jeremias Wolff Erben, Augsburg
Stecher/Zeichner: Elias Baeck

Darst.: 31,8 x 105 cm

Von Osten; Deutz leicht von oben. Gesamtes Köln-Panorama; gerade.
Die Gesamtkomposition erinnert an Nr. 73, doch etliche Details der Darstellung deuten auf den Kupferstich von Pieter van der Keere (Nr. 18) als Vorlage hin, z.B. die Darstellung von Deutz, die Rheinmühlen in zwei Reihen, die Rheininsel und die Schiffe auf dem Rhein. Im Köln-Panorama sind gegenüber der Vorlage einige Ergänzungen, wie z.B. die Jesuitenkirche und das zweite Bollwerk, vorgenommen worden. Die Darstellung von Köln und Deutz findet sich in ganz ähnlicher Weise in den beiden folgenden Katalognummern wieder.

Kirchen etc. in der Darstellung numeriert 1-38.
Unterhalb der Darstellung die Legende:
„1. St. Severins Thor. 2. St. Severins Kirch. 3. St. Magdalene. 4. St. Bonifacius. 5. Carthäuser Closter. 6. St. Catharina. 7. St. Iohannes. 8. Carmeliter Closter. 9. St. Georgen. 10. St. Pantalon. 11. Adeliches Iungfrauen Closter. 12. St. Nicolas. 13. St. Martin. 14. Augustiner Closter. 15. St. Peter. 16. St. Caecilia. 17. St. Moritz. 18. Die Apostel Kirch. 19. St. Colombo. 20. Dass Rath=Hauss. 21. St. Lorentz. 22. Grosse St. Martins Kirch. 23. Franciscaner Closter. 24. St. Clara. 25. St. Gereon. 26. Die Ertz Bischöffliche Kirch. 27. Grosse St. Peters Kirch. 28. St. Wolffgang. 29. Dominicaner Closter.

AGRIPPINA CÖLN.
Celebris et pervetusta libera Imperii Civitas in Archi Episcopatu Coloniensi inter maximas Germaniæ urbes numeratur. Antiquo more munita est, pulchris moenibus, crassis turribus et fossis. Plateas habet amplas et spatiosas magnifice extructas domus et Palatia, portis 24. clauditur. Universitas A°. 1398. fundata est; edita eminet arx. Ultra 200. Templa, exceptis Coenobiis et Hospitalibus, hic reperiuntur. Elector vel Archi Episcopus saepius tentavit eam sub jugum redigere sed irrito hactenus conatu. Gaudet jure de n appellando, si suma debiti excedit n 300. aureas. Comites Arensbergenses alias jurisdictionē criminalem hac in urbe tenebant, ac potestatem illa Electori vendiderunt, qui eam nunc eon sub nomine memorati Comitis exerceri curat. Etsi Civitas hæc urget, ut Elector Palatinus A°. 1716. Mühlhemii erectum Geranium rursus destrui jubeat, quia ipsa jus Geranii possidet, hactenus tamen hac in caus: nihil efficere potuit.
Berühmte und Alte freye Reichs Stadt im Ertz-Stifft Cöln; und eine der Grösten in Deutschland. Sie ist nach der alten Manier befestiget, mit schönen Mauren, 83. dicken Thürnen, und Gräben, hat breite u. weite Strassen, herrlich erbaute Häußer und Paläste, 24. Thore, wie auch eine Universitet, so A°. 1389 gestifftet worden ingleichem ein Schloß; und sollen sich über 200. Kirchen ohne die Clöster und Spitaler gerechnet, allhier befinden. Der Chur-Fürst oder Ertz-Bischoff hat Sie offtermahls zu subjugieren getrachtet, es ist aber seine Bemühung jederzeit vergebens gewesen. Sie besitzet das Jus jus de non appellando wenn die Summa sich über 300. Gold-Gulden belaufft. Die Graffen von Arensberg hatten sonsten die Criminal-Jurisdiction in dieser Stadt, haben aber selbige an dem Chur-Fürsten verkaufft, so solche unter den Nahmen der gedachten Graffen exerciren lässet. Ob zwar die Statt prætendiret, daß Chur-Pfaltz den A°. 1716. gebauten Kran zu Mühlheim wider solle hinwegnehmen lassen, weil sie die Stappel-Gerechtigkeit besitzet, so hat selbige doch biß anhero in ihrer Prætension nicht reussiren können.
Cum Privil. Sacræ Cæsar. Majest.
Johann Christian Leopold excudit Aug. Vind.

Kat.-Nr. 74

30. Iesuiten Collegium. 31. St. Ursula. 32. Maccaber Kirch. 33. St. Iohannes. 34. Egelsteiner Thor. 35. St. Cunibert. 36. St. Cuniberts Thurn. 37. Der Rhein Strohm. 38. Flecken Deutz."
Unten links „Cum Pr. Sac. Caes. Maj.", unten rechts „Haered. Ier. Wolffij exc. Aug. Vind." und „Elias Baeck a.H. fecit".

Im Besitz der Kreissparkasse Köln; gerahmt.

74

„Agrippina Cöln"

Kupferstich, um 1730/1740, erschienen bei Johann Christian Leopold, Augsburg

Darst.: 15,6 x 27,8 cm — Inv. Nr. AI2/95
Blatt: 25,2 x 38,5 cm — RBA Nr. 141 983

Von Osten; Deutz als verstreutes Dorf, mit Staffage. Gesamtes Köln-Panorama; gerade. Die Gesamtkomposition ähnlich Werner/Leopold (Nr. 72) (2 Engel im Himmel mit Bildlegenden-Tüchern, Text unterhalb der Darstellung mit Wappen, gestochener Rahmen); die grobe und ungenaue Darstellung von Deutz und Köln sowie die Landarbeiter im Vordergrund weichen jedoch stark davon ab (vgl. dazu Nr. 73a und 75). Auch hier hat der Kupferstich von Pieter van der Keere (Nr. 18) als Vorlage gedient.

Titel auf einem Schriftband im Himmel. Links davon hält ein Engel ein Tuch mit Legende:
„1. S. Severini Thor. / 2. S. Severini Kirhe (!). / 3. S. Magdalenae. / 4. S. Bonifacis. / 5. Carthäuser. / 6. S. Catharinae. / 7. S. Iohannis. / 8. Carmeliter Closter. / 9. S. Georgij. / 10. S. Panthaleonis. / 11. Adelich. Iung. Clost. / 12. S. Nicolai Kirche. / 13. S. Martini. / 14. Augustiner Closter. / 15. S. Petri Kirche. / 16. Caeciliae. / 17. S. Mauritij. / 18. Apostel Kirche. / 19. S. Colombo."
Rechts ein weiterer Engel mit der Fortsetzung: „20. Das Rath Hauss. / 21. S. Laurentij. / 22. Gros S. Mart. Kirch. / 23. Franciscan. Closter. / 24. S. Clarae. / 25. S. Gereon. / 26. Die Cathet. Kirch. / 27. Gr. S. Pet. Kirch. / 28. S. Wolffgang. / 29. Dominican. Closter. / 30. Iesuiter Collegium. / 31. Ursulae Closter. / 32. Maccabaeer Kirche. / 33. S. Iohan. / 34. Egelst. Thor. / 35. S. Cunibert. / 36. S. Cuniberti Thurn. / 37. Der Rhein. / 38. Der Flecke Deutz."

Unterhalb der Darstellung erläuternder Text in Latein und Deutsch:
„Celebris et pervetusta libera Imperii Civitas in Archi Episcopatu Coloniensi inter maximas Germaniae urbes numeratur. Antiquo more munita est, pulchris moenibus, crassis turribus et fossis. Plateas habet amplas et spatiosas magnifice extructas domus et Palatia, portis 24, clauditur. Universitas Ao. 1388 fundata est; e dita eminet arx. Ultra 200 templa exceptis Coenobiis et Hospitalibus, hic reporiuntur. Elector vel Archi Episcopus soepius tentavit eam sub jugum redigere e sedirrito hactenus conatu. Gaudet jure de non appellando, si summa debiti accedit n 300 aureas Comites Arensbergenses alias jurisdictione criminalem hac in urbe tenebant, acpotestatem illa Elector vendiderunt, qui eam nunc etiam sub nomine memorati Comitis exerceri curat. Et si Civitas haec urget, ut Elector Palatinus Ao. 1716 Mühlhemii erectum Geranium rursus destrui jubeat, quia ipsa jus Geranii possidet, hactenus tamen hac in caus: nihil effecere potuit."

„Berühmte und Alte freye Reichs Stadt im Erz-Stifft Cöln und eine der grösten in Deutschland. Sie ist nach der alten Manier befestigt, mit schönen Mauren, 83 dicken Thürnen (!) und Gräben, hat breite u. weite Strassen, herrlich erbaute Häusser und Paläste, 24 Thore, wie auch eine Universitaet, so Ao. 1388 gestifftet worden ingleichem ein Schloss; und sollen sich über 200 Kirchen ohne die Clöster und Spitäler gerechnet allhier befinden. Der Chur-Fürst oder Ertz-Bischoff hat sie offtermahls zu subjugieren getrachtet, es ist aber seine Bemühung jederzeit vergebens gewesen. Sie besitzet das Jus jus de non appellando wenn die Summa sich uber 300 Gold. Gulden belauffet. Die Graffen von Arensberg hatten sonsten die Criminal-Jurisdiction in dieser Stadt, haben aber selbige an dem (!) Chur-Fürsten verkaufft, so solche unter den Nahmen der gedachten Graffen exercieren lässet. Ob zwar die Statt praetentiret (...) Chur-Pfalz den Ao. 1716 gebauten Kran zu Mühlheim wider solle hinwegnehmen lassen, weil sie die Stappel-Gerechtigkeit besitzet, so hat selbige doch bis anhero in ihrer Praetension nicht reusiren können."
Links davon: „Cum Privil: Sacrae Caesar: Majest.", rechts: „Johann Christian Leopold excudit Aug. Vind."

COLONIA AGRIPPINA antiquissima, maxima ac celeberrima Libera Imperii Civitas et Emporium florentissimum Autore MATTHÆO SEUTTER SAC. CÆS. ET REG. CATHOL. MAY. GEOGR. AUGUST.
CÖLLN am Rhein eine uhralte, sehr grose, Hochberühmte freye Reichs- und florisante Handel Statt. verfertigt und heraus gegeben von MATTHÆUS SEUTTER, KAYSRL. GEOGR. IN AUGSPURG.
Rhein
Flus.
DEÜTS
AGRIPPINA
CÖLLN am RHEIN

Kat.-Nr. 75.1

In der Graphischen Sammlung der Kreissparkasse Köln befindet sich ein gerahmtes Exemplar (Inv.Nr. 49204-1300).

Literatur:
Gürtler 1898, S. 210; Krudewig 1902, Nr. 96; Krudewig 1906, Nr. 141

75

„Agrippina Cölln am Rhein“

Kupferstich, um 1730/40, erschienen bei Matthäus Seutter, Augsburg
Stecher: Matthäus Seutter

13,5 x 55,5 cm Stadtpanorama	
46,5 x 55,5 cm Panorama + Plan	
1) Blatt: 53,5 x 63 cm (Abb.)	Inv. Nr. AI1b/24
2) Blatt: 58,2 x 65 cm	Inv. Nr. G 15520
	RBA Nr. 104 204

Die Darstellung von Deutz und Köln sehr ähnlich den beiden vorhergehenden Nrn. und damit ebenfalls eine Nachbildung des Kärius-Kupferstichs von 1613/15 (Nr. 18); die Bezeichnung der einzelnen Türme etc. hier jedoch innerhalb der Darstellung; ohne Staffage im Vordergrund.
Auf einem Blatt mit einem (kolorierten) Grundrißplan von Köln.

Der Augsburger Stecher und Verleger Matthäus Seutter, auf dem Blatt als Kaiserlicher Geograph ausgewiesen, erhielt diesen Titel 1730 durch Karl VI.

Innerhalb der Panorama-Darstellung: Titel im Himmel. Kirchen etc. einzeln bezeichnet. Im Rhein „Rhein Flus“; oberhalb von Deutz „Deuts“.
Oberhalb des Plans: „Colonia Agrippina antiquissima, maxima ac celeberrima Libera Imperii Civita et Emporium florentissimum Autore Matthaeo Seutter Sac. Caes. et Reg. Cathol. May. Geogr. August. / Cölln am Rhein eine uhralte, sehr grose Hoch-berühmte freye Reichs- und florisante Handel=Statt. verfertigt und herausgegeben von Matthäus Seutter, kayserl. Geogr. in Augsburg.“
Links darunter Legenden-Kartusche (zu dem Plan):
„1. S. Severin. / 2. Cartheuser. / 3. Barfüßer. / 4. S. Catharina. / 5. S. Pantelean (!). / 6. Weisse Frauen. / 7. S. Moritz. / 8. S. Georg. / 9. S. Iacob. / 10. S. Lys. Kirche. / 11. S. Apostel. / 12. S. Peter. / 13. S. Cöcilia. / 14. S. Agatha / 15. S. Columba. / 16. S. Maria Capell / 17. S. Alba. / 18. Minen Brüder. / 19. Gros Martin. / 20. S. Clara. / 21. Das Rathhaus. / 22. Maria Garten. / 23. Der Dom. / 24. S. Gereon. / 25. Mar. Ablas. / 26. Prediger. / 27. S. Loup. / 28. Iesuiter. / 29. S. Maximinen. / 30. H. Leichnam. / 31. S. Ursula. / 32. Capuciner. / 33. S. Iohannes. / 34. Maccaber. / 35. S. Gunibert. / 36. Holtz Pfort. / 37. Bley Pfort. / 38. Bayr. Pfort. / 39. S. Severins Pfort. / 40. S. Pant: Pfort: / 41. Weyer Pfort. / 42. Schaaf-Pfort. / 43. Hane Pfort. / 44. Eire Pfort. / 45. Fresse Pfort. / 46. S. Gereons Pfort. / 47. Egelsteiner Pfort. / 48. S. Guniberts Pfort. / 49. Dranckgaß Pf. / 50. Rheingäßl. Pf. / 51. Velte graben Pfort.“
Rechts oben Kartusche mit erläuterndem Text zu Köln: „Cölln am Rhein, eine der vornehmsten freyen Reichs-Stätte, so vor die gröseste in gantz Teutschland gehalten wird, welches daher wahrscheinlich, weil sie 24 Thor, und auf den starcken Stattmauren 83 dicke thürne hat. Sie führt den Zunahmen die Heilige Statt, weil sie die Reliquien der H. Ursula und 11000 Jungfern in sich hält. in ihren grossen Statt-Insiegel liset mann diese Wort: Colonia fidelis Ecclesiae Romanae filia. Cölln eine getreue tochter der Römischen Kirchen. Man gibt ihr auch den Titul das deutsche Rom, wegen ihrer Gröse und prächtigen Kirchen, deren an der Zahl 365 sind. Die Universität daselbst ist Anno 1388 gestifftet. Zu dem Flor der Handelschafft trägt vieles bey, daß sie die Stapel Gerechtigkeit hat.“
Im Plan sind Kirchen und Tore mit Zahlen, einzelne Straßen namentlich bezeichnet.
Im Rhein: „Rhein Flus.“ Von Deutz ist nur die Befestigungsanlage dargestellt; darin: „Deuts / so aber dermahlen ein Flecken und eine Fortification.“

In der Graphischen Sammlung der Kreissparkasse Köln befinden sich zwei gerahmte Exemplare, beide wie die KSM-Exemplare mit einem kolorierten Grundrißplan über der unkolorierten Panorama-Darstellung (Inv. Nrn. 49204-1347 und 49204-21249).

Literatur:
Gürtler 1898, S. 211; Krudewig 1902, Nr. 304; Krudewig 1906, Nr. 154

76

„Colonia Agrippina / Cöln“

Kupferstich, um 1730/40, erschienen bei Martin Engelbrecht, Augsburg
Stecher: Johann Georg Ringle (Ringlin)
Zeichner: Friedrich Bernhard Werner

Darst.: 15,7 x 28,1 cm	Inv. Nr. AI2/96
Blatt: 22,4 x 35 cm	RBA Nr. 59 663

Von Osten; Deutz mit Stadtmauer, die Umgebung ländlich mit Staffage; im Vordergrund groß das Kölner Wappen mit zahlreichen Attributen. Das Köln-Panorama seitlich etwas verkürzt (St. Severin bis St. Kunibert); gerade. Deutz und einzelne Gebäude (z.B. Dom und Groß St. Martin) wenig naturgetreu. Mit gestochenem Rahmen um die Darstellung.
Zum Panorama vgl. Nrn. 72 ff. und 77-80.

Oberhalb des gestochenen Rahmens: „No 36“.
Innerhalb der Darstellung: Titel im Himmel in Kartusche. Kirchen etc. numeriert 1-52.

Im Rhein: „Rhein Strom / Fliegende Brücke“.
Unterhalb der Darstellung: Legende in Latein und Deutsch:
„1. Porta bavar. / 2. Porta D. Severini. / 3. Colleg. D. Severini. / 4. Ad D. Mar. Magd. / 5. Eccles. D. Bonifacii. / 6. Ecclesia Carthus. / 7. Templ. D. Cath. / 8. Coenob. PP. Carmelit. disc. / 9. Eccl: ad foeminas albas dicta. / 10. Templ. D. Panthal. / 11. Ad Carm. et fratr. virg. / 12. Eccl. ad S. Georg. / 13. Templ. S. Jacobi. / 14. aedes sacro S. Joanis. / 15. Eccles. Weidenbac. / 16. Colleg. virg. nob. / 17. Ad D. Nicol. / 18. Eccl. D. Mart. min. / 19. Templ. D. Agathae. / 20. Ad Petr. min. / 21. Eccles. D. Coeciliae. / 22. Templ. D. Laurentii. / 23. Ad D. Maritiu. / 24. Eccles. ad D. Columbi. / 25. Eccles. SS. Apost. / 26. Curia civit. / 27. Sacru D. Gertrud. / 28. Ad D. Clara. / 29. Fratr. S. Crucis. / 30. Templ. de Mart. maj. / 31. Eccl. PP. Francisc. / 32. Templ. Fratru minimor. / 33. Hortus S. Mariae dict. / 34. Eccl. D. Gereon. / 35. Templ. Cathedr. ad S. Petru. / 36. Sacru S. Andreae. / 37. Ad D. Margarethae. / 38. Eccl. PP: Domin. / 39. Eccl.

D. Christophori. / 40. Sacru ad D. Lupu. / 41. Templ. PP. Jesuit. / 42. PP. August. ad D. Maximin. / 43. Eccl. ad D. Ursul. / 44. Templ. corporis Christi. / 45. Eccles. ad Maccabaeos. / 46. Comentura S. Joanis. / 47. Coenob. Urselin. / 48. Monast. PP. Capucin. / 49. Porta Ingelheimes. / 50. Colleg. D. Cuniberti. / 51. Eccles. Parochial. in Dütz. / 52. Monast. PP. Benedictinorum.“
„1. Bayrische Pforten. / 2. S. Severins Pforten. / 3. S. Sever: Stifft. / 4. S. Mar: Magdalena. / 5. S. Bonifac: / 6. Carthäuser. / 7. S. Catharin: Kirch. / 8. Carmelitt. discalt. / 9. Zu weise Fraue. / 10. S. Panthaleon. / 11. Carmelitt. od. Fraue Brüder. / 12. Zu S. George. / 13. Zu S. Jacob. / 14. Zu S. Johan. / 15. Weidebach. / 16. Adel. Fraue Stifft. / 17. Zu S. Nicolas. / 18. klein S. Martin. / 19. S. Agatha. / 20. klein S. Peter. / 21. S. Cäcilien. / 22. S. Laurentzi. / 23. S. Mauritz K. / 24. Zu S. Columbo. / 25. der Heil. Apostel Kirch. / 26. das Stadt Haus. / 27. S. Gertrude Kirch. / 28. S. Claren. / 29. U-Brüder. / 30. Groß S. Martin. / 31. S. Franciscan. / 32. Minen Brüder. / 33. S. Marie Garte. / 34. S. Gereon. / 35. Dohm K. zu S. Peter. / 36. S. Andreä. / 37. S. Margaret. /

38. Prediger Clost. / 39. S. Christoph. K. / 40. Zu S. Lupus. / 41. Iesuit. Kirch. / 42. Augustin: zu S. Maxim: / 43. S. Ursula. / 44. Heil. Leichn. Kirch. / 45. Zu den Maccabäern. / 46. S. Johan Comende. / 47. Ursulinerin Closter. / 48. Capucin: / 49. Engelheimer (!) Pforten. / 50. Stifft zu S. Cunibert. / 51. Pfarr Kirch in Dütz. / 52. Benedictin: Closter."
Darunter von links nach rechts: „Fr.B.Werner del. / C. Pr. S.C. Maj. / J.G. Ringle fec. / Mart. Engelbrecht excud. A.V."

In der Graphischen Sammlung der Kreissparkasse Köln befindet sich ein gerahmtes Exemplar (Inv. Nr. 49204-1070).

Literatur:
Krudewig 1902, Nr. 97; Krudewig 1906, Nr. 142

77

„Prospekt der Stadt Cöln"

Kupferstich, um 1790, erschienen bei Joseph Eder, Wien
Stecher: Alois Sommer (Alois Sonne von Sonnefeld)

Einf.: 16 x 27,7 cm

1) Blatt: 19,7 x 31,5 cm	Inv. Nr. AI2/97
links oben bez.: LI (Abb.)	RBA Nr. 134 621
2) Blatt: 19 x 29,3 cm	Inv. Nr. zu AI2/97
bez.: dito	RBA Nr. 165 052
3) Blatt: 19,8 x 30 cm	Inv. Nr. H.M. 1924/57
links oben bez.: LIV	RBA Nr. 165 054
schwacher, späterer Abdruck	

Kaum veränderte Kopie nach Ringle/Werner/Engelbrecht (vorhergehende Nr.); statt des großen Wappens im Vordergrund zwei rastende Wanderer. Ohne Legende.

Innerhalb der Darstellung im Rhein: „Rhein Strom / Fliegende Brücke".

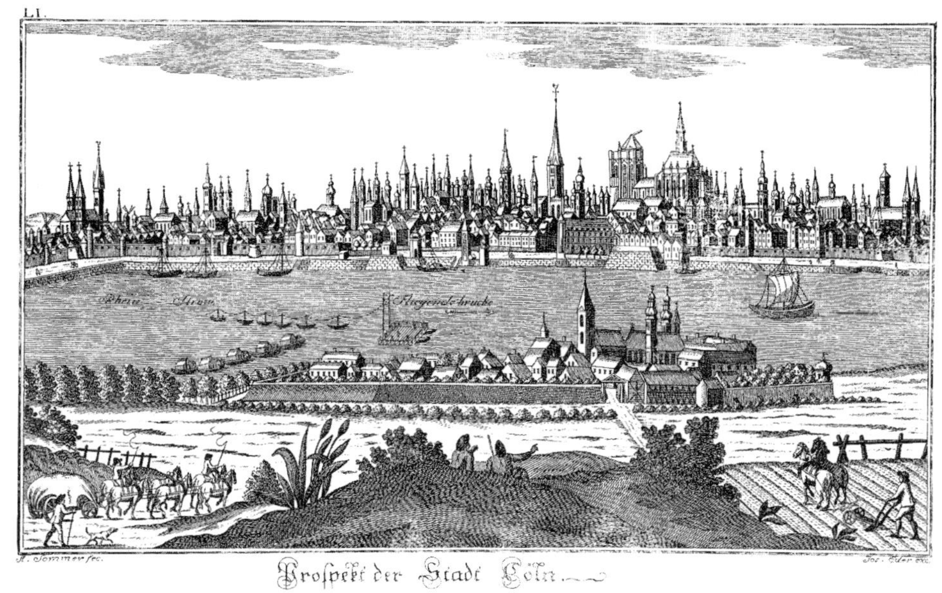

Unterhalb der Darstellung: Titel; links: „A. Sommer fec."; rechts: „Jos. Eder exc."

Literatur:
Gürtler 1898, S. 210; Krudewig 1902, Nr. 98; Krudewig 1906, Nr. 143; Köln-Archiv Bd. XII, Bl. 05049

78

„Colonia Agrippina"

Kupferstich, um 1750

Darst.: 15,8 x 28,3 cm	Inv. Nr. AI2/97 a
Blatt: 20 x 29,8 cm	RBA Nr. 165 053

Der größte Teil der Darstellung – einschließlich Legende – ist eine Kopie nach Ringle/Werner/Engelbrecht (Nr. 76), jedoch der Vordergrund (Feld mit Staffage vorn links und Mitte) nach Werner/Leopold (Nr. 72).

Titel im Himmel in einer Kartusche. Kirchen etc. innerhalb der Darstellung numeriert 1-50. Im Rhein: „Rhenus Fluvius / Pons volans".
Legende unterhalb der Darstellung:
„1 Porta bavar / 2 Porta D. Severini / 3 Colleg. D. Severini / 4 Ad D. Mar. Magd. / 5 Eccles. D. Bonifacii / 6 Eccles Carthus / 7 Templ. D. Cath. / 8 Coenob PP. Carm. disc. / 9 Eccl. ad foeminas albas dicta / 10 Templ. D. Pathal. / 11 Ad Carm. et fratr virg. / 12 Eccl. ad S. Ceorg. / 13 Templ. S. Jacobi / 14 AE des sacro S. Joanis / 15 Eccles Weidenbac. / 16 Colleg. virg. nab. / 17 Ad D. Nicol. / 18 Eccl. D. Mart. min. / 19 Templ. D. Agathe / 20 Ad Petr. min. / 21 Eccl. D. Coecilie / 22 Templ. D. Laurentii / 23 Ad D Mauritiu / 24 Eccl. ad D. Columbi / 25 Eccl. SS. Apost. / 26 Curia civit / 27 Sacru D. Gertrud / 28 Ad D. Clara / 29 Fratr. S. Crucis / 30 Templ. D. Mart. maj. / 31 Eccl. PP Francisc. / 32 Templ. Fratr. min. / 33 Hortus S. Marie dict / 34 Eccl. ad D. Columbi / 35 Templ. cathedr. ad S. Petru / 36 Sacru S Andree / 37 Ad D. Margarethe / 38 Eccl. PP Domin / 39 Eccl. D. Christophori / 40 Sacru ad D. Lupu / 41 Templum PP Jesuit. / 42 PP August. ad D. Maximin. / 43 Eccl. ad D. Ursul. / 44 Templ corpori Christi / 45 Eccl. ad Maccabeos / 46 Comentura S. Joanis / 47 Coenob Urselin / 48 Monast PP. Capucin / 49 Porta Ingelheimens / 50 Colleg. D. Cuniberti".

Kat.-Nr. 78

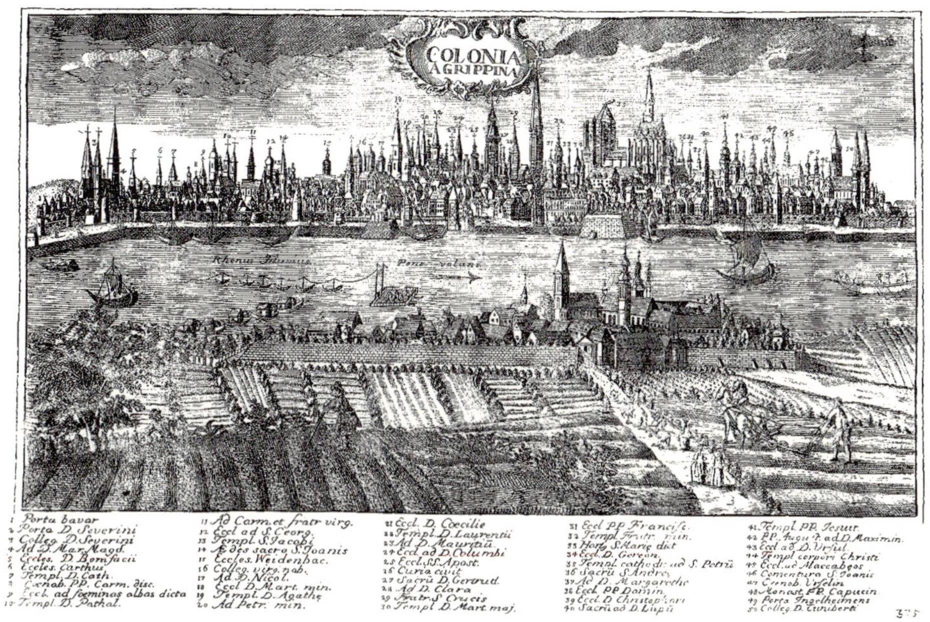

79

„Cölln." (auf Schriftband im Himmel)

Kupferstich, (1729), aus: David Fassmann, Der auf Ordre und Kosten Seines Kaysers reisende Cineser, 3te Teil 27tes Stück, erschienen bei Cörnersche Erben/Wolfgang Deer, Leipzig 1729

Darst.: 12,3 x 15,3 cm

1) Blatt: 17 x 19,8 cm	Inv. Nr. AI2/99
oben rechts außerhalb	RBA Nr. 134 668
der Darst. num.: 27	
2) Blatt: 12,3 x 15,3 cm	Inv. Nr. H.M. 1903/67
oben rechts innerhalb	RBA Nr. 165 057
der Darst. num.: 62; späterer Abdruck (Abb.)	

Von Osten; mit Deutz. Köln-Panorama rechts etwas verkürzt (St. Kunibert angeschnitten); gerade. Im Vordergrund auf einer Anhöhe links Luna in einem von zwei Pferden gezogenen Wagen, rechts Libitina (Göttin der Bestattung).

Der Titel des 27. Stücks (Heftes) im dritten Teil des 1721-1733 in vier Teilen erschienenen „reisenden Chineser" sowie die Textseiten 1133-1168 (S. 1142 f. über Luna und Libitina, S. 1148-57 über Köln) liegen bei (Exemplar 1).

Literatur:
Krudewig 1902, Nr. 100; Krudewig 1906, Nr. 145; Fauser 1978, S. XXXVI (zum Buch) und S. 373, Nr. 6714

80

Kolorierter Kupferstich, Frankreich um 1750 (Abb. S. 112)

Einf.: 19,5 x 31 cm — Inv. Nr. AI2/110 b
Blatt: 22,6 x 32,7 cm — RBA Nr. 134 673

Von Osten; Deutz leicht von oben; niedrige Bäume und Staffage im Vordergrund. Köln-Panorama vom Bayenturm bis St. Kunibert; gerade.
In der Art von Ringle/Werner/Engelbrecht (Nr. 76) und Leopold (Nr. 74).
Kirchen etc. innerhalb der Darstellung numeriert 1-44.

Unterhalb der Darstellung:
„Cologne, en allemand Coln, et anciennemt. Colonia Agrippina; Siege de l'Archév. Metropole de la province Ecclesiastique de même nom, ville Imperiale, du Cercle de Westphalie du banc du Rhein, de la Province de Wandalique de même nom: entre le haut et le bas de l'Electorat de même nom, sur la gauche du Rhin; avec la ville de Duits sur la droite, qui est de l'Elect.“
Darunter Legende:
„1. tour Bayen / 2. S. Severin / 3. la Madelaine / 4. les Chartreux / 5. S. Caterine / 6. S. Jean / 7. Leyess-Kerche / 8. les Carmes / 9. S. Georges / 10. S. Jacques / 11. Pantaleon / 12. Pte. de Viene / 13. S. Maurice / 14. le Captitole / 15. S. Martin / 16. les August / 17. S. Pierre / 18. S. Alban / 19. SS. Apôtres / 20. S. Gertrude / 21. les Crucifer(aires) / 22. S. Apren (!) / 23. Maison des Grenadiers / 24. S. Brigide / 25. S. Martin le Grd. / 26. les Cordeliers / 27. S. Claire / 28. S. Marguer. / 29. S. Margaden / 30. S. André / 31. S. Pierre ou les 3 Rois / 32. les Jacobins / 33. S. Gerdon (!) / 34. S. Maridaux degrez / 35. S. Loup / 36. les Jesuites / 37. S. Maximin / 38. S. Ursule / 39. S. Sacremt. / 40. temple de Machac / 41. S. Jean Corden / 42. S. Cumbert (!) / 43. Duits / 44. le Rhin fleuve.“

Literatur:
Krudewig 1906, Nr. 158

81

„Colonia Agrippina“

Kupferstich, um 1750
Stecherin: Maria Elisabeth Wyon, Köln

Cologne, en allemand Coln, et anciennement Colonia Agrippina; Siege de l'Archev. Metropole de la province Ecclesiastique de même nom, ville Imperiale, du Cercle de Westphalie du banc du Rhein, de la Province de Wandalique de même nom: entre le haut et le bas de l'Electorat de même nom, sur la gauche du Rhin, avec la ville de Duits sur la droite, qui est de l'Elect.
1. tour Bayen
2. S. Severin
3. la Madelaine
4. les Chartreux
5. S. Caterine
6. S. Jean
7. Leyess-Kerche
8. les Carmes
9. S. Georges
10. S. Jacques
11. Pantaleon
12. Pte de Viene
13. S. Maurice
14. le Capitole
15. S. Martin
16. les Augus
17. S. Pierre
18. S. Alban
19. S.S. Apôtres
20. S. Gertrude
21. les Crucifer aires
22. S. Apren
23. Maison des Grenadiers
24. S. Brigide
25. S. Martin le Grd
26. les Cordeliers
27. S. Claire
28. S. Marguer.
29. S. Margaden
30. S. André
31. S. Pierre ou les 3. Rois
32. les Jacobins
33. S. Gerdon
34. S. Maridaux degrez
35. S. Loup
36. les Jesuites
37. S. Maximin
38. S. Ursule
39. S. Sacremt
40. temple de Machac
41. S. Jean Corden.
42. S. Oumbert
43. Duits
44. le Rhin fleuve

Kat.-Nr. 80

Platte: 9 x 37 cm

1) Blatt: 20,2 x 49 cm (Abb. unten)	Inv. Nr. AI2/104
	RBA Nr. 165 434
2) Blatt: 12 x 40,5 cm	Inv. Nr. AI2/104a
	RBA Nr. 165 433

Von Osten; ohne Deutz. Gesamtes Köln-Panorama; leicht gebogen. Eine Rheinmühlen-Reihe; Fliegende Brücke. Köln-Panorama nicht sehr naturgetreu; sehr ähnlich Nr. 82.

In Rokokokartusche; darin oben Reichswappen mit Spruchband „Die Gottes Güth Dich Stehts behüt"; links und rechts die beiden Kölner Wappen. Seitlich der Darstellung jeweils Bibelvers mit Kind und Schutzengel; links: „Siehe ich sende meinen Engel der vor gehe und dich bewahre auff dem Weg. exod. 23"; rechts: „Gott sey auff euerem Weg und seine Engelen mussen euch begleiten. Tobiae 5".
Titel unterhalb des Panoramas. Unten rechts: „Wyon fec: col.".

Literatur:

Merlo 1895, Sp. 1106; Krudewig 1902, Nr. 105; Krudewig 1906, Nr. 149

82

„Die Gottes Güth : Dich Stehts behüt" (auf Schriftband im Himmel)

Kupferstich in Dunkelgrün, um 1750

Darst.: 7,5 x 25,1 cm	Inv. Nr. AI2/98
Blatt: 23,8 x 38,2 cm	RBA Nr. 134 672

Von Osten; ohne Deutz. Köln-Panorama rechts etwas verkürzt: St. Kunibert angeschnitten; leicht gebogen. Eine Rheinmühlen-Reihe; Fliegende Brücke. Köln nicht sehr naturgetreu (Groß St. Martin verschwindend klein); sehr ähnlich Nr. 81.
Im Himmel zwei Engel mit Stadt- (links) bzw. Reichswappen (rechts).

Kopf eines Gesellenbriefes (richtiger: einer Handwerkskundschaft) der Kölner Bürstenbinderzunft, mit in Rot gedrucktem Text unterhalb des Panoramas:
„Unseren Freundlichen Gruss wünschen Wir Meisteren / und Gesellen des Lôblichen Handwercks der Bürstenbinder in der Kay- / serlichen freyen Reichs-Kauf-und Handel-Stadt Côlln am Rhein, / allen und jeden Meistern und Gesellen, die des Hand-Werks ehrlich und redlich seynd, und geben mit dieser offenen / Kundschafft zu ver-

Die Gottes Güth: Dich Stehts behüt

Unſeren Freundlichen Gruſs wünſchen Wir Meiſteren und Geſellen des Löblichen Handwercks der Bürſtenbinder in der Kayſerlichen heiligen freyen Reichs-Kauf-und Handel-Stadt Cölln am Rhein, allen und jeden Meiſtern und Geſellen, die des Hand-Werks ehrlich und redlich ſeynd, und geben mit dieſer offenen Kundſchafft zu vernehmen, daſs Vorweiſer dieſes ein ehrlicher Geſell, der Ehrſame und Nahmhaffte von gebürtig, ſeinen ehrlichen Handwerks-Gruſs und Kundſchafft zu Uns anhero gebracht, zugleich gebührend gebetten, weilen Er Vorhabens ſich anderer Oerter zu begeben, weilen dan zu ſolchem Vorhaben Ihm eine Kundſchafft vonnöthen, als geben Wir Ihm Zeugnus, daſs Er bey Uns gearbeitet, und ſich der Zeit über verhalten, wie es einem Ehrliebenden Geſellen gebührt, und wohl anſteht, auch von Uns Meiſteren und Geſellen ehrlich und redlich abgeſchieden, ſolchem nach Erſuchen Wir alle und jede ehrliche Meiſteren und Geſellen mit dieſer offenen Kundſchafft, Sie wollen obgedachten Geſellen Hand-Werks Gewohnheit und alle Beförderung beſtmöglichſt recommendirt ſeyn laſſen, wie dan Wir Meiſteren und Geſellen Ehrbietig ſeynd allen reſpectiven Meiſteren und Geſellen, ſo Sie Uns zu Handen kommen, desgleichen zu thun. Zur mehrer Bekräfftigung haben Wir uns Eigenhändig unterſchrieben, und das Gewöhnliche Hand-Werks-Inſiegel vorgedruckt. Geſchehen in Cöllen am Rhein Anno 17 den

Mſtr. Thomas Jacob Baumgarten.
Mſtr. Joſeph Harff.
Mſtr. Joſeph Wollenſchlager.
Mſtr. Servatius Rauman.
Mſtr. Franciſcus Warm.

ſiehe ich ſende meinen Engel der vor dir gehe und dich bewahre auf dem weg. Exod. 23.

Gott ſeij auf eurem weg, und ſeine Engelen müſſen euch begleiten. Tobiæ 5

Kat.-Nr. 82

nehmen, dass Vorweiser dieses ein ehrlicher Gesell, der Ehrsame und Nahmhaffte ... / ... von ... gebürtig, seinen ehrlichen Handwercks-Gruss und Kundschafft zu Uns anhero ge- / bracht, zugleich gebährend gebetten, weilen Er Vorhabens sich anderer Oerter zu begeben, weilen dan zu solchem Vor- / haben Ihm eine Kundschafft vonnöthen, als geben Wir Ihm Zeugnus, daßß Er bey Uns ... gearbeitet, / und sich der Zeit über verhalten, wie es einem Ehrliebenden Gesellen gebührt, und wohl ansteht, auch von Uns Meiste- / ren und Gesellen ehrlich und redlich abgeschieden, solchem nach Ersuchen Wir alle und jede ehrliche Meisteren und Ge- / sellen mit dieser offenen Kundschafft, Sie wollen obgedachten Gesellen ... Hand- / Werks Gewohnheit und alle Beförderung bestmöglichst recommendirt seyn lassen, wie dan Wir / Meisteren und Gesellen Ehrbietig seynd allen respectiven Meisteren und Gesellen, so Sie / Uns zu Handen kommen, desgleichen zu thun. Zur mehrer Bekräftigung haben / Wir uns Eigenhändig unterschrieben, und das Gewöhnliche Hand-Werks- / Insiegel vorgedruckt. Geschehen in Cöllen am Rhein Anno 17... den / Mstr. Thomas Jacob Baumgarten. / Mstr. Joseph Harff. / Mstr. Joseph Wollenschlager. / Mstr. Servatius Rauman. / Mstr. Franciscus Warm."

Literatur:
Krudewig 1902, Nr. 99; Krudewig 1906, Nr. 144; zu Handwerkskundschaften mit Ortsansichten siehe Stopp 1983 und 1984

83

„Colonia Agrippina"

Kupferstich, um 1740
Stecher: Everhard Wyon, Köln

Darst.: ca. 8 x 34 cm

1) Blatt: 30,7 x 39,5 cm (Abb.)	Inv. Nr. AI2/114
	RBA Nr. 57 915
2) Blatt: 35,7 x 43,3 cm (ausgefüllt 1783)	Inv. Nr. K. H. 313
	RBA Nr. 140 777
3) Blatt: 33,8 x 43 cm	Inv. Nr. G 15521
4) Blatt: 33 x 42,3 cm (ausgefüllt 1741)	Inv. Nr. K.H. 301

Von Osten; ohne Deutz. Gesamtes Köln-Panorama; leicht gebogen. Eine Rheinmühlen-Reihe; Fliegende Brücke. Köln nicht sehr naturgetreu; zur Darstellung vgl. Nrn. 81 und 82.
Kopf eines Kölner Gesellenbriefes (Handwerkskundschaft) ohne Angabe einer bestimmten Zunft, in gestochener Rokoko-Kartusche: oben Mitte Reichsadler, rechts und links die beiden Kölner Wappen.

Titel im Himmel.
Gestochener Text unterhalb des Panoramas:
„Wir Geschworne Vor= und Andere Meister des / Ehrsamen Handwercks deren ... in der Kayserl= Freyer Reichs / Kauff und Handels Stadt Cöllen am Rhein bescheinigen hier mit daß Gegenwärtiger Gesell / Nahmens ... von ... gebürtig so ... Jahr alt und von / ... Statur ... auch ... Haaren ist bey uns allhier ... Jahr ... Wochen in Arbeit / gestanden und sich solche Zeit über Treu Fleißig Still Friedsam und Ehrlich wie einem jeglichen Handwercks / Gesellen gebuhret verhalten hatt. Welches wir also attestiren und deßhalben unsere Sambtliche Mit= / Meister diesen Gesellen nach Handwercks Gebrauch überall zu fördern geziemend / Ersuchen wollen. Gegeben in Cöllen am Rhein den ... Ao 1... / Meister wo obiger Gesell in Arbeit gestanden / Alt Geschworne Meister ... Jung Geschworne Meister ...“

Unterhalb des gestochenen Rahmens links: „Everh. Wyon inv. et sculp wohnhafft unter helmschläger in Cöllen zu finden“.

Exemplare 1 und 3 wie beschrieben.

Exemplar 2: Handschriftlich ausgefüllt; Zunftbezeichnung: „Rothgärber“, Datierung: „ersten Juny 1783“. Mit Siegel unten Mitte.

Exemplar 4: Handschriftlich ausgefüllt, doch die Schrift stark verblaßt, so daß die Zunftbezeichnung nicht mehr lesbar ist. Datierung: „14. August 1741“. Das Siegel unten Mitte gewaltsam entfernt, dadurch Fehlstelle (hinterlegt).

In der Graphischen Sammlung der Kreissparkasse Köln befindet sich ein gerahmtes Blanko-Exemplar (vgl. KSM-Expl. 1 und 3) (Inv.Nr. 49204-1529).

Literatur:
Merlo 1895, Sp. 1105; Krudewig 1902, Nr. 117; Krudewig 1906, Nr. 168; zu Handwerkskundschaften siehe Nr. 82

84

„Colonia Agrippina“

Kupferstich, um 1770
Stecher: Nikolaus Mettelj
Zeichner: Johann Peter Schophoven

Darst.: ca. 9 x 38 cm	
1) Blatt: 37 x 46,5 cm (ausgefüllt 1797; mit Papiersiegel) (Abb.)	Inv. Nr. AI2/117 RBA Nr. 131 697
2) Blatt: 36,5 x 45,5 cm (ausgefüllt 1780; mit Papiersiegel)	Inv. Nr. H.M. 1929/177a RBA Nr. 131 695
3) Blatt: 35,8 x 48 cm	Inv. Nr. K.H. 316
4) Blatt: 36 x 48,2 cm	Inv. Nr. G 15522

Von Osten; ohne Deutz. Gesamtes Köln-Panorama; leicht gebogen. Eine Rheinmühlen-Reihe; Fliegende Brücke.

Kopf eines Kölner Gesellenbriefes (Handwerkskundschaft) der Schlosser-Zunft, mit gestochener Rokoko-Rahmung; oben Mitte Reichsadler, rechts und links die beiden Kölner Stadtwappen.

Gesamtkomposition ähnlich dem von E. Wyon gestochenen Blatt (Nr. 83), das Köln-Panorama jedoch topographisch genauer und künstlerisch anspruchsvoller. Vgl. auch den Nachstich von P. Maassen (Nr. 85).

Gestochener Text unterhalb des Panoramas:
„Wir Geschwohrne Ober und andere Meister / des Ehrsamen Handwercks deren Schlösser in der Kayserl: Freyer Reichs / Kauff und Handels Stadt Cöllen am Rhein, bescheinigen hier mit daß Gegenwertiger Gesell / Nahmens ... von ... gebürtig so ... Jahr alt und von / ... statur ... auch ... Haaren ist bey uns allhier ... Jahr ... Wochen in Arbeit / gestanden und sich solche Zeit uber Treu Fleißig Still Friedsam ... Ehrlich wie

Kat.-Nr. 84.1

einem jeglichen HandwercksGesellen / gebühret verhalten hatt, welches wir also attestiren und des halben unsere sambtliche Mit Meister diesen Gesellen / nach Handwercks Gebrauch überall zu fördern Gezimend Ersuchen wollen / Gegeben in Cöllen am Rhein, den ... Ao 1... / Meister wo obiger Gesell in Arbeit gestanden / Alt Geschworne Meister ... Jung Geschworne Meister ..."

Unterhalb des gestochenen Rahmens: links „J.P: Schophoven del.", rechts „Mettelj sc: Coll:"

Exemplar 1: Handschriftlich ausgefüllt und datiert: „9. Juni 1797". Mit Siegel unten Mitte.

Exemplar 2: Handschriftlich ausgefüllt; auch die Zunft-Bezeichnung „Schlosser" handschriftlich. Datierung: „18. April 1780". Mit Siegel unten Mitte.
Exemplare 3 + 4 nicht ausgefüllt.

Literatur:
Merlo 1895, Sp. 595, Nr. 36 (Mettelj), und Sp. 774 (Schophoven); Krudewig 1902, Nr. 120; Krudewig 1906, Nr. 174; zu Handwerkskundschaften siehe Nr. 82

85

Kupferstich, um 1780/90
Stecher: Peter Maassen, Köln

Darst.: ca. 8 x 35,5 cm

1) Blatt: 34,2 x 42 cm (Abb.)	Inv. Nr. AI2/123
	RBA Nr. 131 696
2) Blatt: 35 x 46,5 cm	Inv. Nr. K.H. 314

Von Osten; ohne Deutz. Gesamtes Köln-Panorama; leicht gebogen. Eine Rheinmühlen-Reihe.
Kopf eines Kölner Gesellenbriefes (Handwerkskundschaft) ohne Zunftangabe, in gestochener Rokoko-Rahmung mit Reichsadler und den beiden Kölner Stadtwappen. Gesamt-Komposition (und Text) sehr ähnlich Mettelj/Schophoven (Nr. 84), wohl Kopie danach.

Gestochener Text unterhalb des Panoramas:
„Wir Geschwohrne Ober und andere Meister / des Ehrsamen Handwercks deren ... in der Kaiyserl: freyer Reichs / Kauff und Handels Stadt Cöllen am Rhein bescheinigen hier mit daß Gegenwertiger gesell / Nahmens ... von ... gebürtig so ... Jahr alt und von / ... statur ... auch ... Haaren ist bey uns allhier ... Jahr ... Wochen in Arbeit / gestanden und sich solche Zeit uber Treu Fleißig, Friedsam ... Ehrlich wie einem jeglichen

Handwercks Gesellen / gebühret verhalten hall (!), welches wir also attestiren und deshalben unsere sambtliche mit Meister diesen Gesellen / Nach Handwercks Gebrauch überall zu fördern Gezimend Ersuchen Wollen. / Gegeben in Cöllen am Rhein, den ... Ao 1... / Meister wo obiger Gesell in Arbeit gestanden / Alt Geschworene Meister ... Jung Geschworne Meister ..."

Rechts unterhalb des Rahmens: „Maassen fec: Cölln".

Literatur:
Merlo, 1895, Sp. 562; Krudewig 1902, Nr. 126; Krudewig 1906, Nr. 180; zu Handwerkskundschaften siehe Nr. 82

86

Kupferstich, um 1720/30
Stecher und Zeichner: Johann Christoph Kolb, Köln

Panorama: ca. 2,2 x 11,7 cm
Gesamt-Darst.: 18,3 x 14,3 cm

1) Blatt: 24,8 x 19,6 cm (Abb.)	Inv. Nr. H.M. 1904/139
	RBA Nr. 93 833
2) Blatt: 18,5 x 14,6 cm	Inv. Nr. G 15523

Von Osten; ohne Deutz. Gesamtes Köln-Panorama; leicht gebogen. Ohne Rheinmühlen; mit Fliegender Brücke.

Über dem kleinen, wenig naturgetreuen Köln-Panorama ist die Verherrlichung des Rosenkranzes allegorisch dargestellt: Die Mutter Gottes überreicht einem vor ihr knienden Dominikaner einen Rosenkranz; darunter das Dominikaner-Kloster aus der Vogelschau. Die Gesamt-Darstellung ist eingerahmt von einer gestochenen Rosengirlande.

Obere Darstellung: Auf einem Strahl, der von der Mutter Gottes auf das Dominikanerkloster ausgeht: „Arma vestra Rosarium"; links neben dem Kloster: „Conventus F.F. Ord. Praed. Coloniae Ubiorum".
Unten links außerhalb der Gesamtdarstellung: „Joh. Christoph Kolb: Invin: deline: et sculpsit: Col:".

87

Kupferstich, um 1760
Stecher: Johann Everaerts, Köln

Darst.: 5,4 x 19 cm

1) Blatt: 38,8 x 22,6 cm (Abb.)	Inv. Nr. 1983/483 und G 14320a
2) Blatt: 39,4 x 20,3 cm	Inv. Nr. AI2/112
mit zusätzlichem Wappen	RBA Nr. 112 019
unten in der Darst. der Anbetung	

Von Osten; ohne Deutz. Gesamtes Köln-Panorama; wenig gebogen. Eine Rheinmühlen-Reihe; Fliegende Brücke. In den Wolken ein heller Stern, der auf den Dom strahlt.
Wenig naturgetreu, sehr ähnlich Nr. 90.
Über dem Panorama, von einer zweiten Platte gedruckt, eine Darstellung mit der Anbetung der Hl. Drei Könige (ähnlich der Anbetung in Nr. 88), wohl gestochen von Johann Peter Goffart.

Innerhalb des Panoramas unten rechts: „J. Eueraerts. fec: Col.“
Unterhalb des Panoramas in Kartusche: „Corpora Sanctorum Recubant Hic terna Magorum. / es his Sublatum nihil est, alibive locatum. / Attigit Capita SS. Trium Regum Coloniae.“
Darunter: „Portantibus Securitas in Itineribus et periculis / Honorantibus remedium pro morbo Caduco et Febribus. / Inuocantibus liberatio a praestigiis et morte Subitanea.“
Darunter: „Bey sich getragen ist guett fur die Reysende, haub pein, fallende Kranckheit Zauberey und jähen todt.“

Exemplar 1: Obere Platte (Anbetung) unten bezeichnet: „Jo. Gof...“ (unleserlich).
Exemplar 2: Durch das ergänzte Wappen ist die Bezeichnung aus Exemplar 1 überdeckt, links vom Wappen bez.: „P. Wijon“.

Literatur:
Krudewig 1902, Nr. 115 (Exemplar 2); Krudewig 1906, Nr. 166 (dito); Schöller 1995, Nrn. 99 (mit Abb.) und 100

88

Kupferstich, um 1750
Stecher: Johann Heinrich Schawberg, Köln

Panorama: 1,9 x 8,8 cm	Inv. Nr. AI2/100
Gesamt-Einf.: 15 x 8,8 cm	RBA Nr. 112 021
Blatt: 15,7 x 9,4 cm	

Von Osten; ohne Deutz – statt dessen vorn Mitte Dreikönigen-Mausoleum. Gesamtes Köln-Panorama, in der Mitte z.T. verdeckt durch das Mausoleum; leicht gebogen. Im Himmel rechts und links je ein Wappen.

Über dem Panorama Anbetung der Hl. Drei Könige (ähnlich der Anbetung in Nr. 87). Vgl. die sehr ähnliche Gesamtkomposition Nr. 89.

Innerhalb der Drei-Königen-Darstellung unten links: „J.H. Schawberg filius Fe. Coloniae“. Darunter auf einem Schriftband: „Sacellum S.S. Trium Regum in Metropol. Colo:“, rechts davon: „Attigit“.

Literatur:
Merlo 1895, Sp. 758; Krudewig 1902, Nr. 101; Krudewig 1906, Nr. 146

89

Kupferstich auf gelblicher Seide, um 1750, erschienen bei W. Schmitz, Köln
Stecher: Johann Heinrich Schawberg

Panorama: 2,2 x 9,3 cm	Inv. Nr. AI2/101
Gesamt-Darst. 16 x 9,3 cm	RBA Nr. 112 022
Blatt/Seide: 18,5 x 12 cm	

Von Osten; ohne Deutz – statt dessen vorn Mitte Dreikönigen-Mausoleum. Gesamtes Köln-Panorama, in der Mitte z.T. verdeckt durch das Mausoleum; leicht gebogen.

Über dem Köln-Panorama Anbetung der Hl. Drei Könige, mit minimalen Veränderungen gegenüber Nr. 88. Zur Anbetung vgl. auch die von J.P. Goffart (Nr. 87), die dem vorliegenden Blatt ähnlicher ist als Nr. 88. Vermutlich hat Schawberg nach Goffart kopiert.

Innerhalb der Drei-Königen-Darstellung unten auf einem Schriftband: „Sacellum S.S. Trium Regum in Metrop. Colon.“
Unterhalb der Gesamt-Darstellung am Sockel des Mausoleums „Attigit“, links „J.H. Schawberg, F. Col.“, rechts „am duhm bey W. Schmitz“.

Literatur:
Merlo 1895, Sp. 758; Krudewig 1902, Nr. 102; Krudewig 1906, Nr. 146 (fälschlich als „dasselbe“ bezeichnet wie unsere Nr. 88)

90

„Sancta Colonia Agrippina“

Kupferstich, um 1760

Darst.: 4,3 x 19 cm	Inv. Nr. AI2/113
Blatt: 6,9 x 19,2 cm	RBA Nr. 112 018

Von Osten; ohne Deutz. Gesamtes Köln-Panorama; wenig gebogen. Eine Rheinmühlen-Reihe; Fliegende Brücke. In den Wolken ein heller Stern, der auf den Dom scheint.
Wenig naturgetreu (vgl. Nrn. 81 und 82); sehr ähnlich Nr. 87. Wohl von einem Heiligenbildchen (Drei-Königen-Bild?) abgeschnitten.

Titel im Himmel.
Unterhalb des Panoramas in Kartusche: „Corpora Sanctorum Recubant Hic terna Magorum / ex His sublatum nihil est alibive locatum / Atigit Capita SS. Trium Regum Coloniae“.
Darunter: „Portantibus Securitas / in / Itineribus et periculis / Honoratibus remedium / pro / morbo Caduco et Febribus / Invocantibus liberatio / a / prastigiis et morte Subitanea“.
Darunter: „Bey sich getragen ist gut fur die Reysende, Haubt wehe, fallende Kranckheit, Zauberey und gähen Todt.“
Darunter: „Wird von denen Ehrwürdigen Fratren Alexianern in Collen am Rhein verehrt.“

Literatur:
Krudewig 1902, Nr. 116; Krudewig 1906, Nr. 167

91

Kupferstich auf gelblicher Seide, um 1750

Panorama: 4,4 x 15,4 cm	Inv. Nr. G 14180a
Gesamt-Einf. 13,7 x 15,4 cm	RBA Nr. 187 779
Blatt/Seide: 15,8 x 15,4 cm	

Von Osten; ohne Deutz. Gesamtes Köln-Panorama, jedoch Bayen- und Kunibertsturm stark angeschnitten; kaum gebogen. Eine Rheinmühlen-Reihe; Fliegende Brücke. In den Wolken ein heller Stern, der auf den Dom scheint.
Zum Köln-Panorama vgl. Nrn. 87-93.
Über dem Panorama Anbetung der Hl. Drei Könige.

Unterhalb der Gesamt-Darstellung: „Sancte Tres Reges / Caspar, Melchior, Balthasar, Orate pro nobis nunc et in hora mortis nostris / O Heilige aüß Morgenlandt / zu Cöllen am Rhein bekandt, / im Kriegh honger und pest ghat / Als beschützer dieser Stadt.“

92

Kupferstich, um 1750 (späterer Abzug)

Darst.: 5 x 14,4 cm	Inv. Nr. G 15387
Blatt: 6 x 15,3 cm	RBA Nr. 165 060

Von Osten; ohne Deutz. Gesamtes Köln-Panorama, Bayenturm und Kunibertsturm angeschnitten; kaum gebogen. Eine Rheinmühlen-Reihe; Fliegende Brücke.
Wenig naturgetreu (Groß St. Martin sehr klein, Rathaus sehr groß), sehr ähnlich Nr. 93.
Wahrscheinlich nach derselben Vorlage wie Nr. 82.

93

Kupferstich auf gelber Seide, um 1750, erschienen bei J.L. Stusgen, Köln

Panorama: 5 x 14,7 cm
Gesamt-Einf.: 22,7 x 15 cm

1) Blatt/Seide: 24 x 15,5 cm gebräunt	Inv. Nr. HM 1927/64 RBA Nr. 111 999
2) Blatt/Seide: 28 x 18,2 cm (Abb.)	Inv. Nr. G 15100

Von Osten; ohne Deutz. Gesamtes Köln-Panorama; kaum gebogen. Eine Rheinmühlen-Reihe; Fliegende Brücke. In den Wolken ein heller Stern, der auf den Dom scheint. Das Panorama wenig naturgetreu (vgl. Nrn. 87-92).

Über dem Köln-Panorama Anbetung der Hl. Drei Könige; links unten: „Cöllen bey J.L. Stusgen nebs dem Thom“.
Unterhalb der Gesamt-Darstellung: „a touche les S.S. tetes des trois Rois / a toccato le Saqre teste de S.S. 3 Ré M / attigit Capita SS 3 Regum Colon / hat berührt die haubter deren h 3 Königen.“

94

Kupferstich, (1765)
Stecher: Johann Everaerts, Köln

Panorama: ca. 2,5 x 7,8 cm	Inv. Nr. AI2/115
Gesamt-Einf.: 13,5 x 8,1 cm	RBA Nr. 166 454
Blatt: 14 x 8,2 cm	

Von Osten; von Deutz lediglich ein Stück Wiese. Gesamtes Köln-Panorama, Bayen- und Kunibertsturm angeschnitten; gebogen. Eine Rheinmühlen-Reihe nur teilweise sichtbar. Rathausturm groß in der Mitte (falsche Proportionen).
Über der Stadt ein Medaillon mit dem Porträt der Hl. Walburga als Äbtissin im schwarzen Ordenskleid, bez.: „S. Walburga", von einem Engel gehalten; darüber Auge Gottes.
Laut Krudewig 1902 „das in der Jesuitenkirche zu Köln verehrte Bild der hl. Walburga".

Innerhalb der Darstellung unten rechts: „J. Everaerts fec. Col".
Unterhalb der Darstellung: „Coloniensum Patrona. O.P.N. attigit reliquias".

Literatur:
Merlo 1895, Sp. 228 (Datierung 1765); Krudewig 1902, Nr. 118; Krudewig 1906, Nr. 171

95

Kupferstich, um 1750
Stecher: Wyon

Panorama: ca. 1,5 x 5 cm

Gesamt-Darst. 9,1 x 6,4 cm

1) Blatt: 10,5 x 6,3 cm (Abb.)	Inv. Nr. G 14412a II
2) Blatt: 13,6 x 8,5 cm	Inv. Nr. G 14412a I

Von Osten; Deutz dörflich. Gesamtes Köln-Panorama; wenig gebogen. Eine Rheinmühlen-Reihe angedeutet. Stadtbild Köln ziemlich „falsch".

Das kleine Köln-Panorama auf einem von zwei Engeln gehaltenen Tuch; darüber der Hl. Maternus als stehende Ganzfigur im Bischofsgewand vor einer Landschaft mit Stadtansichten von „Trier" (links) und „Tungren" (Tongern; rechts) im Hintergrund. Unterhalb der Darstellung eine Schrifttafel: „S. Maternus / Discipulus S. Petri Apostoli Trevirorum / tertius Coloniensium et Tungrensium primus / Episcopus et Patronus". Exemplar 2 mit weiterem Text im breiten Rand: oberhalb der Gesamt-Darstellung „Maternus erster Bischoff zu Collen", unterhalb rechts „Wyon sculp. Col:".
Verso deutscher Text (Anrufung des Hl. Maternus um Hilfe und Fürbitte).

Literatur:
Merlo 1895 erwähnt das Blatt weder unter Everhard (Sp. 1105) noch unter Maria Elisabeth (Sp. 1106) noch unter Peter Wyon (Sp. 1107)

96

Kupferstich, um 1730
Stecher: Johann Everaerts, Köln

Panorama: ca. 2,5 x 4,5 cm
Gesamt-Einf.: 14 x 10,4 cm

1) Blatt: 20 x 16,3 cm (Abb.)	Inv. Nr. G 15388
	RBA Nr. 165 040
2) Blatt: 20 x 16,4 cm	Inv. Nr. G 15389
3) Blatt: 36 x 30,2 cm	Inv. Nr. H.M. 1901/428
Mittelteil eines Bruderschaftsbriefes	RBA Nr. 98 332

Von Osten; ohne Deutz. Köln-Panorama seitlich etwas angeschnitten. (Durch den im ganzen recht undeutlichen Abdruck sind Einzelheiten nicht zu erkennen).

Über dem kleinen Panorama der Hl. Joseph mit dem Kind in Wolken, von Engeln, dem Hl. Geist und Gottvater umgeben; im Vordergrund zwei kniende, Wappen haltende Figuren: Die Personifikation der Stadt Köln streckt dem Heiligen ein flammendes Herz entgegen (rechts), Erzengel Michael (links) – der Seelenwäger des Jüngsten Ge-

richts – spricht die Hoffnung aus, die „heilige“ Stadt werde am Tage des jüngsten Gerichts verschont bleiben.
Vgl. die sehr ähnliche Gesamt-Darstellung von Johann Jakob Sartor (Nr. 97), wohl eine Nachbildung des vorliegenden Blattes.

Die Texte auf den Schriftbändern oberhalb des Panorama wegen des undeutlichen Abdrucks unleserlich, vergleiche dazu jedoch Nr. 97.
Unten rechts innerhalb der Darstellung: „J. Everaerts fec. Col.“

Literatur:
Merlo 1895, Sp. 227, erwähnt das Blatt nicht; Schöller 1995, Kat. Nr. 74 und Abb. S. 93 (Exemplar 3)

97

Kupferstich, 1732
Stecher: Johann Jakob Sartor, Köln

Panorama: ca. 3 x 5 cm	Inv. Nr. AI2/103
Gesamt-Einf.: 13,9 x 10,3 cm	RBA Nr. 106 468
Blatt: 19,7 x 17 cm	

Von Osten, ohne Deutz. Panorama-Ausschnitt St. Severin bis St. Kunibert (?).
Über dem kleinen Panorama der Hl. Joseph mit dem Kind in Wolken, von Engeln, dem Hl. Geist und Gottvater umgeben. Im Vordergrund zwei kniende, Wappen haltende Figuren. Wohl nach der sehr ähnlichen Darstellung von Johann Everaerts (Nr. 96); Druck des vorliegenden Blattes etwas deutlicher, aber Kupferstich in der Ausführung ungelenker.

Oberhalb des Panoramas verschiedene Schriftbänder.
Mittleres Schriftband: „Protegam urbem hanc et Saluabo eam. 4. Reg. c. 19.34“ (Und ich will diese Stadt beschützen und sie retten). Linke Figur: „Ecce venio cito. Apoc. 3, V...“. Rechte Figur: „Etiam venio Cito. Apoc. 22...“ (Siehe, ich komme bald).

In den Wolken in einem aufgeschlagenen Buch: „accedite ad me ego sum Joseph Frater Vester. Gen. 45 V ...“ (Kommt zu mir, ich bin Joseph, Euer Bruder).
Unterhalb der Einfassungslinie rechts: „J.J. Sartor fecit Coloniae 1732“.

Literatur:
Merlo 1895, Sp. 752; Krudewig 1902, Nr. 104; Krudewig 1906, Nr. 148

98

Kupferstich, um 1735
Stecher: Johann Everaerts, Köln

Panorama: 1,9 x 6,4 cm	Inv. Nr. AI2/111
Gesamt-Darst.: 11,8 x 6,4 cm	RBA Nr. 112 016
Blatt: 13,3 x 7,1 cm	

Von Osten; ohne Deutz. Gesamtes Köln-Panorama, Bayen- und Kunibertsturm angeschnitten; wenig gebogen. Eine Rheinmühlen-Reihe; auf der Kölner Seite drei Bastionen.
Flüchtige, wenig realistische Zeichnung (vgl. die folgende Nummer).

Über dem kleinen Panorama ist das Drei-Königen-Mausoleum dargestellt, darüber in Wolken die Anbetung der Hl. Drei Könige. Das Ganze ist von einem gestochenen Rahmen eingefaßt.

Oberhalb der Gesamt-Darstellung: „attigit Reliquias S.S. Trium Regum Colo."
Innerhalb der Darstellung des Mausoleums unten links: „J. Everaerts fec."
Unterhalb der Gesamt-Darstellung: „Corpora Sanctorum Recubant hic Terna Magorum / Ex his Sublatum nihil est alibiuc locatum."

Literatur:
Merlo 1895, Sp. 227; Krudewig 1902, Nr. 114; Krudewig 1906, Nr. 165

99

Kupferstich, um 1730
Stecher: Johann Everaerts, Köln

Panorama: ca. 2 x 6,2 cm
Gesamt-Einf.: 14,5 x 8,7 cm

1) Blatt: 15,8 x 8,8 cm (Abb.)	Inv. Nr. G 15390 RBA Nr. 111 996
2) Blatt: ca. 15,3 x 8,3 cm auf grüner Seide; Ränder etw. beschnitten	Inv. Nr. AI2/102 RBA Nr. 112 023

Von Osten; ohne Deutz. Gesamtes Köln-Panorama; kaum gebogen. Ohne Rheinmühlen. Das Köln-Panorama in quer-ovaler, barocker Kartusche (zum Panorama vgl. Nr. 98).

Darunter, zur Hälfte im Textrand, kleine Darstellung des Drei-Königen-Mausoleums. Über dem Panorama eine Anbetung der Hl. Drei Könige.

Innerhalb der Drei-Königen-Darstellung unten links: „J. Everaerts fece: Co:“ Unterhalb der Gesamt-Darstellung: „attigit Reliquias S.S. Trium Regum Colo... (beschnitten) / Corpora Sanctorum Recubant hic Terna Magorum / Ex his Sublatum nihil est, alibiue locatum.“

Literatur:
Merlo 1895, Sp. 227; Krudewig 1902, Nr. 103; Krudewig 1906, Nr. 147

Kat.-Nr. 100

100

Kupferstich, 1740
Stecher/Zeichner: Nikolaus Mettelj

Panorama: 3,6 x 8,2 cm	Inv. Nr. H.M. 1917/9c
Gesamt-Darst.: 5,6 x 8,2 cm	RBA Nr. 165 059
Blatt: 7,9 x 9,2 cm	

Von Osten; ohne Deutz. Gesamtes Köln-Panorama; gebogen.
In den Wolken Anbetung der Hl. Drei Könige.
Die Gesamt-Darstellung besteht aus zwei Teilen: oberer Teil wie beschrieben; unten Hafenszene / Stapelplatz mit Kran am Rhein. Beide Teile zusammen in gestochenem Rahmen.
Verso: Warenzeichen der Kölner Handelsfirma A.F. Casinone (Allegorie auf den Handel mit fernen Ländern), datiert 1740.
Wohl aus einem Buch.
Rechts unterhalb der Darstellung bezeichnet: „N. Mettelj. del. sc. Col.“

Literatur:
Merlo 1895, Sp. 594, erwähnt unter Nr. 20 nur die Rückseite

101

Kupferstich, um 1770

Einf.: 5,1 x 7,3 cm	Inv. Nr. G 14319a
Blatt: 15,2 x 9 cm	

Von Osten; ohne Deutz. Gesamtes Köln-Panorama, gebogen. Das Köln-Panorama ziemlich unrichtig, es stimmt kaum etwas.
Über der Stadt Anbetung der Hl. Drei Könige in Wolken.

Die Darstellung bildet den oberen Teil der ersten Seite eines 4-seitigen Faltblattes (Mitgliedsurkunde für die Dreikönigen-Bruderschaft) mit deutschem Text: „Ich ... nehme diese Erz=Bruderschaft zu Ehren Gottes an...“, handschriftlich eingesetzt sind der Name „Joan Adam Dominicus Baum“ und die Jahreszahl „1780“.
Darauf folgt – auf dieser und den nächsten drei Seiten – ein „Kurzer Unterricht“ über die in neun Punkten aufgezählten „nöthigen guten Werke“ und „Andachts-Uebungen“ und anschließend ein „Gebet zu den H.H. 3 Königen“. Unterzeichner ist „Paulus Aussemius / Vicar. in Spirit. Gen.“ Am Ende des Textes Attigit-Vermerk.

Literatur:
Kat. Köln 1982, Nr. 312

102

Kupferstich, um 1750

Panorama: 2,5 x 5,7 cm — Inv. Nr. K.H. 422
Gesamt-Darst.: 7,8 x 5,8 cm
Blatt: 8,9 x 5,8 cm

Von Osten; ohne Deutz. Gesamtes Köln-Panorama; leicht gebogen. Schematische, „falsche“ Darstellung.
Über dem Panorama Anbetung der Hl. Drei Könige in Wolken.

Unterhalb der Gesamt-Darstellung: „Sancte tres Reges Caspar, Melchior, Balthasar orate pro nobis nunc et in hora mortis nostrae / esto bigliette hanno toccato letre teste dei santi Re mag(gi)“.

103

Kupferstich auf gelblicher Seide, um 1700

Einf.: 3,8 x 6,2 cm — Inv. Nr. AI2/93
Blatt/Seide: 9,3 x 7,1 cm — RBA Nr. 112 020

Von Osten; von Deutz sind lediglich drei Häuser sichtbar. Gesamtes Köln-Panorama; gebogen.
Es „stimmt“ eigentlich gar nichts.
In den Wolken Anbetung der Hl. Drei Könige.
Über der beschriebenen Darstellung eine weitere Anbetung der Hl. Drei Könige (ohne Panorama).

Unterhalb der oberen Darstellung (Anbetung): „Tres Saincts Roys priez pour nous maintenat et a l'heur de noste morte."
Unterhalb des Panoramas: „Les S.S. trois roys de l'Orient, sont a Orient presentement."

Literatur:
Krudewig 1902, Nr. 94 (Datierung: um 1700); Krudewig 1906, Nr. 136

104

Kupferstich, um 1750
Stecher: Monogrammist M.F.

Panorama: 2 x 8,7 cm	Inv. Nr. AI2/107
Gesamt-Einf.: 6,4 x 8,7 cm	RBA Nr. 112 017
Blatt: 10,4 x 12,6 cm	und Nr. 150 151

Von Osten; von Deutz ist lediglich ein Haus sichtbar. Panorama vom Bayenturm bis St. Kunibert; gebogen. Stark vereinfachte, grobe und dadurch unrichtige Darstellung des Kölner Stadtpanoramas.

Oberhalb des Panoramas Darstellung der Hl. Drei Könige als Halbfiguren; direkt darüber: „S. Balthasar, S. Melchior, S. Caspar". Darüber: „Saincts trois Roys prie Dieu pour nous maintenant et en l'heure de nostre mort."
Links neben der Darstellung: „Les Roys de Tharse teis les ferunt des gresents", rechts „los Roys de Arabe ot Sabe offerunt, des dons".
Unterhalb der Darstellung: „ces billets ont touché trois testes des St. Roys a Cologne ils sort bon contre toutes sortes de maladie principalement mal caduque fievres Sorcellerei, toute sorte de maleficé et morte subite." Rechts darunter: „M.F."

Literatur:
Krudewig 1902, Nr. 108; Krudewig 1906. Nr. 152

105

Kupferstich, 1754
Stecher: Christoph Rösel

Panorama: 1,9 x 7 cm
Gesamt-Einf.: 12 x 13,7 cm

1) Blatt: 12,3 x 13,8 cm (Abb.)	Inv. Nr. AI2/110c
aufgezogen	RBA Nr. 168 302
2) Blatt: 12,6 x 14,2 cm	Inv. Nr. AI3/661c
	RBA Nr. 167 207

Von Osten; ohne Deutz. Gesamtes Köln-Panorama; flankiert von St. Ursula (links) und St. Gereon (rechts) als stehende Ganzfiguren.

Die Gesamt-Darstellung zeigt den Altar in St. Mariae Himmelfahrt mit dem kleinen Köln-Panorama in der Mensa. Der Altar-Mittelteil zeigt die Verkündigung an Maria; linker Flügel: Anbetung der Hl. Drei Könige; rechter Flügel: Tobias wird vom Erzengel Gabriel geführt. Links und rechts des Altars Betende (Bruderschaft Mariae Verkündigung).

Innerhalb der Darstellung „S. Ursula" und „S. Gereon" unten namentlich bezeichnet.
Unterhalb des Panoramas: „Hat angerührt die Häupter der H.H. drey Königen in Cölln. Abbildung des Altars in der Sodalität deren Jungen Gesellen unter dem Titel Mariae Verkündigung und H.H. 3 Königen bey den P.P. Societatis Jesu zu Cöllen. 1754."
Rechts unterhalb der Einfassungslinie: „Ch: Rosel sc: Col:".

Literatur:
Merlo 1895, Sp. 730, erwähnt das Blatt nicht

106

Kupferstich, um 1750
Stecher: Wyon

Gesamt-Darst.: 8,7 x 5,5 cm	Inv. Nr. H.M. 1923/32
Blatt: 11,1 x 7,4 cm	RBA Nr. 165 058

Von Osten; ohne Deutz und Rhein. Phantasie-Panorama mit Dom-Kran nach links; gerade. In den Wolken Engel, die eine Monstranz halten.
Das Köln-Panorama – auf einem Andachtsbild aus Kloster Herrenleichnam – völlig unrealistisch; ohne den Dom-Kran wäre es gar nicht als Köln zu identifizieren.
Das Augustiner-Chorherren-Kloster Herrenleichnam (auf dem Gelände des späteren Klingelpütz) wurde 1335 geweiht und 1805 abgebrochen. Der Kupferstich gibt das im Chor der Klosterkirche dargestellte „Hostienwunder" wieder (vgl. Kunstdenkmäler 1937, S. 150 ff.).

Unterhalb der Darstellung: „Venite adoremus et procidamus ante Deum in Canonia S.S. Corporis Christi Coloniae 1331 miraculose revelatum.“
Rechts darunter: „Wijon fec. Col:“.

Literatur:
Merlo 1895 erwähnt das Blatt weder unter Everhard (Sp. 1105) noch unter Maria Elisabeth (Sp. 1106) noch unter Peter Wyon (Sp. 1107)

107

Kupferstich, um 1770
Stecher/Zeichner: Nikolaus Mettelj, Köln; nach einem Gemälde von M. Seraf. (Marcantonio Serafini (?), 1521 Verona – nach 1576)

Panorama: 2 x 4,5 cm	
Gesamt-Darst.: ca. 11,7 x 7,5 cm	
1) Blatt: 15 x 9,5 cm (Abb.)	Inv. Nr. K.H. 407
	RBA Nr. 165 035
2) Blatt: 14 x 8,7 cm	Inv. Nr. G 7654a

Von Osten; ohne Deutz. Gesamtes Köln-Panorama; gebogen. Eine Rheinmühlen-Reihe (wie vor 1618). Das Köln-Panorama erinnert an Münster/Deutsch (Nr. 8).

Über dem kleinen Panorama die Selige Angela Merici in Wolken, von Engeln, Heiligen und dem Auge Gottes umgeben (Apotheose). Links des Panoramas die personifizierte „Europa“, rechts „Canada“.
Angela Merici (1474-1540) gründete 1535 nach zwei Visionen in Brescia die Gesellschaft der Hl. Ursula (Ursulinenorden). Sie wurde 1768 selig-, 1807 heiliggesprochen. Da der Stecher des Blattes bis 1772 tätig war, muß es demnach zwischen 1768 und 1772 entstanden sein.

Cöllnisches Denck zeichen zur hinter lassung der NachWelt, das
An. 1784 Ein grosse Kälte Wasser flus und Eis versamlung sich
Ereiget, das das Eis sich d. 10.t January fest gesetzt, bis in die Statt
Cöllnischen pforten eingedrungen, die Kälte War ein grad über An. 1709
das Wasser so gross, das es RheinWarths zu hiessigen pforten, und
Statt graben, Ja bis über die felder vor St. Severins pfort sich Ergos
zu Mülheim bis an die haupt Stras, zu Deutz bis über die felder,
Roden Kierchen fast Kein haus befreit, das Eis hatt sich dermassen
fest gesetzt, das Menschen mit 1000, ja die schWersten güter Wägen
darüber gegangen, die dicke des Eis ist 14 bis 16 Schuhe
gefunden Worden, Wie lang es gestanden und Was Schaden es
noch thun Wirt, Kan sich ein jeder bey schreiben, Wo vor uns der
liebe gott beWahren Wolle.
I. Moser fet. Cöl

Kat.-Nr. 108

Unterhalb der Darstellung:
„Effigies B. Engelae Merici de Brixia à Decentiano / Fundatricis Ursulinarum; cuius Cultum / SSmus Dnus Noster Clemens PP XIII / die 30 Aprilis 1768. Solemni decreto adprobavit."
Links darunter: „M Seraf: inv.:" und „N Mettelj del. fec: Cöll:".

Literatur:
Merlo 1895, Sp. 594, Nr. 23;
zu den Ursulinen: Wetzer und Welte's Kirchenlexikon, Freiburg 1886 ff., Bd. 12, Sp. 498 ff.; Lexikon für Theologie und Kirche, Freiburg 1957 ff., Bd. 10, Sp. 576 ff.; 450 Jahre Ursulinen, Ausst.-Kat. Diözesan- und Dombibliothek, Köln 1985; 450 Jahre Ursulinen, Hrsg. Föderation deutschsprachiger Ursulinen, Werl 1985; Frank Günter Zehnder, Sankt Ursula. Legende – Verehrung – Bilderwelt, Köln 1985, Kap. X: Die Ursulinen, S. 95-117

108

Kupferstich, 1784
Stecher: Lorenz Moser

Darst.: 5,9 x 9,8 cm	
1) Blatt: 18,5 x 14,7 cm (Abb.)	Inv. Nr. AI2/120
	RBA Nr. 158 920
2) Blatt: 11,8 x 10,5 cm	Inv. Nr. K.H. 52
3) Blatt: 20,8 x 17 cm	Inv. Nr. AI2/119
ohne den Stecher-Namen	RBA Nr. 165 063

Von Osten; Deutz als Häuser-Ansammlung. Gesamtes Köln-Panorama; leicht gebogen. Ein Menschenstrom überquert den zugefrorenen Rhein.
Das Köln-Panorama „naiv" und unrichtig.

Unterhalb der Darstellung Beschreibung der Ereignisse vom Januar 1784, als der Hochwasser führende Rhein zufror und die geschlossene 5-8 Meter dicke Eisdecke – die bis in die Stadt hineinreichte – einen regen Personen- und Güterverkehr zwischen Köln und Deutz erlaubte (zum Eisgang 1784 vgl. auch die Nummern 109, 110 und 112):
„Cöllnisches Denckzeichen zur hinterlassung der Nachwelt, das / Anno 1784 Ein große Kälte Wasser flus und Eis versamlung sich / Ereiget, das das Eis sich d. 10t Januarij fest gesetzt, bis in die Statt / Cöllnischen pforten eingedrungen die Kälte war ein grad über Anno 1709 / das Wasser so groß, das es Rhein warths zu hiesigen Pforten und / Statt graben, ja bis über die felder vor St. Severinspfort sich Ergos / zu Mülheim bis an die haupt Stras zu Deutz, bis über die Felder, / Rodenkierchen fast kein haus befreit. das Eis hatt sich dermassen / fest gesetzt, das Menschen mit 1000, ja die schwersten güter Wägen / darüber gegangen, die dicke des Eis ist 14 bis 16 Schuhe / gefunden worden. Wie lang es gestanden und was Schaden es / noch thun wirt, kan sich ein jeder bey schreiben, wo vor uns der / liebe Gott bewahren wolle."
Darunter rechts: „L. Moser fec. Col."

Literatur:
Merlo 1895, Sp. 608; Krudewig 1902, Nr. 123 und 122; Krudewig 1906, Nr. 177 und 176; zum Eisgang: Donner 1990, S. 52 ff.; Köln-Archiv, Bd. IV, Bl. 02057; Köln-Edition, Bd. IV, Bl. 01048 und Bd. IX, Bl. 01098

109

Kupferstich, 1784
Stecher: Lorenz Moser, Köln

Darst.: 9,3 x 19,9 cm	Inv. Nr. AI2/121
Blatt: 20 x ca. 31,5 cm	RBA Nr. 160 265

Von Osten; wenige Häuser von Deutz. Gesamtes Köln-Panorama; wenig gebogen.
Das Köln-Panorama stark vereinfacht, dadurch ungenau und falsch.
Die hier vorliegende chronologische Fortsetzung des vorigen Blattes schildert die Ereignisse vom Februar 1784: Die Eismassen, die sich seit Januar 1784 durch mit Tau-

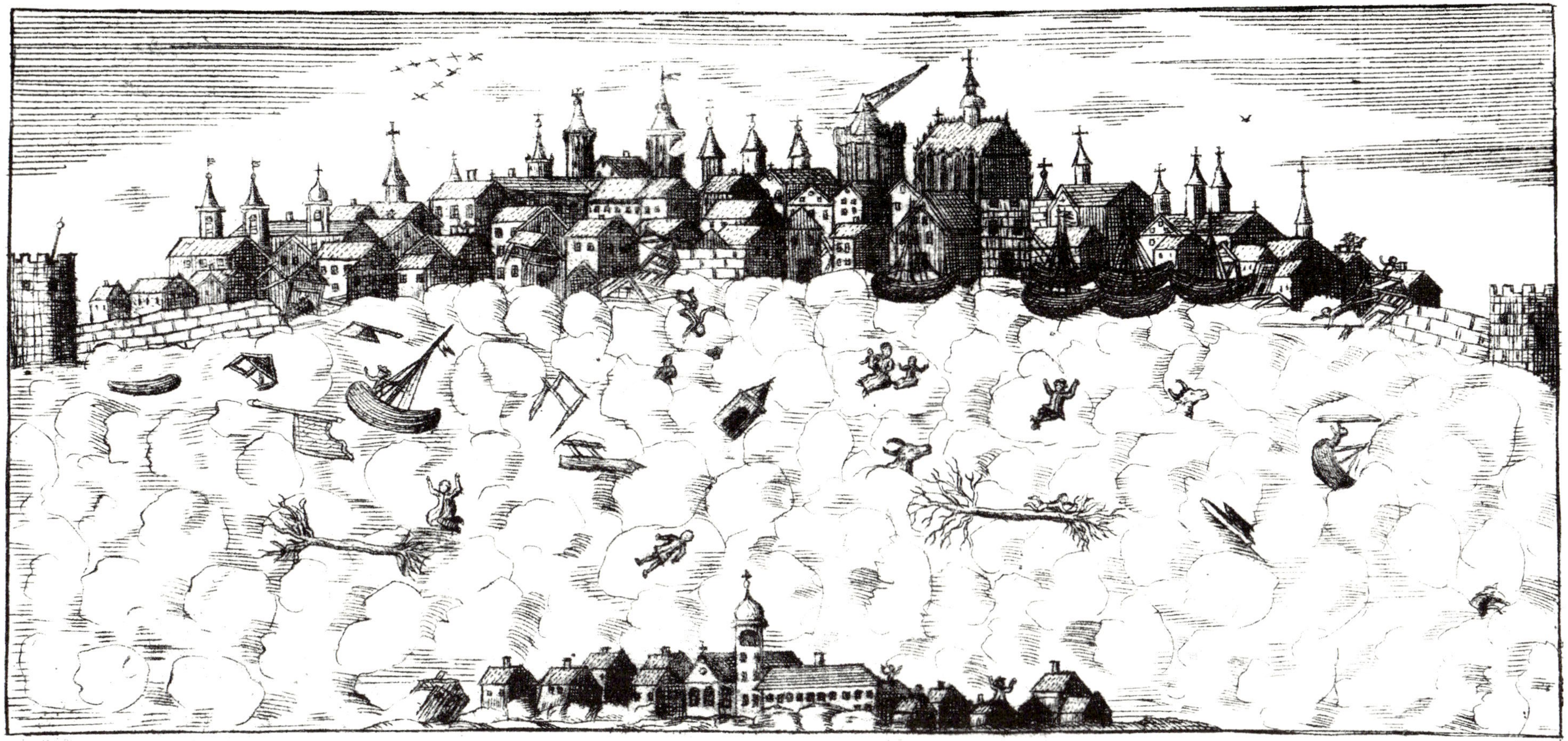

Die Weillen der Schade so gross, bin ich veranlast Worden, eine 2te fort Setzung des Cöllnischen denckzeichen, zu hinter
lassen, Nach dem die Entzetzliche Eis dicke vom 10t. Ianua= des Jahrs 1784 bis den 27 Februa= auff einen dag Nechst 7 Wochen gestanden
brach es Entlich, mit Solcher gewalt auff das gleich der erste stürm, unsere Statt mauren, vom Bäyen Thürn an, bis unter
S. Cuniberti dergestalt ein Stürmte, das Wenig davon über blib, dan ginge es an unsere Krannen und Eisbreche die ebenfahls mit
fort gingen, das Kaum der art überig blib, als dan ging erst das gröste übel an, indeme es Viele Schiffe Weg ris und Zerquetzte die darauff
Stehende Knechte ersoffen, nach diesem Warff es vielle häusser ein, vielle Menschen gingen unter, einige retteten sich doch mit zurück
lassung ihrer hab und güter, das Wasser Wüchs in einer Stunden 6 Schuhe hoch, der gantze heu und alten Marck stünte ihm
Wasser, 5 à 6 Schuhe, es lieffe vor St. Johan durch die Wehr gass, in die Spitze und Verderbte häusser und Menschen, beym Bäyen
Thürn brach es dürch und bedeckte den St. Severins und andre Wein garten, mit Eis risse häusser Menschen und mauren mit
ford, es lieffe ein gutes stück langs die Capuciner, in suma unsere gantze Statt Ware mit Wasser umzaunt, alle statt graben Waren voll und Wen=
=ig Pforten befreit die gantze Statt stünte in schrecken doch durch gottes güte Wieder errettet. Cölln, zu finden bey L. Moser auf der breit strass

Kat.-Nr. 109

wetter abwechselnden starken Frost auf dem Rhein aufgestaut hatten, setzten sich am 27. Februar 1784 in Bewegung und führten zu einer schweren Eis- und Überschwemmungskatastrophe in Köln, Mülheim, Deutz sowie im gesamten Niederrhein-Gebiet (vgl. die Nummern 110 und 112).

Unterhalb der Darstellung:
„Die weillen der Schade so groß, bin ich veranlast worden, eine 2te fortsetzung des cöllnischen denckzeichen zu hinter lassen. Nach dem die Entsetzliche Eis dicke vom 10t Janua= des Jahres 1784 bis den 27 Februa= auff einen dag nechst 7 Wochen gestanden brach es entlich mit solcher gewalt, auff das gleich der erste Sturm unsere Statt mauren vom Bayen Thurm an bis unter S. Cuniberti dergestalt ein stürmte, das wenig davon über blib, dan ginge es an unssere Krannen und Eisbreche die ebenfahls mit fort gingen, das kaum derart überig blib. als dan ging erst das gröste übel an, indeme es viele Schiffe wegris und zerquetzte, die darauff stehende Knechts ersoffen. nach diesem warff es vielle häusser ein. vielle Menschen gingen unter, einige retteten sich doch mit zurück lassung ihrer hab und güter, das Wasser wuchs in einer Stunden 6 Schuhe hoche, der ganzte heu und alten Marck stunte ihm Wasser, 5 at 6 Schuhe, es lieffe vor St. Johann durch die Wehrgaß, in die Spitze und verderbte häusser und Menschen, beym Bayen Thurn brach es durch und bedeckte den St. Severins und andere Weingarten mit Eis risse häusser Menschen und Mauren mit ford, es lieffe ein gutes Stuck langs die Capuciner, in summa unssere gantze Statt ware mit Wasser umzaunt, alle Statt graben waren voll und wenig pforten befreit, die gantze Statt stunte in Schrecken doch durch Gottes Güte wieder errettet."

Darunter rechts unten: „Cöllen, zu finden bey L. Moser auf der breit Strass."

Literatur:
Merlo 1895, Sp. 608, erwähnt das Blatt nicht; Krudewig 1902, Nr. 124; Krudewig 1906, Nr. 178; zum Eisgang siehe Nr. 108

110

Kupferstich, 1784, verlegt bei Maassen und Goffart, Köln

Darst.: 11,8 x 22,6 cm	
1) Blatt: ca. 23,5 x 37 cm (Abb.)	Inv. Nr. AI2/122
	RBA Nr. 160 266
2) Blatt: 15,9 x 22,8 cm	Inv. Nr. K.H. 51

Von Osten; mit Deutz und Mülheim (beide überschwemmt). Gesamtes Köln-Panorama; gerade.
Auf dem Rhein Eisschollen; der Bayenturm von Wasser und Eisschollen umgeben.
Köln-Panorama naiv, ungenau.
Der Kupferstich erschien in einer 44 Seiten umfassenden Schrift von Johann Leonhard Theler, „Ausführliche Nachricht von dem erschrecklichen Eisgange, und den Ueberschwemmungen des Rheines, welche im Jahre 1784 die Stadt Köln, und die umliegenden Gegenden getroffen", bei Hermann Joseph Haas in Köln, nach Seite 28. Zum Eisgang 1784 vgl. auch Nrn. 108, 109 und 112.

Innerhalb der Darstellung unten rechts: „Bey Maassen und Goffart".
Unterhalb der Darstellung:
„Eigentliche Vostellung zum immerwärenden Andencken des traurigen Schicksals der Stadt Cöln. Da im Jahr 1784 der gewaltige Rheinstrom sich durch die zum höchsten Grad gestiegene Kält 16 Fus dieff zusammen sackte, und 47 Tag Maur fest die schwerste Läst von einem Uffer zum anderen Beförderte, je tieffer nun die Zufrierung des Stroms ware, desto gewaltsamer muste der Aufbruch sein. Dann am 27. Feb. wurden durch den gewaltsamen Drang des Eises 4 Krahnen zugrunde gerichtet. Die Landbrück, Schiffbrück, Eisbock seind von den reissenden Strom mit genohmen worden, 16 holländische und viele oberländische Schif zu grunde gegangen. Die Stadt Mauren umgeworffen samt den angräntzenden Häuser, und unzähligen Menschen zerschmettert, das Wasser ware bey diesem Sturm 11 Schuhe, 3 Zoll höher als 1740. Wodurch dan beynachst die gantze Stadt in Wasser gesetzet wurde. Auch hat diese entsetzliche hohe Flut jemseit dem Bayenthurm einen Ausbruch gethan, wovon viele Felder überschwemmet. Auch alle Graben rings um die Stadt mit Wasser angefüllt, und der unter der Müntze ausgebrochene Flut hat in Mauenheim und andere Örther viel Schäden

Rhein Flus
A
B
Beÿ Maassen Und Goffart
Eigentliche Vorstellung Zum Imerwärende Andencken Des Traurigen Schicksals der Stadt Cölln, Da im Iahr 1784 Der gewaltigen Rhein Strom
Sich durch Die zum Höchstengrad gestiegene Kält 16 Fus Dieff Zusamen Sackte, und 47 Täg Maur Fest die Schwerste Läst Von Einem Uffer
Zum Anderen Beförderte, je Tieffer nun die Zufrierung des Stroms Ware, desto Gewaltsamer Muste der Aufbruch Sein, Da am 27 Feb(
Wurden Durch den Gewaltsamen Drang des Eises 4 Krahnen Zugrunde gerichtet, Die Landbrück, Schiffbrück, Eisbock Seind von den Reissen-
den Strom Mit genohmen Worden, 16 Holländische und Viele Oberländische Schif Zu Grunde Gegangen, Die Stadt Mauren Umgeworffen Samt
den Angräntzenden Häuser, und Unzähligen Menschen Zerschmettert, das Wasser Ware beÿ Diesem Sturm 11 Schuhe, 3 Zoll Höher als 1740.
Wodurch Dan Beÿnächst die Gantze Stadt in Wasser Gesetzet wurde, Auch hat Diese Entsetzliche Hohe Flut jenseit dem baÿenthurm Einen ausbruch
Gethan, Wovon Viele Felder über Schwemmet, Auch alle Graben Rings um die Stadt Mit Wasser Angefüllet, und der unter der Müntze Ausgebrochene Flut Hat in
Mauenheim Und andere Örther Viel Schäden gethan. A. Deutz Hat Etlige Häuser und allen Ihr Vieh Verlohren. B. Mülheim Hat 161 Haiser und Viel Menschen
Eingebüset. C. Roden Kirchen Hat Gleiches Schicksall Gehabt. Alten Marck und Heumark Waren 4 bis 7 Fus unter Wasser Gesetz

Kat.-Nr. 110

gethan. Deutz hat etlige Häuser und allen ihr Vieh verlohren. Mülheim hat 161 Häuser und viel Menschen ein gebüset. Rodenkirchen hat gleiches Schicksal gehabt. Alten Marck und Heumark waren 4 bis 7 Fus unter Wasser gesetz."

Literatur:
Merlo, 1895, Sp. 563; Krudewig 1902, Nr. 125; Krudewig 1906, Nr. 179; Köln-Archiv, Bd. IV, Bl. 02057; Köln-Edition, Bd. IV, Bl. 01048 (Faksimile der Schrift von J. L. Theler); zum Eisgang siehe Nr. 108

111

„Die Frey Reichs Stadt Cölln"

Kupferstich, 1788

Darst.: 12,5 x 20,7 cm	Inv. Nr. AI2/124
Blatt: 15 x 21 cm	RBA Nr. 158 520

Von Osten; Deutz als Häuser-Ansammlung. Gesamtes Köln-Panorama; leicht gebogen. Schlittschuhläufer, Spaziergänger und Pferdekutsche auf dem zugefrorenen Rhein; der Weg von Deutz über das Eis gabelt sich in zwei Wege nach Köln.
Im Himmel links und rechts die beiden Stadtwappen, der Titel in der Mitte auf einem Schriftband.
Das Köln-Panorama sehr naiv; in der Merian-Tradition (Nr. 20).

Unterhalb der Darstellung (dreizeilig, doppelspaltig):
„Da im Jahre 1788 die Kälte so hoch stieg, ja schier höher als in jenem traurigen Jahre 1784, dessen Andencken noch Schaudern erreget, so überzog sich der Rhein den 22sten Dezember gantz ruhig mit einer so festen Eis decken, das Menschen und Viehkarren und Wagen ohne Gefahr hinüber wandern können."

Literatur:
Krudewig 1902, Nr. 127; Krudewig 1906, Nr. 181

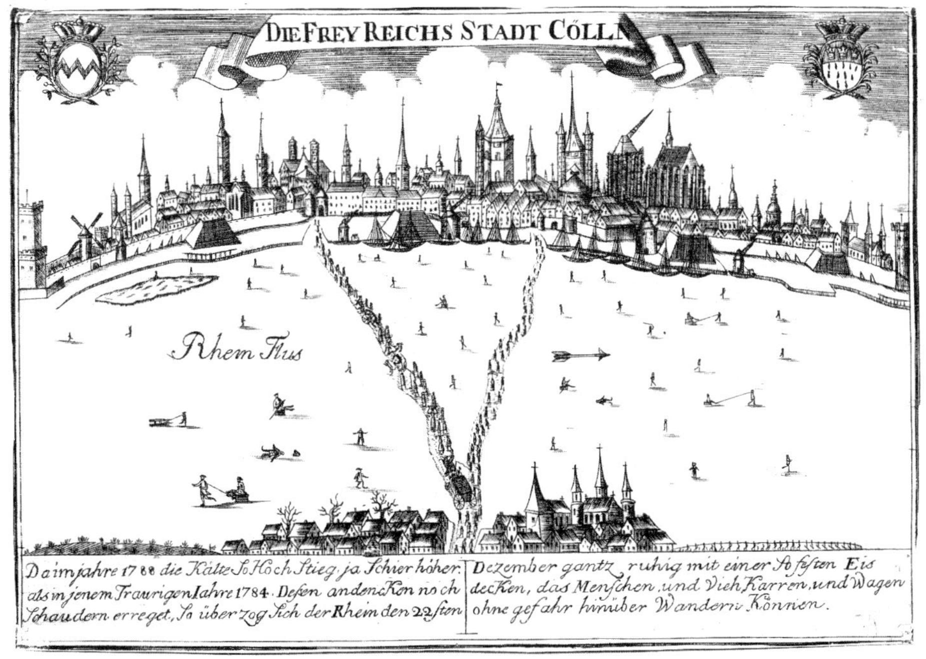

112

„La Grande Desolation arrivée à Cologne par les grosses Glaces du Rhin"
(spiegelverkehrt); Guckkastenblatt

Kol. Kupferstich, Augsburg 1784
Stecher/Zeichner: Johann Baptist Bergmüller

Darst.: 25,5 x 41,2 cm	Inv. Nr. H.M. 1903/93
Blatt: 32 x 46,6 cm	RBA Nr. 165 432

Italienisierende Phantasie-Ansicht des überschwemmten Köln während der Eis- und Überschwemmungskatastrophe im Februar 1784 (vgl. dazu die Nrn. 108-110). Nach Borger/Zehnder handelt es sich bei dem Künstler um Johann Baptist Bergmüller.

Collection des Prospects. LA GRANDE DESOLATION ARRIVEE Á COLOGNE PAR LES GROSSES GLACES DU RHIN

Vorstellung des erbärmlichen Zustandes, in welchen 1784. den 28. Februarius die Stadt-Cöllen versetzt worden, als der Eisbruch auf dem Rheinflus geschehen. Bey dieser Schröckens vollen Begebenheit stürzten an mehrern Orten die Stadt Mauren durch die große Gewalt des Wassers ein, welches in die Stadt eindrung und an einigen Gegeden derselben über 6. Schuh anstieg.
∴ S. Maria. ∴∴ Das Rathaus. ∴∴ Gros S. Martin ∴∴ klein S. Martin.
∴∴ Augustiner Kloster.

Representation du deplorable état, au quel fut reduite la Ville de Cologne en 1784. le Fevrier, lorsque les glaces vinrent à se rompre sur le Rhin. A l'occasion de ce terible evenement les murailles de la ville s'ecroulerent en plusieurs endroits par la Grande force des eaux, qui penetrerent dans la ville et monterent en quel ques quartiers à une hauteur de 6. pieds et au de la
∴ St. Marie. ∴∴ Hotel-de-Ville. ∴∴ grande St. Martin. ∴∴ petit St. Martin
∴∴ Convent de St. Augustin.

Se vend à Augsbourg dans le Négoce commun de l'Académie Impériale d'Empire, sous son Privilège et avec defense faire de ni vendre de Copies.

Kat.-Nr. 112

Guckkästen und die dazugehörigen -blätter erlebten ihre Blütezeit in der zweiten Hälfte des 18. Jahrhunderts – die meisten dieser Blätter wurden in Augsburg gedruckt. „Durch eine dicke Glaslinse sahen die Schaulustigen auf den Kupferstich, der in einem schwarzen Kasten raffiniert beleuchtet wurde“ (Babendererde 1968, S. 154). Mit Hilfe einer Konvexlinse und eines Spiegels konnte man das Bild räumlich sehen, und die spiegelverkehrte Darstellung samt Überschrift erschien seitenrichtig.

Titel oberhalb der Darstellung. Links davon: „Collections des Prospects“.
Unterhalb der Darstellung sieben deutsche und sieben französische Textzeilen:
„Vorstellung des erbärmlichen Zustandes, in welchen 1784 den 28. Februarius die Stadt Cöllen versetzt worden, als der Eisbruch auf dem Rheinflus geschehen. Bey dieser schröckensvollen Begebenheit stürzten an mehrern Orten die Stadt Mauren durch die große Gewalt des Wassers ein, welches in die Stadt eindrung und an einigen Gegenden derselben über 6 Schuh anstieg.“

Darunter Legende: „S. Maria / Das Rathaus / Gros S. Martin / Klein S. Martin / Augustiner Kloster.“
„Répresentation du deplorable état, au quel fut reduite la Ville de Cologne en 1784, le Fevrier, lorsque les glaces vinrent à se rompre sur le Rhin. A l'occasion de ce terrible evénement les murailles de la ville s'ècroulerent en plusieurs endroits par la Grande force des eaux, qui pénétrerent dans la ville et monterent en quel ques quartiers à une hauteur de 6 pieds et au de la.“

Darunter Legende: „St. Marie / Hôtel-de-Ville / grande St. Martin / petit St. Martin / Convent de St. Augustin.“

Darunter: „Se vend à Augsbourg dans le Negoce commun de l'Academie Imperiale d'Empire, sous son Privilège et avec defénse fair de ri ni vendre de Copies.“

Literatur:
Borger/Zehnder 1982, S. 198 ff.; zum Eisgang siehe Nr. 108

113

„Keulen / Cologne“ (unterhalb der Darstellung)

Kupferstich und Radierung, (1763/64), zuerst erschienen bei Fredrik Willem Grebe, Amsterdam 1767
Stecher: Henrik de Leth d. J. (nicht im Blatt bez.)

Darst.: 21,2 x 32,9 cm	Inv. Nr. AI2/116
Blatt: 25,2 x 36,8 cm	RBA Nr. 89 008

Von Südosten; rechts wenig Deutzer Ufer (Rampe mit Fliegenden Brücke) mit Häusern, Staffage und großem Baum. Panorama-Ausschnitt: St. Maria im Kapitol bis St. Kunibert; gerade. Auf dem Rhein zahlreiche Schiffe.
Rechts oben numeriert: 26.

Das 1763/64 gestochene Köln-Panorama erschien zuerst 1767 bei Fredrik Willem Grebe in Amsterdam – in jener ersten Auflage hatte das Blatt den Titel „Ceulen / Colongie“, und die Nummer „26“ fehlte noch (vgl. KSM R 141 und Kat. Köln/Bonn 1993, Nr. 122). Die Darstellung wurde wiederverwendet in: Beknopte Beschrijving van den Rhijnstrom..., bei A.B. Saakes, Amsterdam 1794; dort mit demselben Titel wie im vorliegenden Blatt, aber noch ohne die Nummer „26“ (vgl. KSM R 11 und Kat. Köln/Bonn 1993, Nr. 60). Die Numerierung des vorliegenden Blattes deutet auf eine spätere Auflage nach 1794 hin.

In der Graphischen Sammlung der Kreissparkasse Köln befinden sich drei gerahmte Exemplare:
a) wie das beschriebene Blatt des KSM (Inv.Nr. 49204-21278).
b) Inv. Nrn. 49204-545 und 49204/23545 sind identisch: abweichender Titel „Ceulen/Cologne“, ohne die Nummer „26“ oben rechts; diese beiden Blätter dürften aus einer Auflage stammen, die vor der von Saakes 1794 erschienen ist.

Literatur:
Krudewig 1902, Nr. 119; Krudewig 1906, Nr. 170 (vgl. auch Nr. 169)

Keulen. *Cologne.*

Kat.-Nr. 113

ANHANG

ANHANG

KÜNSTLERVERZEICHNIS

Aa, Pieter van der
(1659 – Leiden – 1733)
Drucker, Verleger und Kunsthändler in Leiden, tätig 1713-1730.
Kat.Nr. 57
Lit.: Wurzbach, Fauser 1978 (S. XXI), Kretschmer et al. 1986

Abelin, Johann Philipp
(* Straßburg – 1634/37 Frankfurt/Main (?))
Schriftsteller, tätig in Frankfurt/Main; Verfasser des „Inventarium Sueciae", 1632 bei Hulsius, und der ersten beiden Bände des „Theatrum Europaeum", 1635 ff. bei M. Merian erschienen. Veröffentlichte auch unter dem Namen Johann Ludwig Gottfried.
Kat.Nr. 21, 31
Lit.: ADB

Altzenbach, Gerhard
Kupferstichverleger und -händler, 1609-1672 in Köln nachweisbar.
Kat.Nr. 20, 34, 35, 38
Lit.: ADB, Merlo 1895, Thieme/Becker, Benzing 1977 (Sp. 1086)

Aremberg, Carolus de (d.i. Anton von Aremberg)
(Um 1593 – 1669)
Sohn des 1616 gestorbenen Fürsten Karl von Aremberg; trat in den Kapuzinerorden ein und erhielt dort den Namen Carolus. Verfasser des Buches „Flores seraphici", Köln 1640.
Kat.Nr. 43
Lit.: Rhein. Antiquarius 1851 ff., III, Bd. 1 (S. 739/40)

Aubry, Abraham
(* Oppenheim – nach 1682 Straßburg)
Kupferstecher; ab ca. 1650 in Straßburg, seit ca. 1654 in Köln für Gerhard Altzenbach tätig.
Kat.Nr. 53
Lit.: Merlo 1895, Thieme/Becker, Benzing 1977 (Sp. 1089), Saur

Authes, Hermann Adolf
Bearbeiter und Herausgeber der letzten Ausgabe des Städtebuches von Abraham Saur, erschienen bei Nikolaus Basse, Frankfurt/Main 1658.
Kat.Nr. 10

Baeck, Elias (genannt Heldenmuth)
(1679 – Augsburg – 1747)
Maler und Kupferstecher, tätig für den Verlag J. Wolff Erben, Augsburg.
Kat.Nr. 73a
Lit.: Thieme/Becker

Basse, Nikolaus
Drucker und Verleger in Frankfurt/Main, tätig 1581-1598; gestorben 1601.
Kat.Nr. 10
Lit.: Bachmann 1939 (S. 13 f.), Benzing 1982 (S. 124 f.)

Basset
Verleger in Paris, tätig um 1670.
Kat.Nr. 12

Bergmüller, Johann Baptist
(1724 – Augsburg – 1785)
Freskenmaler und Kupferstecher in Augsburg.
Kat.Nr. 112
Lit.: Thieme/Becker

Bert, Peter de (Petrus Bertius)
(1565 Beveren – 1629 Paris)
Professor in Leiden (wissenschaftlicher Theologe, Historiker, Geograph); 1618 vom französischen König zum Königlichen Kosmographen ernannt. Seit 1619 in Frankreich ansässig.
Kat.Nr. 24
Lit.: ADB, Bachmann 1939 (S. 14 f.), Klose/Martius 1962 (S. 78), Fauser 1978 (S. XXVIII), Schmitt 1991 (S. 18/19)

Bingen (Bingius), Andreas
Verleger in Köln, tätig um 1660.
Kat.Nr. 44
Lit.: ADB, Reuter 1958 (S. 142), Benzing 1982 (S. 254)

Birboum, Michel L.
Kupferstecher, in Köln nachweisbar 1608/12 und um 1625.
Kat.Nr. 29
Lit.: Merlo 1895 (Birbaum)

Birckmann
Buchhändler-, Drucker- und Verlegerfamilie in Köln. Franz Birckmann, sein Bruder Arnold und dessen Sohn Johann führten die Offizin Birckmann 1510-1585. Danach übernahm Arnold Mylius das Geschäft, und sein Sohn Hermann führte es bis 1654 weiter.
Kat.Nr. 23
Lit.: ADB (Birkmann), Heitz/Zaretzky 1898 (S. XXII f.)

Boisseau, Jean
Verleger in Paris, tätig um 1645.
Kat.Nr. 52
Lit.: Nagler

Bouttats, Frederik d.J.
Kupferstecher in Antwerpen, tätig Mitte des 17. Jahrhunderts bis 1676 – auch für Kölner Verleger.
Kat.Nr. 44
Lit.: Merlo 1895, Thieme/Becker

Braun, Augustin
(Um 1570 – in Köln tätig 1590-1639)
Maler, Zeichner, Kupferstecher (religiöse und historische Themen); seine Stiche sind alle selten.
Kat.Nr. 16
Lit.: ADB, Merlo 1895, Thieme/Becker, Hogenberg/Hellwig 1983 (S. 16b), Vey 1995

Busche, Hermann von dem
(1468 – 1534)
Ein zu seiner Zeit bekannter Humanist, der 1495-1500 und 1507-1516 in Köln lebte. Verfasser des Gedichts „Flora" auf dem großen Köln-Panorama von Anton Woensam.
Kat.Nr. 7
Lit.: ADB (Busch), Liessem 1885, Stohlmann 1980 (S. 15 f.).

Crepy, Jean
(1660 – 1730)
Kupferstecher und Verleger in Paris.
Kat.Nr. 11
Lit.: Thieme/Becker

Crombach, Hermann
(1598 – Köln – 1680)
Jesuitenpater und Professor für Moraltheologie. Verfasser des Buches „Primitiae gentium", Köln 1647.
Kat.Nr. 49
Lit.: ADB, Kat. Köln 1965 (S. 116, Nr. 117)

Deer, Wolfgang
Verleger in Leipzig, tätig um 1730.
Kat.Nr. 79
Lit.: Fauser 1978 (S. XXXVI)

Deutsch, Hans Rudolf Manuel (Monogramm HRMD)
(1525 Erlach/Bielersee – 1571 Morsee)
Zeichner, Maler und Dichter.
Kat.Nr. 8
Lit.: Bartsch IX (S. 224), Nagler Monogrammisten III (Nr. 1438), ADB (Manuel), Thieme/Becker

Eder, Joseph
(* 1760 Wien)
Kupferstecher und Verleger.
Kat.Nr. 77
Lit.: Thieme/Becker

Elkan, David Levy
(1808 – Köln – 1865)
Lithograph und Maler; 1859-1864 in Düsseldorf ansässig als Leiter eines lithographischen Geschäfts. „Illustrator der Rheinromantik" und „Verherrlicher der ehrwürdigen Stadt Köln" (Thieme/Becker).
Kat.Nr. 7
Lit.: Merlo 1895 (Sp. 217 ff. und Sp. 1087/88), Thieme/Becker

Engelbrecht, Martin
(1684 – Augsburg – 1756)
Verleger in Augsburg.
Kat.Nr. 76
Lit.: Nagler, Thieme/Becker

Everaerts, Johann
Aus Holland stammender Kupferstecher, in Köln tätig seit 1721 bis zu seinem Tod um 1766.
Kat.Nr. 87, 94, 96, 98, 99
Lit.: Merlo 1895, Schöller 1995 (Nr. 100)

Eyben, Huldrich von (Hulderico Eybenio)
(1629 Norden/Ostfriesland – 1699 Wetzlar)
Professor der Rechte und Verfasser juristischer Schriften, tätig in Gießen und Helmstedt.
Kat.Nr. 44
Lit.: ABD

Fassmann, David
(1683 Wiesenthal/Erzgebirge – 1744 Lichtenstätt/Böhmen)
„Literat" in Leipzig ab 1717, „verfertigte auf Bestellung der dortigen Buchhändler allerlei Modeschriften" (ADB). 1726-1731 in Berlin tätig.
Kat.Nr. 79
Lit.: ADB

Focken, Hendrick
Verleger in Amsterdam, tätig um 1660.
Kat.Nr. 39

Fürst, Paul (Paulus)
(1608 – 1666)
Verleger in Nürnberg.
Kat.Nr. 28, 30
Lit.: Thieme/Becker, Benzing 1977 (Sp. 1138)

Funck, David
(1642 – 1709)
Verleger und Buchhändler in Nürnberg.
Kat.Nr. 28
Lit.: Benzing 1977 (Sp. 1139)

Furck, Sebastian
(Um 1600 Alterkülz/Hunsrück – 1655 Frankfrut/Main)
Kupferstecher in Frankfurt/Main seit 1617/18, tätig in den Werkstätten von Eberhard Kieser und später in der von Matthäus Merian. Seit 1628 selbständig, auch als Verleger.
Kat.Nr. 30
Lit.: Thieme/Becker, Bachmann 1939 (S. 17/18), Benzing 1977 (Sp. 1139)

Garden, Francis
(* England – 1745 in Boston tätig)
Kupferstecher.
Kat.Nr. 61
Lit.: Thieme/Becker

Gelenius (Gelen), Aegidius
(1595 – 1656)
Kanoniker von St. Andreas in Köln, kirchlicher Rat und erzbischöflicher Historiograph. Verfasser eines Buches über die Kölner Reliquienschätze, Köln 1645.
Kat.Nr. 48
Lit.: ADB

Goffart, Jakob
Verleger in Köln, tätig 1720/30.
Kat.Nr. 38
Lit.: Merlo 1895

Gottfried, Johann Ludwig
siehe Abelin, Johann Philipp

Grebe, Fredrik Willem
Verleger in Amsterdam, tätig um 1767.
Kat.Nr. 113

Haas, Hermann Joseph
Drucker und Verleger in Köln, tätig um 1784.
Kat.Nr. 110

Haffner, Johann Christoph
(1668 Ulm – 1754 Augsburg)
Kupferstecher und Verleger, arbeitete u.a. für den Verlag von Jeremias Wolff in Augsburg.
Kat.Nr. 69, 70
Lit.: Nagler, Thieme/Becker (Hafner)

Henric-Petri, Sebastian
Verleger in Basel, tätig 1579-1628.
Sohn und Nachfolger von Heinrich Petri.
Kat.Nr. 8
Lit.: ADB (Petri)

Heyden, Jacob van der
(1573 Straßburg – 1645 Brüssel)
Maler, Kupferstecher und Verleger, 1603-1635 in Straßburg tätig.
Kat.Nr. 32
Lit.: Thieme/Becker, Benzing 1977 (Sp. 1168 f.)

Hocquart, Edouard
Kupferstecher und Verleger in Paris, tätig um 1810.
Kat.Nr. 12
Lit.: Thieme/Becker

Hoeye, Rombout van den
(1622 – Amsterdam – um 1662)
Verleger in Amsterdam.
Kat.Nr. 36
Lit.: Wurzbach, Thieme/Becker

Hoffmann, Wolfgang
Buchdrucker in Frankfurt/Main, tätig 1624-1647. Die Erben führten die Druckerei bis 1658 weiter.
Kat.Nr. 21
Lit.: Fauser 1978 (S. XLIV f.), Benzing 1982 (S. 134)

Hogenberg, Abraham
(Um 1580 – bis 1653 nachweisbar)
Kupferstecher und Verleger in Köln, tätig bis 1653.
Kat.Nr. 16
Lit.: Merlo 1895

Hollar, Wenzel
(1607 Prag – 1677 London)
Zeichner und Radierer; 1627 Lehre bei Matthäus Merian in Frankfurt/Main. 1632-1636 in Köln tätig.

Kat.Nr. 34, 38
Lit.: ADB, Merlo 1895, Thieme/Becker, Kat. Köln 1992

Holtzemius, Petrus
(1570 – 1651)
Arzt, 1607-1649 Professor der Medizin in Köln und Leibarzt des Kurfürsten; verfaßte im Auftrag des Rates der Stadt Köln das Buch „Pharmacopoea Coloniensis", das 1627 erschien und Vorschriften über die Zusammensetzung von Medikamenten enthält.
Kat.Nr. 23
Lit.: Creutz 1931 (S. 29 ff.), Kat. Köln 1965 (Nr. 137)

Hulsius (Hulsen), Friedrich van
(Um 1580 Middelburg – 1660 Frankfurt/Main)
Kupferstecher und Verleger, spätestens seit 1606 in Frankfurt/Main tätig.
Kat.Nr. 21
Lit.: Nagler, Wurzbach, Thieme/Becker, Bachmann 1939 (S. 22 f.), Benzing 1977 (Sp. 1177), Fauser 1978 (S. XLIV f.)

Janssonius, Joannes
(Um 1588 Arnheim – 1664 Amsterdam)
Verleger von Globen, Atlanten und Landkarten in Amsterdam.
Kat.Nr. 24
Lit.: Fauser 1978 (S. L), Kretschmer et al. 1986

Jollain
Kupferstecher- und Stichverlegerfamilie in Paris, seit 1660 nachweisbar.
Kat.Nr. 37
Lit.: Thieme/Becker

Jonghe, Clement de
Kupferstecher und Stichverleger in Amsterdam, tätig 1640-1670.
Kat.Nr. 39
Lit.: Wurzbach, Thieme/Becker

Jordan, Peter
Drucker; hat bei Peter Quentel in Köln gelernt und sich danach (1531-35) in Mainz selbständig gemacht; 1540-1552 wieder in Köln ansässig, auch literarisch tätig.
Kat.Nr. 15
Lit.: ADB, Benzing 1982 (S. 242 und 316)

Kalckhoven, Jost (Jodocus Kalcoven)
Buchhändler, Verleger und Drucker in Köln, tätig 1641-1669 (die Erben führten das Geschäft bis 1673 fort); Geschäftsnachfolger der Offizin Bernhard Wolter.
Kat.Nr. 48
Lit.: ADB (Kalcoven), Reuter 1978 (S. 144), Benzing 1982 (S. 254)

Keere, Pieter van der (Petrus Kaerius)
(1570/71 Gent – um 1646 (?))
Kupferstecher und Verleger, tätig in Amsterdam 1590-1620. Kretschmer et al. zählen ihn „zu den besten Graveuren seiner Zeit"; Thieme/Becker erwähnen seine Köln-Ansicht.
Kat.Nr. 18, 24
Lit.: Nagler (Kerius), Wurzbach, Thieme/Becker, Kretschmer et al. 1986

Kieser, Eberhard
Verleger in Frankfurt/Main, tätig 1609 bis ca. 1635.
Kat.Nr. 30
Lit.: Thieme/Becker, Bachmann 1939 (S. 16 ff.), Benzing 1977 (Sp. 1184), Fauser 1978 (S. LXXIV), Eymann 1979

Kinckius, Johann
(1579 Heinsberg – 1656 Köln)
Buchhändler, Verleger und Drucker in Köln; selbständiger Verlag seit 1605 durch Einheirat in die Verleger-Familie Gymnich.
Kat.Nr. 49
Lit.: ADB, Reuter 1958 (S. 144), Benzing 1982 (S. 251)

Knorz, Andreas
Buchdrucker in Nürnberg, tätig 1676-1685; seine Witwe führte die Offizin bis 1695 weiter.

Kat.Nr. 67
Lit.: Benzing 1982 (S. 368)

Koberger, Anton
(Um 1440 – Nürnberg – 1513)
Buchdrucker und Verleger in Nürnberg, als solcher tätig seit 1472.
Kat.Nr. 4
Lit.: ADB (Koburger), Geldner 1968 (S. 162-167), Rücker 1973 (S. 18/19)

Koelhoff, Johann(es) d.J.
(* Lübeck – nach 1502 Köln)
Drucker und Verleger; seit 1472 in Köln ansässig, übernimmt 1493 die Druckerei seines Vaters.
Kat.Nr. 2, 6
Lit.: ADB, Voulliéme 1903 (S. LXV), Haentjes 1953 (S. 6), Corsten 1957 (S. 59 ff.), Reuter 1958 (S. 132), Kat. Köln 1965 (S. 16 f.), Geldner 1968 (S. 103), Corsten 1985 (S. 11 f. und 14 ff.)

Kolb, Johann Christoph
(1680 – 1743)
Zeichner, Stecher und Verleger, tätig in Augsburg um 1720.
Kat.Nr. 86
Lit.: Nagler, Thieme/Becker

Koppmayer, Jakob
(1640 – Augsburg – 1703)
Drucker, seit 1669 eigene Druckerei in Augsburg; 1690 erhielt er ein kaiserliches Zeitungsprivileg.
Kat.Nr. 27
Lit.: Benzing 1982 (S. 23)

Leopold, Johann Christian
(1699 – 1755)
Kupferstecher und Verleger in Augsburg.
Kat.Nr. 72, 74
Lit.: Thieme/Becker

Leth, Hendrik de, d.J.
Zeichner, Kupferstecher und Kunsthändler, tätig in Amsterdam 1760-1766.
Kat.Nr. 113
Lit.: Wurzbach, Thieme/Becker

Leypolt, Johann(es)
Kupferstecher in Würzburg und Köln, tätig 1603-1619.
Kat.Nr. 17
Lit.: Merlo 1895, Thieme/Becker

Löffler, Johann Eckhard
Kupferstecher und Zeichner, tätig in Köln ca. 1630-1675.
Kat.Nr. 41, 42, 43, 46, 50
Lit.: Merlo 1895, Thieme/Becker

Maassen, Peter
Kupferstecher, tätig in Köln um 1784.
Kat.Nr. 85
Lit.: Merlo 1895

Maassen & Goffart
Kölner Verlag, um 1784.
Kat.Nr. 110

Meisner, Daniel
(1585 Komotau/Böhmen – 1625 Frankfurt/Main)
Verfasser der Sinnsprüche im „Politischen Schatzkästlein“.
Kat.Nr. 30
Lit.: Herrmann/Kraft 1927, Bachmann 1939 (S. 16 ff.), Klose/Martius 1962 (S. 79 ff.), Fauser 1978 (S. LXXIV), Eymann 1979

Merian, Matthäus d.Ä.
(1593 Basel – 1650 Schwalbach/Taunus)
Kupferstecher, Buchhändler, Drucker und Verleger. 1620-1624 eigene Werkstatt in Basel, seit 1625 Frankfurt/Main: Bry'sche Kunsthandlung. Der Verlag veröffentlichte hauptsächlich topographische Werke und Städtebilder, wurde von den Söhnen Matthäus d.J. und Caspar weitergeführt und bestand bis 1727.
Kat.Nr. 20, 31
Lit.: ADB, Merlo 1895, Thieme/Becker, Bachmann 1939 (S. 22 ff.), Klose/Martius 1962 (S. 90 ff.), Wüthrich 1966 ff., Benzing 1977 (Sp. 1214), Fauser 1978 (S. LIII), Kretschmer et al. 1986, Kat. Frankfurt/Main 1993

Mettelj, Nikolaus
Kupferstecher, tätig in Köln und Augsburg 1739-1772.
Kat.Nr. 84, 100, 107
Lit.: Merlo 1895 (Mettel), Thieme/Becker

Metternich, Paul
Kölner Verleger, tätig 1650-1669. Nach seinem Tod führten seine Erben das Geschäft noch bis 1688 fort.
Kat.Nr. 44
Lit.: Reuter 1958 (S. 145), Benzing 1982 (S. 255)

Milheuser, Johann Julius
(Um 1611 – 1680 Amsterdam)
In Amsterdam tätiger Kupferstecher.
Kat.Nr. 35
Lit.: Merlo 1895 (auch unter „Hollar", Sp. 397), Thieme/Becker

Moncornet, Balthasar
(Um 1600 Rouen (?) – 1668 Paris)
Kupferstecher und Verleger in Paris.
Kat.Nr. 37
Lit.: Thieme/Becker

Monogrammist A
Holzschneider, tätig um 1570 in Nürnberg.
Kat.Nr. 14

Monogrammist M.F.
Kupferstecher, tätig um 1750 in Köln.
Kat.Nr. 104

Moser, Lorenz
Kupferstecher, 1784/1813 in Köln tätig.
Kat.Nr. 108, 109
Lit.: Merlo 1895, Thieme/Becker

Münster, Sebastian
(1488 Ingelheim/Rhein – 1552 Basel)
Franziskanermönch, Humanist und Hochschullehrer in Basel und Heidelberg; Verfasser der „Kosmographie".
Kat.Nr. 8
Lit.: ADB, Fauser 1978 (S. LXI), Kat. Ingelheim 1988

Munich (Münich), Constantin
Verleger und Buchhändler in Köln, tätig 1629-1665.
Kat.Nr. 43
Lit.: Reuter 1958 (S. 145)

Overadt, Peter
Kupferstichhändler und Buchdrucker in Köln, tätig 1606-1627.
Kat.Nr. 29
Lit.: ADB, Merlo 1895, Thieme/Becker

Passe, Crispijn de, d.Ä.
(1564 Arnemuiden – 1637 Utrecht)
Kupferstecher und -verleger; tätig in Antwerpen, 1595-1612 in Köln, anschließend Utrecht.
Einführung S. 11
Lit.: Merlo 1895, Thieme/Becker, Warncke 1983 (S. 424 ff.)

Petri, Heinrich
(1508 – 1579)
Verleger in Basel, tätig 1546-1578.
Kat.Nr. 8
Lit.: ADB

Pleydenwurff, Wilhelm
(Um 1462 – 1494 Nürnberg)
Maler, Zeichner und Holzschneider in Nürnberg.
Kat.Nr. 4
Lit.: ADB, Thieme/Becker, Rücker 1973 (S. 18)

Probst, Johann Friedrich
Vedutenstecher und Verleger in Augsburg, tätig 1724 bis um 1750; Schwiegersohn und Nachfolger von Jeremias Wolff.
Kat.Nr. 73
Lit.: Thieme/Becker, Fauser 1978 (S. LXXXIV)

Quentel
- Heinrich (* Straßburg – 1501 Köln)
  Vater des Peter; Drucker und Verleger in Köln mit eigener Druckerei seit 1478.
  Kat.Nr. 3
- Peter (bis 1546 in Köln tätig)
  Drucker und Verleger in Köln, Nachfolger seines Vaters Heinrich.
  Kat.Nr. 7

Lit.: Ennen 1865 (S. XV f.: Heinrich), ADB (Quentell), Heitz/Zaretzky 1898 (S. XVII f.), Vouliéme 1903 (Nrn. 1030-32), Schramm 1924 (S. 9 ff.: Heinrich), Benzing 1952 (S. 86 und 88), Reuter 1958 (S. 132/33: Heinrich / S. 140: Peter), Geldner 1968 (S. 100: Heinrich), Benzing 1982 (S. 233: Heinrich / S. 237 f.: Peter)

Ram, Johannes de
(1647/48 Amsterdam – gest. vor 1696)
Kupferstecher und Verleger in Amsterdam.
Kat.Nr. 58
Lit.: Wurzbach, Thieme/Becker

Riegel, Christoph
(Mitte 17. Jh. – 1714)
Verleger in Nürnberg. Der Verlag befand sich noch 1800 in Familienbesitz.
Kat.Nr. 67
Lit.: Benzing 1977 (Sp. 1243), Fauser 1978 (S. LXIV)

Ringle (Ringlin), Johann Georg
(Um 1691 – Augsburg – 1761)
Augsburger Kupferstecher, tätig für die Verlage M. Engelbrecht, J.A. Pfeffel, J. Fr. Probst und G. Rogg.
Kat.Nr. 76
Lit.: Nagler, Thieme/Becker

Rösel, Christoph
Kupferstecher, um 1754 in Köln tätig.
Kat.Nr. 105
Lit.: Merlo 1895, Thieme/Becker

Rolevinck, Werner
(1425 Laer/Westfalen – 1502 Köln)
Kartäusermönch – 1447 Eintritt in das Kartäuserkloster zur Hl. Barbara in Köln – und Wissenschaftler; Verfasser theologischer und historischer Schriften (darunter „Fasciculus temporum").
Kat.Nr. 1, 3
Lit.: ADB, Corsten 1957 (S. 29), Ders. 1985 (S. 10)

Rollenhagen, Gabriel
(1583 – Magdeburg – 1619)
Dichter, Verfasser von Versen für Emblembücher.
Einführung S. 11
Lit.: ADB, Warncke 1983 (S. 428)

Rupprecht, Marcus Abraham
(Um 1733 – Augsburg – 1800)
Kupferstecher und Verleger in Augsburg; Nachfolger und Erbe von J. Chr. Haffner.
Kat.Nr. 64
Lit.: Nagler, Thieme/Becker

Sartor, Johann Jakob
Kupferstecher, tätig in Köln 1706-1732.
Kat.Nr. 97
Lit.: Merlo 1895, Thieme/Becker

Saur, Abraham
(1545 Frankenberg/Hessen – 1593 Marburg)
Seit 1575 Anwalt am hessischen Hofgericht in Marburg; Verfasser zahlreicher juristischer Handbücher sowie des „Stätte-Buchs", das 1581 ff. in Frankfurt/Main erschien.
Kat.Nr. 10
Lit.: ADB, Bachmann 1939 (S. 13 f.), Klose/Martius 1962 (S. 78), Fauser 1978 (S. LXIV), Schmitt 1984 (S. 341)

Schawberg, Johann Heinrich
(1717 – Antwerpen – 1760)
Kupferstecher, in Köln tätig um 1740/60.
Kat.Nr. 88, 89
Lit.: Merlo 1895, Thieme/Becker

Schedel, Hartmann
(1440 – Nürnberg – 1514)
Arzt, Sammler, Geschichtsforscher und Humanist; Verfasser der Texte der Schedelschen Weltchronik.
Kat.Nr. 4, 5
Lit.: ADB, Baer 1903 (S. 172 ff.), Rücker 1973 (S. 17), Fauser 1978 (S. LXV), Hernad 1990 (S. 13 ff.), Kreuer 1993 (S. 14)

Schenck, Peter
(1660 Elberfeld – 1718/19 Amsterdam)
Kupferstecher und Verleger in Amsterdam.
Kat.Nr. 59
Lit.: ADB, Wurzbach, Thieme/Becker, Fauser 1978 (S. LXVI)

Schmitz, W.
Verleger in Köln, tätig um 1750.
Kat.Nr. 89

Schnitzer, Lukas (Monogramm LS legiert)
Kupferstecher, 1633-1671 in Nürnberg tätig.
Kat.Nr. 28
Lit.: Nagler Monogrammisten V (Nr. 137), Thieme/Becker

Schönsperger, Johann
Drucker/Verleger in Augsburg, tätig um 1496/1500.
Kat.Nr. 5
Lit.: ADB (Hans Sch.), Geldner 1968 (S. 146), Rücker 1973 (S. 82), Fauser 1978 (S. LXVI)

Schophoven, Johann Peter
(1747 – Köln – 1819)
Zeichner und Schlosser in Köln, tätig um 1770.
Kat.Nr. 84
Lit.: Merlo 1895, Thieme/Becker; über Schophoven als Schlosser: Donner 1990 (S. 83)

Schut, Pieter
(1618/19 – nach 1660 Amsterdam)
Kupferstecher und Zeichner, tätig in Amsterdam.

Kat.Nr. 56
Lit.: Nagler, Wurzbach, Thieme/Becker, Fauser 1978 (S. LXVIII)

Seutter, Matthäus
(1678 – Augsburg – 1757)
Geograph, Kupferstecher und Verleger in Augsburg; 1730 durch Karl VI. zum Kaiserlichen Geographen ernannt.
Kat.Nr. 75
Lit.: ADB, Thieme/Becker, Fauser 1978 (S. LXVIII), Kretschmer et al. 1986

Sommer (Sonne von Sonnefeld), Alois
(1766 – 1819)
Architekturzeichner in Wien.
Kat.Nr. 77
Lit.: Wurzbach, Thieme/Becker

Steudner, Johann Philipp
(1652 – 1732)
Verleger in Augsburg.
Kat.Nr. 26
Lit.: Thieme/Becker, Benzing 1977 (Sp. 1275)

Stimmer, Christoph (Monogramm CS)
(Um 1520 – vor 1562)
Holzschneider, tätig in Basel.
Kat.Nr. 8
Lit.: Nagler Monogrammisten II (Nr. 669)

Stusgen, J.L.
Verleger in Köln, tätig um 1750.
Kat.Nr. 93

Ter Hoernen, Arnold
(* Utrecht – gest. 1484)
Buchdrucker und Verleger in Köln, tätig 1468-1482; gründete 1470 die zweite Kölner Presse.
Kat.Nr. 1, 2
Lit.: ADB (Hörnen), Heitz/Zaretzky 1898 (S. XIV), Voulliéme 1903 (S. XII ff.), Haentjes 1953 (S. 5), Corsten 1957 (S. 18 ff.), Reuter 1958 (S. 133), Geldner 1968 (S. 89), Corsten 1985 (S. 8 ff.)

Theler, Johann Leonhard
„Professor" in Köln um 1784; Verfasser einer Schrift über den Kölner Eisgang von 1784.
Kat.Nr. 110

Visscher, Nicolas d.Ä.
(1618 – Amsterdam – 1679)
Verleger und Kunsthändler in Amsterdam.
Kat.Nr. 56
Lit.: Wurzbach

Wehrbrun, Emanuel von
Kupferstecher, tätig in Köln 1630-1662.
Kat.Nr. 48
Lit.: Merlo 1895, Thieme/Becker

Weigel
- Hans d.Ä. (* Amberg – 1577 Nürnberg)
  Holzschneider und Verleger, tätig in Nürnberg 1549-1577.
- Martin (Monogramm MW)
  Holzschneider und Zeichner; 1553 in Augsburg, 1568 in Nürnberg tätig. Laut Andresen Bruder des Hans Weigel.

Kat.Nr. 14
Lit.: Nagler (Hans), Nagler Monogrammisten (Martin) I (Nr. 21,2) und IV (Nr. 2256, 26), Andresen IV (S. 93 ff.), Merlo 1895 (Martin: Sp. 1130), Thieme/Becker, Benzing 1977 (Sp. 1294)

Werner, Friedrich Bernhard
(1690 Reichenau – 1778 Breslau)
Zeichner und Kupferstecher, tätig für Augsburger Verleger.

Kat.Nr. 72, 73, 76
Lit.: ADB, Thieme/Becker, Klose/Martius 1962 (S. 112), Fauser 1978 (S. LXXXII)

Winheim, Erhard
Würzburger Kartäusermönch, Verfasser des „Sacrarium Agrippinae“, Köln 1607 (Beschreibung der Kölner Reliquienschätze; Vorläufer des Buches von Ae. Gelenius).
Kat.Nr. 17
Lit.: Kat. Köln 1985, Bd. 2 (S. 184, E 9)

Winters von Homborch (Homberg), Konrad
(* Homberg/Niederrhein)
Drucker, in Köln tätig ca. 1470-1482.
Kat.Nr. 1
Lit.: Ennen 1865 (S. XIV f.), ADB, Heitz/Zaretzky 1898 (S. XVII), Voulliéme 1903 (S. XXXVII), Schramm 1924 (S. 8), Corsten 1957 (S. 13), Reuter 1958 (S. 133), Geldner 1968 (S. 94), Corsten 1985 (S. 149)

Woensam, Anton
(Vor 1500 Worms (?) – 1541 Köln)
Seit 1518 in Köln als Maler, Zeichner und Holzschneider nachweisbar; war 1513 mit seinem Vater nach Köln gekommen und gilt als der „erste mit Namen bekannte Zeichner in Köln“ (Blum 1970, S. 161).
Kat.Nr. 7
Lit.: ADB, Merlo 1895 (Worms), Thieme/Becker, Haentjes 1953 (S. 52)

Wolff, Jeremias
(1663 – 1724)
Kupferstecher und Verleger in Augsburg.
Kat.Nr. 73, 73a
Lit.: Thieme/Becker, Fauser 1978 (S. LXXXIV)

Wolff, Johann Peter
(1655 – Nürnberg – nach 1702)
Kunsthändler in Nürnberg.
Kat.Nr. 63
Lit.: Thieme/Becker

Wolgemut, Michael
(1434 – Nürnberg – 1519)
Maler, Zeichner und Holzschneider in Nürnberg; entwarf seit 1484 Holzschnitte für den Buchdruck.
Kat.Nr. 4
Lit.: ADB, Thieme/Becker, Rücker 1973 (S. 18)

Wolter (Walters), Bernhard
Buchhändler und Druckverleger in Köln, tätig 1597-1637.
Kat.Nr. 17
Lit.: Heitz/Zaretzky 1898 (S. XXXIII f.), Benzing 1952 (S. 97), Reuter 1958 (S. 141), Benzing 1982 (S. 249)

Wyon
- Everhard
  Kupferstecher, tätig in Köln um 1721/67.
- Maria Elisabeth
  seine Tochter; als Kupferstecherin tätig um 1738/56.
- Peter
  Bruder des Everhard? Kupferstecher und Stempelschneider, tätig 1727/1765.

Kat.Nr. 81 (M.E.), 83 (E.), 87 (P.), 95, 106 (beide ohne Angabe des Vornamens)
Lit.: Merlo 1895, Thieme/Becker

Abgekürzt zitierte Literatur

ADB 1875 ff.
Allgemeine Deutsche Biographie, 56 Bde., Leipzig 1875-1912. (Neudruck Berlin 1967)

Andresen 1864 ff.
Andreas Andresen, Der deutsche Peintre-graveur oder die deutschen Maler als Kupferstecher ..., 5 Bde., Leipzig 1864-78.

Appuhn/Heusinger 1976
Horst Appuhn/Christian von Heusinger, Riesenholzschnitte und Papiertapeten der Renaissance, Unterschneidheim 1976.

Babendererde 1968
Peter Babendererde, Dekorative Graphik, Braunschweig 1968.

Bachmann 1939
Friedrich Bachmann, Die alten Städtebilder. Ein Verzeichnis der graphischen Ortsansichten von Schedel bis Merian, Leipzig 1939. (Neudruck Stuttgart 1965)

Bachmann 1941
Friedrich Bachmann, Die alte deutsche Stadt, Leipzig 1941. Bd. 1, Teil 2: Die Rheinlande.

Baer 1903
Leo Baer, Die illustrierten Historienbücher des 15. Jahrhunderts. Ein Beitrag zur Geschichte des Formschnitts, Straßburg 1903.

Bartsch 1854 ff.
Adam (von) Bartsch, Le Peintre Graveur, 21 Bde. + Supplement + Atlas, Leipzig 1854-76.
dazu: The Illustrated Bartsch, hrsg. von Walter L. Strauss, New York 1978 ff.

Benzing 1952
Josef Benzing, Buchdruckerlexikon des 16. Jahrhunderts (Deutsches Sprachgebiet), Frankfurt/Main 1952.

Benzing 1977
Josef Benzing, Die deutschen Verleger des 16. und 17. Jahrhunderts, in: Archiv für Geschichte des Buchwesens, Bd. 18, Frankfurt/Main 1977, Sp. 1078-1322.

Benzing 1982
Josef Benzing, Die Buchdrucker des 16. und 17. Jahrhunderts im deutschen Sprachgebiet, 2. Aufl., Wiesbaden 1982.

Blum 1970
Hans Blum, Katalog der Buchgraphik, in: Herbst des Mittelalters. Spätgotik in Köln und am Niederrhein, Ausst.-Kat. Köln 1970, S. 161-168.

Borger/Zehnder 1982
Hugo Borger/Frank Günter Zehnder, Köln – Die Stadt als Kunstwerk. Stadtansichten vom 15. bis 20. Jahrhundert, Köln 1982.

Braunfels 1960
Wolfgang Braunsfels, Anton Woensams Kölnprospekt von 1531 in der Geschichte des Sehens, in: Wallraf-Richartz-Jahrbuch, Bd. 22, Köln 1960, S. 115-136.

Brun 1905 ff.
Carl Brun, Schweizerisches Künstler-Lexikon, Frauenfeld 1905-17.

Corsten 1941
Hermann Corsten, Das Kölner Buchgewerbe im 15. und 16. Jahrhundert und seine Beziehungen zu Flandern, in: Köln und der Nordwesten, Köln 1941, S. 95-98.

Corsten 1957
Severin Corsten, Die Anfänge des Kölner Buchdrucks, in: Jahrbuch des Kölnischen Geschichtsvereins, Bd. 29-30, Köln 1957, S. 1-98.

Corsten 1985
Severin Corsten, Studien zum Kölner Frühdruck. Gesammelte Beiträge 1955-1985, Kölner Arbeiten zum Bibliotheks- und Dokumentationswesen, H. 7, Köln 1985.

Creutz 1931
Rudolf Creutz, Dr. Petrus Holtzemius, in: Jahrbuch des Kölnischen Geschichtsvereins, Bd. 13, Köln 1931, S. 29-58.

Donner 1990
Eka Donner (Hrsg.), Köln in alten und neuen Reisebeschreibungen, Düsseldorf 1990.

Eckardt 1887
H. Eckardt, Matthäus Merian. Skizze seines Lebens und ausführliche Beschreibung seiner Topographia Germaniae ... Reprint der Erstausgabe von 1887, Amsterdam 1963.

Ennen 1865
Leonard Ennen, Katalog der Inkunabeln in der Stadt-Bibliothek zu Köln. Erste Abteilung (bis 1500), Köln 1865.

Ennen/Leson 1881/1977
Leonard Ennen, Bilder vom alten Köln. Stadtansichten des 15. bis 18. Jahrhunderts ... Hrsg. und eingeleitet von Willy Leson, Köln 1977.
(darin: L. Ennen, Die Prospekte der Stadt Köln aus dem 15. – 18. Jahrhundert, 1881)

Eymann 1979
Daniel Meisner/Eberhard Kieser, Politisches Schatzkästlein, Bd. 1 und 2. Faksimile-Neudruck der Ausgaben Frankfurt/Main 1623-26 und 1627-31. Mit einer Einführung, Quellennachweisen und Registern von Klaus Eymann, 3. Auflage, Unterschneidheim 1979.

Fauser 1978
Alois Fauser, Repertorium älterer Topographie. Druckgraphik von 1460 bis 1750, 2 Bde., Wiesbaden 1978.

Fuchs 1991
Peter Fuchs (Hrsg.), Chronik zur Geschichte der Stadt Köln, 2 Bde., Köln 1991.

Geldner 1968
Ferdinand Geldner, Die deutschen Inkunabeldrucker. Ein Handbuch der deutschen Buchdrucker des XV. Jahrhunderts nach Druckorten, 2 Bde., Stuttgart 1968.

Gürtler 1898
Josef Gürtler, Die Prospekte und Pläne der Stadt Köln, in: Rheinische Geschichtsblätter 4 (1898), S. 195-217 und S. 225 ff.

Haentjes 1953
Walter Haentjes, Der Kölner Buchdruck im 16. Jahrhundert, Phil. Diss. (Masch.) Köln 1953.

Heiß 1955
Max Heiß, Das topographische Bildwerk als dokumentarische Quelle für die Entwicklung der Städte, im besonderen demonstriert am Beispiel München, Phil. Diss. München 1955.

Heitz/Zaretzky 1898
Paul Heitz/Otto Zaretzky, Die Kölner Büchermarken bis Anfang des 17. Jahrhunderts. Mit Nachrichten über die Drucker, Straßburg 1898.

Henkel/Schöne 1967
Arthur Henkel/Albrecht Schöne (Hrsg.), Emblemata. Handbuch zur Sinnbildkunst des 16. und 17. Jahrhunderts, Stuttgart 1967.

Hernad 1990
Béatrice Hernad, Die Graphiksammlung des Humanisten Hartmann Schedel, München 1990.

Herrmann/Kraft 1927
Fritz Herrmann/Leonhard Kraft, Daniel Meissners (!) Thesaurus Philopoliticus. Die 830 Städtebilder, neu herausgegeben und eingeleitet von F.H. und L.K. in Darmstadt, 2 Bde., Heidelberg 1927.

Höhlbaum 1890
Konstantin Höhlbaum, Zur Geschichte der sog. Koelhoffschen Chronik, in: Mitteilungen aus dem Stadtarchiv von Köln, 19. Heft, 1890, S. 103-112.

Hogenberg/Hellwig 1983
Franz Hogenberg/Abraham Hogenberg: Geschichtsblätter, hrsg. und eingeleitet von Fritz Hellwig, Faksimile Nördlingen 1983.

Hollstein 1954 ff.
Friedrich Wilhelm Heinrich Hollstein, German Engravings, Etchings and Woodcuts, ca. 1450-1700, Bd. 1 ff., Amsterdam 1954 ff.

Jacob 1982
Frank-Dietrich Jacob, Historische Stadtansichten. Entwicklungsgeschichtliche und quellenkundliche Momente, Leipzig 1982.

Jäger 1983
Eckhard Jäger (Hrsg.), Lüneburger Beiträge zur Vedutenforschung, Lüneburg 1983.

Kat. Frankfurt/Main 1993
Matthäus Merian d.Ä., Ausst.-Kat. Museum f. Kunsthandwerk Frankfurt/Main und Kunstmuseum Basel, Frankfurt/Main 1993.

Kat. Ingelheim 1988
Sebastian Münster, Ausstellung im Museum – Altes Rathaus Ingelheim am Rhein, Ingelheim 1988.

Kat. Köln 1965
500 Jahre Buch und Zeitung in Köln, Ausstellung vor allem aus den Beständen der Universitäts- und Stadtbibliothek, Köln 1965.

Kat. Köln 1975
Köln 1475 – des Heiligen Reiches freie Stadt, Ausstellung des Historischen Archivs, Köln 1975.

Kat. Köln 1977
Das Erscheinungsbild der Stadt Köln, Ausst.-Kat. Kölnisches Stadtmuseum, Köln 1977.

Kat. Köln 1982
Die Heiligen Drei Könige. Darstellung und Verehrung, Ausst.-Kat. Wallraf-Richartz-Museum, Köln 1982.

Kat. Köln 1984
Kölnisches Stadtmuseum. Auswahlkatalog, Köln 1984.

Kat. Köln 1985
Ornamenta Ecclesia. Kunst und Künstler der Romantik in Köln, Ausst.-Kat. Schnütgen-Museum, hrsg. von Anton Legner, 3 Bde., Köln 1985.

Kat. Köln 1988
Der Name der Freiheit. 1288-1988. Aspekte Kölner Geschichte von Worringen bis heute, Handbuch zur Ausstellung des Kölnischen Stadtmuseums in der Josef-Haubrich-Kunsthalle Köln, Köln 1988.

Kat. Köln 1992
Wenzel Hollar – Die Kölner Jahre. Zeichnungen und Radierungen 1632-1636, hrsg. von Werner Schäfke, Ausst.-Kat. Kölnisches Stadtmuseum, Köln 1992.

Kat. Köln/Bonn 1993
Der Lauf des Rheins. Der Mittelrhein in illustrierten Reisebeschreibungen, Alben, Panoramen und Karten des 17. bis 19. Jahrhunderts aus den Beständen der Bibliothek und der Graphischen Sammlung des Kölnischen Stadtmuseums, der Stadthistorischen Bibliothek Bonn und des Stadtmuseums Bonn, Köln/Bonn 1993.

Kellenbenz 1975
Hermann Kellenbenz, Wirtschaftsgeschichte Kölns im 16. und 17. Jahrhundert, in: Ders. (Hrsg.), Zwei Jahrtausende Kölner Wirtschaft, 2 Bde., Köln 1975, S. 321-428.

Keyser 1965
Erich Keyser, Die deutsche Stadt im Bilde, in: Festschrift Hermann Aubin zum 80. Geburtstag, Wiesbaden 1965, Bd. 2, S. 405-422.

Klose/Martius 1962
Olaf Klose/Lilli Martius, Ortsansichten und Stadtpläne der Herzogtümer Schleswig, Holstein und Lauenburg, 2 Bde., Neumünster 1962. (Studien zur schleswig-holsteinischen Kunstgeschichte, Bd. 7 und 8)

Köln-Archiv
Köln-Archiv, Bd. 1 ff., Braunschweig o.J.

Köln-Edition
Köln-Edition, Bd. 1 ff., Braunschweig o.J.

Kranz 1991
Horst Kranz, Die Kölner Rheinmühlen. Untersuchungen zum Mühlenschrein, zu den Eigentümern und zur Technik der Schiffsmühlen, 2 Bde., Aachen 1991.

Kretschmer et al. 1986
Ingrid Kretschmer/Johannes Dörflinger/Franz Wawrik, Lexikon zur Geschichte der Kartographie. Von den Anfängen bis zum ersten Weltkrieg, 2 Bde., Wien 1986.

Kreuer 1993
Werner Kreuer, Imago Civitatis. Stadtbildsprache des Spätmittelalters. Essener Bearbeitung der authentischen Stadtansichten aus der Schedelschen Weltchronik von 1493 mit 32 Vollfaksimilierungen des Originals der Diözesan- und Dombibliothek Köln, Essen 1993.

Krudewig 1902
Johannes Krudewig, Verzeichnis der im Historischen Archiv und im Historischen Museum vorhandenen Pläne und Ansichten zur Geschichte der Stadt Köln und ihrer Umgebung, in: Mittheilungen aus dem Stadtarchiv von Köln, 31. Heft, Köln 1902.

Krudewig 1906
Johannes Krudewig, Historische Ansichten und Pläne, in: Die Kunstdenkmäler der Stadt Köln, Erste Abteilung: Quellen, Düsseldorf 1906, S. 88-130.

Kunstdenkmäler 1937
Die Kunstdenkmäler der Stadt Köln. 2. Bd., 3. Abteilung, Ergänzungsband: Die ehemaligen Kirchen, Klöster, Hospitäler und Schulbauten der Stadt Köln, bearb. von Ludwig Arntz, Heinrich Neu und Hans Vogts, Düsseldorf 1937.

Leson/Merlo 1979
Willy Leson (Hrsg.), Wenzel Hollar in Köln 1632-36. Mit Johann Jacob Merlos biographischen Notizen und Bilderläuterungen, Köln 1979.

Liessem 1885
Liessem, Hermann van dem Busche. Sein Leben und seine Schriften, in: Programm des Kaiser Wilhelm-Gymnasiums zu Köln, XVII. Schuljahr: Von Ostern 1884 bis Ostern 1885, Köln 1885, S. 27-50.

Luckhardt 1983
Jochen Luckhardt, Zum Wandel der Realitätsauffassung in topographischen Darstellungen Westfalens vor 1900, in: Jäger 1983, S. 75-84.

Mainzer 1977
Udo Mainzer, Köln in historischen Ansichten, Wuppertal 1977.

Merlo 1864
Johann Jacob Merlo, Anton Woensam von Worms, Maler und Xylograph zu Köln. Sein Leben und seine Werke, Leipzig 1864.

Merlo 1866
Johann Jacob Merlo, Matthäus Merian der Ältere und sein Prospekt der Stadt Köln von 1620, in: Organ für christliche Kunst, XVI, 1866, S. 13/14.

Merlo 1887
Johann Jacob Merlo, Ein seltener Holzschnitt-Prospekt der Stadt Köln nebst Lobgedicht aus der zweiten Hälfte des 16. Jahrhunderts, in: Annalen des Historischen Vereins, 46. Heft, Köln 1887, S. 167-174.

Merlo 1895
Kölnische Künstler in alter und neuer Zeit. Johann Jacob Merlos neu bearbeitete und erweiterte Nachrichten von dem Leben und den Werken Kölnischer Künstler, Düsseldorf 1895. (Reprint 1966)

Mielke 1984
Hans Mielke, Wenzel Hollar. Radierungen und Zeichnungen aus dem Berliner Kupferstichkabinett, Berlin 1984.

Murray 1913
A.G.W. Murray, The Edition of the „Fasciculus Temporum" printed by Arnold ter Hoernen in 1474, in: The Library, Ser. 3,4 (1913).

Nagler 1835 ff.
Georg Kaspar Nagler, Neues allgemeines Künstler-Lexicon ..., 22 Bde., München 1835-52.

Nagler Monogrammisten 1860 ff.
Georg Kaspar Nagler, Die Monogrammisten ..., 6 Bde., München/Leipzig 1860-1920.

Naredi-Rainer 1980
Paul von Naredi-Rainer, Der Dom im Bild, in: Der Kölner Dom im Jahrhundert seiner Vollendung, Ausst.-Kat. Köln 1980, Bd. 1, S. 89-110 und Bd. 2, S. 199-224.

Parthey 1853
Gustav Parthey, Wenzel Hollar. Beschreibendes Verzeichnis seiner Kupferstiche, Berlin 1853.

Ramsegger 1943
Ingeborg Ramsegger, Die Städtebilder der Schedelschen Weltchronik. Ihre geistigen und künstlerischen Voraussetzungen im Mittelalter, Diss. Berlin 1943.

Reuter 1958
Wolfgang Reuter, Zur Wirtschafts- und Sozialgeschichte des Buchdruckgewerbes im Rheinland bis 1800, in: Archiv für Geschichte des Buchwesens, 1, 1958, S. 129-223.

Rhein. Antiquarius 1851 ff.
Denkwürdiger und nützlicher Rheinischer Antiquarius ..., hrsg. von Christian von Stramberg, Koblenz 1851-1863.

Rücker 1973
Elisabeth Rücker, Die Schedelsche Weltchronik. Das größte Buchunternehmen der Dürer-Zeit, München 1973.

Rücker 1988
Elisabeth Rücker, Hartmann Schedels Weltchronik. Das größte Buchunternehmen der Dürerzeit, München 1988.

Saur 1992 ff.
K.G. Saur (Hrsg.), Allgemeines Künstler-Lexikon. Die Bildenden Künstler aller Zeiten und Völker, München/Leipzig 1992 ff.

Schäfke 1992
Werner Schäfke, Köln in Vogelschauansichten. Die Bestände der Graphischen Sammlung des Kölnischen Stadtmuseums, Köln 1992.

Schmitt 1984
Michael Schmitt, Vorbild, Abbild und Kopie. Zur Entwicklung von Sehweisen und Darstellungsarten in druckgraphischen Stadtabbildungen des 15. bis 18. Jahrhunderts am Beispiel Aachen, in: Civitatum Communitas. Festschrift für Heinz Stoob, hrsg. von Helmut Jäger u.a., Teil 1, Köln/Wien 1984, S. 322-354.

Schmitt 1991
Michael Schmitt, Das Stadtbild in Druckgraphik und Malerei. Neuss 1477-1900, Köln/Wien 1991.

Schmitt/Luckhardt 1982
Michael Schmitt/Jochen Luckhardt, Realität und Abbild in Stadtdarstellungen des 16. bis 19. Jahrhunderts. Untersuchungen am Beispiel Lippstadt, Münster 1982.

Schöller 1995
Bernadette Schöller, Religiöse Drucke aus Kölner Produktion. Flugblätter und Wandbilder des 16. bis 19. Jahrhunderts aus den Beständen des Kölnischen Stadtmuseums, Köln 1995.

Schramm 1924
Albert Schramm, Der Bilderschmuck der Frühdrucke, Bd. 8: Die Kölner Drucker, Leipzig 1924.

Sotzmann 1819
J.D.F. Sotzmann, Über des Antonius von Worms Abbildung der Stadt Köln aus dem Jahre 1531, Köln 1819.

Stohlmann 1980
Jürgen Stohlmann, Zum Lobe Kölns. Die Stadtansicht von 1531 und die „Flora" des Hermann von dem Busche, in: Jahrbuch des Kölnischen Geschichtsvereins, hrsg. von Hans Blum, 51, 1980, S. 1-56.

Stopp 1983
Klaus Stopp, Veduten auf Personalpapieren, in: Jäger 1983, S. 125-132.

Stopp 1984
Klaus Stopp, Die Handwerkskundschaften mit Ortsansichten. Beschreibender Katalog der Arbeitsatteste wandernder Handwerksgesellen (1731-1830), Bd. 1: Allgemeiner Teil, Stuttgart 1984.

Thieme/Becker 1907 ff.
Ulrich Thieme/Felix Becker (Hrsg.), Allgemeines Lexikon der bildenden Künstler von der Antike bis zur Gegenwart, 37 Bde., Leipzig 1907-1950.

Vey 1995
Horst Vey, Augustin Braun als Stecher, als Zeichner und als Maler, in: Wallraf-Richartz-Jahrbuch, Bd. 56, Köln 1995, S. 141-224.

Volkelt 1949
Peter Volkelt, Die Städteansicht in den großen Druckwerken vornehmlich des 15. Jahrhunderts, Diss. Marburg 1949.

Voulliéme 1903
Ernst Voulliéme, Der Buchdruck Kölns bis zum Ende des 15. Jahrhunderts. Ein Beitrag zur Inkunabelbibliographie, Bonn 1903.

Warncke 1983
Carsten-Peter Warncke (Hrsg.), Gabriel Rollenhagen. Sinnbilder. Ein Tugendspiegel, Dortmund 1983.

Westfehling 1992
Uwe Westfehling, Glückliches Köln. Die Geschichte der Stadt Köln im Spiegel der Graphischen Kunst vom Mittelalter bis zur Moderne, Köln 1992.

Wüthrich 1966
Lukas Heinrich Wüthrich, Das druckgraphische Werk von Matthäus Merian d.Ä. Einzelblätter und Blattfolgen, 4 Bde., Basel 1966 ff.

Wurzbach 1906 ff.
A. von Wurzbach, Niederländisches Künstler-Lexikon, 3 Bde., Wien/Leipzig 1906-1911. (Nachdruck Amsterdam 1963)

Zehnder 1994
Frank Günter Zehnder, Von der Legende zum Stadtbild, in: Köln. Rundblick, Fotos: Ralf Berndt/Albert Wolf, Köln 1994, S. 5-36.

Weiterführende Literatur

Ausst.-Kat. Stadtbilder. Berlin in der Malerei vom 17. Jahrhundert bis zur Gegenwart, Berlin-Museum, Berlin 1987.

Ausst.-Kat. Rheinische Landschaften und Städtebilder 1600-1850, Rheinisches Landesmuseum, Bonn 1960.

Ausst.-Kat. Sehsucht. Das Panorama als Massenunterhaltung des 19. Jahrhunderts, Kunst- und Ausstellungshalle der BRD, Bonn 1993.

Ausst.-Kat. Die Stadt. Bild – Gestalt – Vision. Europäische Stadtbilder im 19. und 20. Jahrhundert, Kunsthalle Bremen, Bremen 1973.

Ausst.-Kat. Die alte deutsche Stadt im Bild, Ausstellung Schloß Celle, Celle 1955/56.

Ausst.-Kat. Die deutsche Stadt im Bild. Städtebilder vom 15. bis zum 20. Jahrhundert, Ausstellung im Haus des deutschen Kunsthandwerks, Frankfurt/Main 1955.

Ausst.-Kat. Die deutsche Stadt in vier Jahrhunderten, Ausstellung in der Fränkischen Galerie am Maintor, Nürnberg 1962.

Ausst.-Kat. Der Traum vom Raum. Gemalte Architektur aus 7 Jahrhunderten, Eine Ausstellung der Albrecht Dürer Gesellschaft Nürnberg, Nürnberg 1986.

Günther Binding/Barbara Krahle, Stadtprospekte, Veduten und Skizzenbücher vom 15. bis zum 18. Jahrhundert, in: Stadtspuren – Denkmäler in Köln, Bd. 1, Köln 1984, S. 588-601.

Wolfgang Braunfels, Abendländische Stadtbaukunst. Herrschaftsform und Stadtgestalt, Köln 1976.

Karl Heinz Burmeister, Sebastian Münster, Wiesbaden 1964.

Hermann Cardauns, Die Cronica van der hilliger Stat van Coellen 1499, in: Die Chroniken der deutschen Städte vom 14. bis 16. Jahrhundert, Bd. 13, Leipzig 1876, S. 211 ff. und Bd. 14, Leipzig 1877, S. 641 ff.

Liesel Franzheim, Was wir schwarz auf weiß besitzen ... Die graphische Sammlung des Kölnischen Stadtmuseums, in: Köln – Zeitschrift der Stadt Köln, 4/88, S. 24 f.

Annette Frese, Barocke Titelgraphik am Beispiel der Verlagsstadt Köln, Köln 1989.

Ludwig Hain, Repertorium bibliographicum, Stuttgart/Tübingen 1826-38.

Peter Josef Hasenberg, Anfänge des Buchdrucks und des Verlagswesens, in: Köln, Vierteljahresschrift für die Freunde der Stadt, 3/69, S. 171-176.

Isabel Heitjan, Die Stellung der Buchgewerbetreibenden in der Stadt Köln und zu ihrer Universität, in: Archiv für Geschichte des Buchwesens, 11 (1970/71), Spalte 1129-1358.

Harald Keller, Das alte Europa. Die hohe Kunst der Stadtvedute, Stuttgart 1983.

Everhard Kleinertz, Alte handgezeichnete Kölner Karten, Ausst.-Kat. Historisches Archiv Köln, Köln 1977.

Kurt Löcher, Wirklichkeit und Ansicht – Architekturportraits zwischen Mittelalter und Moderne, in: Ausst.-Kat. Der Traum vom Raum, Nürnberg 1986, S. 57-69.

Klaus Militzer, Collen eyn kroyn boven allen steden schoyn. Zum Selbstverständnis einer Stadt, in: Colonia Romanica, 1986, S. 15-32.

Hanswernfried Muth, Aigentliche Abbildung der Statt Bamberg. Ansichten von Bamberg aus vier Jahrhunderten, Bamberg 1957.

Fritz Rörig, Die europäische Stadt und die Kultur des Bürgertums im Mittelalter, hrsg. von Luise Rörig und Ahasver von Brandt, Göttingen 1964. (Vierte, ergänzte Auflage des Beitrages „Die europäische Stadt“ in Bd. IV der Propyläen-Weltgeschichte, hrsg. von W. Goetz, 1932).

Werner Schäfke et al., Köln in historischen Stadtplänen. Die Entwicklung der Stadt seit dem 16. Jahrhundert, Kommentar von Reiner Dieckhoff, Paul von Naredi-Rainer, Werner Schäfke und Heiko Steuer, Berlin 1995.

Max Schefold, Bibliographie der Vedute, Berlin 1976.

Michael Schmitt, Mehr Kunst als getreues Abbild. Stadtansichten als Geschichtsquelle, in: forschung – Mitteilungen der DFG 1/83, Bonn 1983, S. 19-21.

Michael Schmitt, Quellen zur Baugeschichte: Historische Stadtansichten, in: Arcus 1983, Heft 4, S. 171-177.

Bernadette Schöller, Kölner Druckgraphik der Gegenreformation, Köln 1992.

Christa Schreiber, Die europäische Stadtvedute als künstlerische Form – eine Ehrenrettung, in: Ausst.-Kat. Stadtbilder, Berlin 1987, S. 463-497.

Gustav Solar, Das Panorama und seine Vorentwicklung bis zu Hans Conrad Escher von der Linth, Zürich 1979.

Heinz Stoob (Hrsg.), Deutscher Städteatlas, Lieferung II, Nr. 6: Köln, Dortmund 1979.

Horst-Johs Tümmers/Corneel Voigt, Flug über Köln. Stadtgeschichte im Luftbild, Essen 1980.

Bruno Weber, Formen und Funktion alter Panoramen. Eine Übersicht, in: Zeitschrift für Schweizerische Archäologie und Kunstgeschichte, Bd. 42 (1985), S. 257-268.

Adam Wienand (Hrsg.), Fünf Jahrhunderte schwarze Kunst in Köln. Die Entwicklung der Schrifttype und des Drucks in fünf Jahrhunderten an Kölner Beispielen, Köln 1953.

Hans Ludwig Zankl, Köln – Liebenswerte Stadt, Köln o.J. (1956).

Frank Günter Zehnder, Kölner Stadtansichten aus der zweiten Hälfte des 15. Jahrhunderts, in: Kölner Museums-Bulletin, 1/1987, S. 5-18.